山东省社会科学规划研究重点自筹项目（批准号：01BJZ20）
“泰山学者”建设工程专项经费资助重大项目

中国产业发展论

张卫国◎著

山东人民出版社·济南
国家一级出版社 全国百佳图书出版单位

图书在版编目（CIP）数据

中国产业发展论/张卫国著．—济南：山东人民出版社，2021.10
ISBN 978-7-209-13503-0

Ⅰ．①中… Ⅱ．①张… Ⅲ．①产业发展－研究－中国
Ⅳ．①F269.2

中国版本图书馆CIP数据核字（2021）第205463号

中国产业发展论
张卫国　著

主管单位　山东出版传媒股份有限公司
出版发行　山东人民出版社
出 版 人　胡长青
社　　址　济南市英雄山路165号
邮　　编　250002
电　　话　总编室（0531）82098914
　　　　　市场部（0531）82098027
网　　址　http://www.sd-book.com.cn
印　　装　山东新华印务有限公司
经　　销　新华书店

规　　格　16开（160mm×235mm）
印　　张　20
字　　数　220千字
版　　次　2021年10月第1版
印　　次　2021年10月第1次
ISBN 978-7-209-13503-0
定　　价　68.00元

目　录

第一章　导　论 …………………………………… 001

第一编　经济发展道路论

第二章　大国崛起的一般路径 ……………………… 013
第三章　东亚大国崛起的路径 ……………………… 036
第四章　中国崛起的路径选择 ……………………… 055

第二编　产业发展规律论

第五章　产业发展规律的传统理论 ………………… 075
第六章　产业发展遵循的基本规律 ………………… 129
第七章　产业发展呈现的崭新趋势 ………………… 160

第三编　产业结构演进论

第八章　产业结构演进现状 ………………………… 207
第九章　产业结构转型升级 ………………………… 225
第十章　战略性新兴产业选择 ……………………… 231

第四编　产业空间集聚论

第十一章　产业集群发展 …………………………… 245
第十二章　产业园区建设 …………………………… 256

第五编　产业组织创新论

第十三章　协作型竞争发展 ………………………… 275
第十四章　产业平台化发展 ………………………… 296

参考文献 ……………………………………………… 305

第一章 导 论

产业发展是包括产业规模扩张、产业结构演进、产业空间集聚、产业组织创新、产业政策优化等在内的整个产业体系的历史变化过程。产业发展是经济发展的本质和核心。马克思主义经济学，联系生产力并侧重生产关系或者说从生产力与生产关系的对立统一运动中阐释社会再生产过程，进而从社会再生产过程中生产、交换、分配、消费等各个环节的有机联系上分析产业发展，具体又如对生产资料生产部门与消费资料生产部门的平衡发展的分析。古典经济学派集大成者亚当·斯密（Smith，Adam）、新古典经济学创始人阿尔弗雷德·马歇尔（Marshall，Alfred）、新古典综合派（后凯恩斯主流经济学派）代表人物保罗·萨缪尔森（Samuelson，Paul A）、让·梯若尔（Tirol Jean）等西方主流经济学派分别从专业化分工与国民财富创造、垄断竞争与市场均衡、现代资本主义混合经济体制与资源有效配置、博弈论与现代产业组织理论等角度，丰富了产业发展理论。演化经济学借鉴生物进化思想方法和自然科学多个领域的研究成果，实验经济学通过在受控环境中运用试验方法验证和发展理论，分别对产业技术创新和制度变迁进行了新的尝试。1978 年改革开放和社会主义现代化以来，中国产业发展理论经历了从以马克思主义经济学、特别是马克思主义社会再生产理论作指导，借鉴苏联部门经济学理论，到引进学习借鉴西方主流经济学理论和现代产业组织理论，再到正逐步形成具有中国特色的社会主义产业经济学体系的理论演进过程。

产业发展理论应当成为经济理论的基本内容，产业发展政策应当构成经济治理的主要依据。反之，经济理论奠定了产业发展理论的基础，经济治理绩效决定了产业发展政策运用的绩效。马克思主义经济学的创始人马克思对产业发展理论的相关阐释建立在科学的思想方法和正确的价值观之上，这已经越来越成为共识。但马克思本人当时没有专门研究产业发展理论，受时代所限也不可能对当代产业发展问题进行阐释。包括当代西方产业发展各种流派在内的西方主流经济学派，受限于与现实很不相符合的建立在所谓“理性经济人”假说之上的“利润最大化和均衡”的基本思路，其包括产业发展理论在内的整个经济理论体系越来越受到包括主流经济学一流学者本身在内的有识之士的诟病。演化经济理论的主要创立者理查德·R. 纳尔逊（Nelson，Richard R.）和悉尼·G. 温特（Winter，Sidney G.）在他们所著的《经济变迁的演化理论》中就指出：“完全拘泥于最大化和均衡分析，在为经济调整建立现实模型的道路上设置了主要障碍。”① 这就是如斯蒂夫·吉恩（Keen，Steve）所说的“为什么世界上知名的宏观经济学家

---

① ［美］理查德·R. 纳尔逊、悉尼·G. 温特著，胡世凯译：《经济变迁的演化理论》，北京：商务印书馆，1997 年版，第 33 页。

是最后才意识到一场深刻的经济危机正在迫近"[①] 的原因。[②] 非主流经济学如演化经济学"面临的困难是，发明与演化一致的分析工具"，"现在仍处于婴儿时期"[③]。西方主流经济学派各位知名宏观经济学家没有预测到 2008 年由美国次贷危机（subprime mortgage crisis）引起的国际金融危机的来临，从一个方面说明包括产业发展理论在内的整个经济理论体系存在明显缺陷，包括产业发展政策运用绩效在内的整个经济治理绩效的不良。实际上，20 世纪以来的多次国际金融危机都可以从包括产业发展理论在内的西方主流经济学理论缺陷，以及以此为依据的包括产业发展政策在内的经济治理的缺陷中找到原因。[④] 以下分析表明，产业乃至整个经济发展的脱实向虚、过度虚拟化和泡沫化成为历次国际金融危机及其所引致的经济危机时期大萧条和大衰退的根本原因。

产业发展道路乃至整个经济发展道路之争，值得引起人们对中国以及世界产业乃至整个经济发展道路作深入思考。2008 年国际金融危机以来，全球经济出现大衰退。时至今日，包括美国、欧盟和日本等在内的世界各主要发达经济体，包括金砖国家等在内的新兴市场和发展中经济体乃至全球经济依然处于缓慢复苏之中。全球经济"新平庸"（new mediocre），即全球经济处于长周期

---

① ［澳］斯蒂夫·吉恩著，霍彦丽、王艳萍译：《经济学的真相（第二版）》，北京：电子工业出版社，2014 年版，第 245 页。

② 斯蒂夫·吉恩在这里所说的"经济危机"是指 2007 年开始于美国次贷危机的国际金融危机。

③ ［澳］斯蒂夫·吉恩（Steve Keen）著，霍彦丽、王艳萍译：《经济学的真相（第二版）》，北京：电子工业出版社，2014 年版，第 544 页。

④ 关于这一点，将在下面有关章节中具体分析。

下行阶段，主要经济体均陷入长期停滞（secular stagnation）。[①] 国际金融危机以后，中国经济经历了由危机前两位数高速增长到持续下滑，并进入中高速增长“新常态”的过程。据统计，2006—2010年中国[②]历年GDP增长速度分别为12.7%、14.2%、9.7%、9.4%、10.6%，年均增长11.3%；2011—2015年中国历年GDP增长速度分别为9.5%、7.9%、7.8%、7.3%、6.9%，年均增长7.9%。国际金融危机发生前的2007年和危机发生后的2008年GDP增长速度分别为14.2%、9.7%，后者比前者降低了4.5个百分点；2011—2015年GDP年均增长速度比2006—2010年GDP年均增长速度下降了3.4个百分点。危机导致的巨大危害及其产生的原因，引致包括中国社会各界在内的国际社会，特别是政界、产业界、学术界对世界各经济体产业和经济乃至整个世界产业和经济发展道路作出深刻反思；世界各经济体内社会各界，特别是政界、产业界、学术界则对本经济体内产业和经济发展道路有更多思考。世界经济论坛创始人兼执行主席克劳斯·施瓦布（Schwab, Klaus），在其著作《第四次工业革命》中就“建设一个更加可持续发展的世界”的“未来之路”指出：“我相信通过多方利益相关者之间的高效合作，第四次工业革命能够应对甚至化解当今世

---

① 2014年10月，国际货币基金组织（IMF）总裁拉加德首次使用“新平庸”一词来概括前景暗淡的全球经济。2015年4月10日，拉加德在华盛顿智库大西洋理事会发表演讲时进一步指出：全球经济正以过去30年的平均速度增长，但这不能抵消全球金融危机的后续效应，如低增长、低通胀、高失业和高负债。各国应采取措施，避免“新平庸”变为“新现实”。有理由认为，全球经济“新平庸”的最近表现还在于，包括引致全球金融危机的美国在内，各国修复金融危机以来的资产负债表的实体经济支撑远比危机以前势弱。客观存在的全球资产负债表由于如索罗斯所说的国际金融体系是一个两个等级层次（two-tier）的架构，在此情形下更加难以修复。

② 不包括香港、澳门特别行政区和台湾省；以下如无特别说明均同此数据口径。

界面临的一些重要问题。"① 2015 年诺贝尔经济学奖得主安格斯·迪顿（Deaton，Angus）在他的《逃离不平等——健康、财富极不平等的起源》一书中则指出："人类历史上最伟大的逃亡，是挣脱贫困和死亡的逃亡。""与此同时，大逃亡也创造了一个不那么令人乐观的世界：由于一大部分人被甩在了其他人的身后，与 300 年前相比，这个世界变得更加不平等了。"② 法国著名经济学家托马斯·皮凯蒂（Piketty，Thomas）在其名著《21 世纪资本论》中指出，抑制贫富分化和收入不平等"理想的工具是全球累进资本税，配合非常高度的国际金融透明度"③。世界顶尖环境战略研究学者、罗马俱乐部元老级人物乔根·兰德斯（Randers，Jorgen）在罗马俱乐部权威研究报告——《2052：未来四十年的中国与世界》一书中指出："自我强化的气候变化过程中，当前的升温导致未来更高的升温，形成一个无法停止的因果反馈循环。""这一事实应该强有力地促使我们采取比现有的更多的行动。"④ 华盛顿智囊团——美国信息技术和创新基金会（ITIF）主席罗伯特·阿特金森（Atkinson，Robert D.）在其《美国供给侧模式启示录：经济政策的破解之道》一书中，针对包括供给经济学和需求经济学在内的西方主流经济学对影响美国经济增长和就业等十分有限甚至无效的问题明确指出："要促进 21 世纪的经济发展，保守派的供给经济学

① ［德］克劳斯·施瓦布著，世界经济论坛北京代表处、李菁译：《第四次工业革命》，北京：中信出版社，2016 年版，第 118 页。

② ［美］安格斯·迪顿著，崔传刚译：《逃离不平等——健康、财富极不平等的起源》，北京：中信出版社，2014 年版，第 3 页。

③ ［法］托马斯·皮凯蒂著，巴曙松、陈剑、余江、周大昕、李清彬、汤铎铎译：《21 世纪资本论》，北京：中信出版社，2014 年版，第 531 页。

④ ［挪威］乔根·兰德斯著，勤学证、谭静、叶硕译：《2052：未来四十年的中国与世界》，南京：译林出版社，2013 年版，第 235 页。

以及自由派的需求经济学都有缺陷，很大程度上是因为二者都想从过去寻求指导方向。要采取有效的增长战略，需要基于 21 世纪全球化以及知识型导向这一经济现实。因此我们应该采用增长经济学，因为该理论强调，通过创新带动生产力增长是提高人们生活质量的关键。”① 2010 年被《外交政策》（*Foreign Policy*）评选为“全球百位思想家”的瓦科拉夫·斯米尔（Smil，V.）在《美国制造：国家繁荣为什么离不开制造业》一书中指出：“现代经济应该具有非物质性，以及制造业在后工业时代无足轻重的说法，纯属是对基本现实的误读。”“如果没有一场前所未有的制造业浪潮，美国就不可能赢得人类历史上的第一场战争，同样，制造业的稳步发展也是美国成为第二次世界大战以后世界领导者的关键。”“美国人的奢华和政策正在不断侵蚀它曾经的巨大优势，也让它的全球领导者地位岌岌可危。”② 中国现代国际关系研究院江涌研究员在他的《道路之争——工业化还是金融化》一书中指出：“工业化强健筋骨，金融化积累脂肪。中国应更多地倾听‘工业党’的建言呼声，约束金融利益集团的胡言乱语，更加鼓励工业资本，节制金融资本，实现制造业的升级换代，将独立、自主、完整的工业化坚持到底。”③ 中国社会科学院学部委员、中国工业经济研究所金碚在《中国制造 2025》一书中指出：“如果不顾中国经济发展实际，将经济增长的期望过度寄托于服务业是不现实的，寄希望于虚拟经济的激烈扩张则更是充满风险。”“金融业发展在

① ［美］罗伯特·阿特金森著，杨晓、魏宁译：《美国供给侧模式启示录：经济政策的破解之道》，北京：中国人民大学出版社，2016 年版，第 217 页。

② ［美］斯米尔著，李凤海、刘寅龙译：《美国制造：国家繁荣为什么离不开制造业》，北京：机械工业出版社，2015 年版，第 1、62、111 页。

③ 江涌著：《道路之争——工业化还是金融化》，北京：中国人民大学出版社，2015 年版，第 244 页。

服务实体经济的合理限度内是具有真实增长意义的，其提供的服务有利于促进实体经济的增长。但超过一定的限度，金融业自我扩展和衍生膨胀，并推动实体经济的产品和资产过度金融化，将形成巨大的虚拟经济‘泡沫’，成为吸纳社会资源的引力‘黑洞’，终将危及实体经济的正常运行和导致巨大的金融风险。”①

经济创新发展理论是产业发展理论创新的基础，也是产业乃至整个经济可持续发展的基本依据。创新理论的创始人约瑟夫·熊彼特（Schumpeter，Joseph）认为，经济发展的本质是创新，是“创造性破坏”。他借用生物学术语“产业突变”说明这一经济结构内部的革命性变化，并明确指出：“这个创造性破坏的过程，就是资本主义的本质性的事实。”资本主义现实中的竞争不是教科书中所描述的那种行业组织僵硬模式中的价格竞争，“在迥然不同于教科书所说的资本主义现实中，有价值的不是那种竞争，而是新产品、新技术、新供应来源、新组织形式（如巨大规模的控制机构）的竞争，也就是占有成本上或质量上决定性优势的竞争，这种竞争打击的不是现有企业的利润边际和产量，而是它们的基础和它们的生命”②。熊彼特认为经济人行为是有限理性的：“那种说行为是迅速的和合理的一类假说，在所有的场合都是一种虚构。但是它会变得足够接近于现实，如果人们能有时间去被迫懂得客观事物的逻辑的话。在这种事情发生的地方，以及在它发生的限度以内，人们可以满足于这种虚构，并在它上面建立理论。……

① 金碚著：《中国制造2025》，北京：中信出版社，2015年版，第263-264页。

② ［美］约瑟夫·熊彼特著，吴良建译：《资本主义、社会主义与民主》，北京：商务印书馆，1999年版，第146-149页。

在这个范围以外，我们的虚构就失去了它对现实的接近性。”① 熊彼特式竞争是动态竞争，他强调创新就是不断打破均衡，资本主义本质上是一种动态演进过程：“资本主义本质上是一种经济变动的形式或方法，它不仅从来不是、而且也永远不可能是静止不变的。”② 熊彼特式创新是生产函数的创新或组合创新：“这个概念包括下列五种情况：（1）采用一种新的产品——也就是消费者还不熟悉的产品——或一种产品的一种新的特性。（2）采用一种新的生产方法，也就是在有关的制造部门中尚未通过经验检定的方法，这种新的方法不需要建立在科学上新的发现的基础之上；并且，也可以存在于商业上处理一种产品的新的方式之中。（3）开辟一个新的市场，也就是有关国家的某一制造部门以前不曾进入的市场，不管这个市场以前是否存在过。（4）掠取或控制原材料或半制成品的一种新的供应来源，也不问这种来源是已经存在的，还是第一次创造出来的。（5）实现任何一种工业的新的组织，比如造成一种垄断地位（例如通过“托拉斯化”），或打破一种垄断地位。”③ 威廉·鲍莫尔（Baumol，William J.）在《资本主义的增长奇迹》一书中指出：“可以这样说，18 世纪以来出现的几乎所有的经济增长，最终都可以归功于创新。”④

---

① ［美］约瑟夫·熊彼特著，何畏、易家祥等译，张培刚、易梦红、杨敬年校：《经济发展理论——对于利润、资本、信贷、利息和经济周期的考察》，北京：商务印书馆，1990 年版，第 88-89 页。

② ［美］约瑟夫·熊彼特著，吴良建译：《资本主义、社会主义与民主》，北京：商务印书馆，1999 年版，第 146 页。

③ ［美］约瑟夫·熊彼特著，何畏、易家祥等译，张培刚、易梦红、杨敬年校：《经济发展理论——对于利润、资本、信贷、利息和经济周期的考察》，北京：商务印书馆，1990 年版，第 73-74 页。

④ ［美］威廉·鲍莫尔著，郭梅军、唐宇、彭敬、李青译：《资本主义的增长奇迹——自由市场创新机器》，北京：中信出版社，2004 年版，第 14 页。

中共中央总书记习近平提出："要坚持创新、协调、绿色、开放、共享的发展理念。这五大发展理念不是凭空得来的，是我们在深刻总结国内外发展经验基础上形成的，集中反映了我们党对经济社会发展规律认识的深化，也是针对我国发展中的突出矛盾和问题提出来的。……我们必须把创新作为引领发展的第一动力，把人才作为支撑发展的第一资源，把创新摆在国家发展全局的核心位置，不断推进理论创新、制度创新、科技创新、文化创新等各方面创新，让创新贯穿党和国家一切工作，让创新在全社会蔚然成风。"① 据统计，中国 R&D 经费支出与国内生产总值之比 2016—2019 年年均增长 2.0%。② 与此同时，2016—2019 年中国 GDP 年均增长 6.7%。③ 另据报道，"十三五"期间，我国的科技进步贡献率从 55.3%提升到 59.5%，重大科技成果不断涌现，在全球 131 个经济体创新能力排名中升至第十四位，创新正在成为引领发展的第一动力。④ 事实充分证明，创新发展是中国作为典型大国经济乃至整个经济社会可持续发展的根本动力。

探讨中国建构智能制造主导的高效生态产业体系，对全球经济治理具有重大战略意义。世界第四次工业革命浪潮正在兴起，其突出特征是数字化、信息化、智能化、网络化。中国是一个发展中的社会主义人口、经济总量、国土空间大国，也是具有五千余年中华文明的东方文明古国，且正在努力实现中华民族伟大复

---

① 习近平著：《习近平谈治国理政》（第二卷），北京：外文出版社，2017 年版，第 197-198 页。

② 国家统计局编：《中国统计年鉴 · 2020》，北京：中国统计出版社，2020 年版，第 626 页。

③ 国家统计局编：《中国统计年鉴 · 2020》，中国统计出版社，2020 年版，第 64 页。

④ 冯华、吴月辉、谷业凯、刘诗瑶、喻思南、蒋建科、余建斌、赵永新：《这五年，创新动力更强劲》，《人民日报》，2020 年 10 月 28 日，第一版。

兴的中国梦；中国正在走向世界舞台中心，世界经济治理需要中国智慧、中国方案。走经济发展正确道路，遵循产业发展基本规律，适应第四次工业革命发展趋势，立足中国产业发展国情，这一切决定了中国今后应当建构智能制造为主导，具有能够实现生态系统与经济系统有机结合的最典型生态经济特征的高效生态产业体系，而这对于全球经济乃至整个经济社会治理将具有重大理论和实践意义。

第一编

经济发展道路论[①]

产业发展是经济发展的本质和核心。经济发展道路，包括决定经济发展的历史起点、发展条件、制度规定、目标取向等，从根本上决定了产业发展态势。撇开经济发展道路选择的前提，孤立分析产业发展问题，将难以获得正确解析。中国是典型大国，大国发展道路、特别是中国发展道路的基本特征分析，应当成为中国产业发展分析的逻辑起点。

---

① 为纪念改革开放40周年和中华人民共和国成立70周年，本编核心内容以《大国崛起：东亚模式与中国道路》为题在《学术月刊》2019年第10期发表，该文正式发表后，相继被《新华文摘》2020年第5期以《大国崛起的若干维度》为题转载，《中国社会科学文摘》2020年第4期以《大国崛起的中国道路：理论与实践》为题转载，《文摘报》2020年1月9日刊登内容摘要。

第二章　大国崛起的一般路径

大国是指人口众多、幅员辽阔，在经济、政治、军事、文化等方面对世界有重要影响的国家。[①]崛起是指伴随经济社会结构根本变化的工业化或现代化过程的总体国土空间的综合实力的提升，及其在世界前列站位。[②] 这就是本文所讨论的大国崛起范畴。

大国崛起对世界影响巨大而深远。[③] 大国崛起重组世界地理空间。公元15世纪前后，欧洲最早诞生的两个民族国家——葡萄牙和西班牙在国家力量支持下完成地理大发现，这在使大国崛起的道路有了全球坐标的同时，也使原先割裂的世界连接成一个完整的世界。葡萄牙和西班牙依靠新航线和殖民地建立起势力遍布全

---

① 学科不同，研究视角不同，对此界定不同。例如，发展经济学关于“大国”的标准，就主要从人口规模、国土面积、GDP或人均GDP，有时候还加上对外贸易规模等指标来衡量。本文所观察的对象，无论用何种指标衡量，都属于“大国”范畴，此处也就不再就“大国”概念问题详细讨论了。

② 同样，学科不同，研究视角不同，对此界定不同。但就目前各学科最大共识而言，“崛起”还包括经济结构和社会结构从根本上现代化的工业化或现代化的实现过程。如此，“崛起”的衡量指标就一定是国际可比的，肯定不是单一的经济总量或人均经济总量指标可度量的。

③ 参见中国中央电视台《大国崛起》纪录片全集；中央电视台《大国崛起》节目组编著：《大国崛起：美国》《大国崛起：英国》《大国崛起：法国》《大国崛起：德国》《大国崛起：日本》《大国崛起：俄罗斯》《大国崛起：荷兰》《大国崛起：葡萄牙·西班牙》，中国出版集团、中国民主法治出版社。

球的帝国，在16世纪上半叶达到鼎盛时期，成为第一代世界大国并瓜分了世界。17世纪，荷兰依靠有利的地理位置和良好的商业信誉，从中间商变成远洋航海斗士；成立世界上最早的联合股份公司，凭借一系列现代金融和商业制度的创立，迅速崛起并垄断了全球贸易的一半。

大国崛起重塑世界地缘政治。1588年，英国在与西班牙无敌舰队的海战中大获全胜，从此登上世界舞台。通过对海洋贸易的鼓励、开明治国，英国创造了它的早期辉煌。通过光荣革命建立起君主立宪制，它率先完成了向现代社会的转型，为其经济起飞和工业革命提供了强有力的制度保证。在各种合力下，它成为世界上第一个工业化国家、第一次工业革命的主角。它开创了自由主义经济模式，建立起地跨全球的“日不落帝国”，引领18世纪中期到19世纪中期的世界发展。1620年，100多名英国清教徒来到北美大陆，签订了《五月花号公约》，开始了在新大陆上自治管理的生活。1776年，北美13个殖民地宣布成立美利坚合众国，并在1787年制定了对美国发展影响深远的成文宪法，建立起中央政府。1894年，美国成为世界第一大经济强国，站在第二次工业革命的潮头。第二次世界大战后，美国在政治、经济、科技、军事等各方面成为世界第一强国。

大国崛起改变军事实力对比。面对四分五裂的国土，德意志践行经济学家李斯特提出的通过经济统一实现政治统一的方式，建立关税同盟使贸易壁垒被打破，实现了经济快速发展。铁血宰相俾斯麦在外交上做足准备后，以三场对外战争在1871年最终完成了德国统一。一直以来高度重视教育、科技的德意志，迅速站在了第二次工业革命的前沿，成为欧洲第一、世界第二经济强国，继而成为两次世界大战的策源地。日本于 1868 年正式开始明治维新，此后，开始了国家工业化，至 1968 年明治维新百年之际，成为当时仅次于美国和苏联的世界经济强国。这期间，日本军国主义曾给亚洲各国带来深重灾难。

大国崛起深刻影响主流文化。[①] 从 16 世纪到第二次世界大战，伴随葡萄牙、西班牙、荷兰、英国、法国、德国、日本、美国等大国崛起，殖民主义和帝国主义文化盛行全球。至 19 世纪末，帝国思想意识的独霸性已经完全嵌入了文化领域；而自从第二次世界大战以来，美国的军事干涉几乎涉及每块大陆。[②] 如今，荷兰的现代金融和商业制度、英国的自由市场经济体制、美国将市场经济与国家宏观调控结合在一起的混合经济体制和法定专利制度等制度文化已经被世界大多数国家、特别是正在崛起和将要崛起的大国所传承。在殖民语言的影响下，全球化及所谓“文明使命”的完成使远离这些语言发源地的居民也能说同样的语言。英、法、德这三种具有高度现代性的语言依然是世界学术与世界文学的霸权语言。[③]

大国崛起的中国道路备受关注。中国是典型大国。中国是当今世界第一人口大国，据统计，至 2016 年年末，中国总人口为 137866. 5 万人，占世界人口的 18. 5%。[④] 中国幅员辽阔，国土面积

---

① 这里把文化界定为人类精神活动及其产品，包括社会价值观、宗教信仰、风俗习俗、文学艺术、科学技术、各种制度等，不包括物质财富，也就是所谓狭义的文化。

② ［美］爱德华 · W. 萨义德著，李琨译：《文化与帝国主义》，北京：生活 · 读书 · 新知三联书店，2003 年版，第 14、73 页。

③ ［美］佛雷德里克 · 杰姆逊、三好将夫著，马丁译：《全球化的文化》，南京：南京大学出版社，2002 年版，第 41 页。

④ 中华人民共和国国家统计局编：《国际统计年鉴—2017》，北京：中国统计出版社，2018 年版，第 3、91 页。统计数据不包括香港、澳门特别行政区和台湾省，以下如无特别说明，均指这一口径。

在世界排第4位，据统计，中国国土面积为960万平方公里，占世界的7.1%。[①] 中国是当今世界第二经济总量大国，据统计，按现价美元计算，2016年中国国内生产总值（GDP）为111991亿美元，占世界的14.8%。[②] 中国是当今世界对外经贸大国和外汇储备大国，据统计，2016年中国货物进出口贸易总额为36856亿美元，在世界排第2位，占世界的11.5%；其中，货物出口总额为20982亿美元，在世界排第1位，占世界的13.2%，货物进口总额为15874亿美元，在世界排第2位，占世界的9.8%。[③] 据统计，2016年中国外商直接投资（FDII）为1337.0亿美元，在世界排第3位，占世界的7.7%；对外直接投资为1831.0亿美元，在世界排第2位，占世界的12，6%。[④] 据统计，2016年中国外汇储备为30105.2亿美元，在世界排第1位，占世界的28.1%。[⑤]

中国是文明古国。中国是有5000多年文明史的世界古国。5000多年连绵不断、博大精深的中华文化是中华民族生生不息、发展壮大的丰厚滋养；中华优秀传统文化的丰厚哲学思想、人文精神、传统美德等，是解决当代人类面临的共同难题的重要思想源泉，为全球治理和治国理政提供有益启发。当今中国古老文明不断焕发青春，是建立在1840年鸦片战争以后，经过孙中山领导

① 中华人民共和国国家统计局编：《国际统计年鉴—2017》，北京：中国统计出版社，2018年版，第3、7页。国土面积统计数据包括香港、澳门特别行政区和台湾省。

② 中华人民共和国国家统计局编：《国际统计年鉴—2017》，北京：中国统计出版社，2018年版，第3、19页。

③ 中华人民共和国国家统计局编：《国际统计年鉴—2017》，北京：中国统计出版社，2018年版，第3、300-302页。

④ 中华人民共和国国家统计局编：《国际统计年鉴—2017》，北京：中国统计出版社，2018年版，第3、331页。

⑤ 中华人民共和国国家统计局编：《国际统计年鉴—2017》，北京：中国统计出版社，2018年版，第3、332页。

的辛亥革命，中国共产党领导的新民主主义革命、社会主义革命和社会主义建设、改革开放新的革命和社会主义现代化建设取得一个又一个胜利的基础上的。当今中国古老文明依然充满生机活力，是中华人民共和国成立 70 多年来，经过建立起社会主义基本制度并进行了 20 多年建设和改革开放前后两个时期社会主义实践探索的成果。新时代下中国古老文明将继续展现强大生机活力，这是改革开放和社会主义现代化建设 40 多年，更是坚持习近平新时代中国特色社会主义思想作指导的中国共产党对中国经济社会发展全面领导的必然结果。①

中国是后发国家。按照格申克龙（Gerchenkron，1952 年）所谓“后发优势”的观点，后发国可以自由享用先行国技术进步的成果，而无须再为开发已有的技术付出代价，这就是后发国对于先行国的一种潜在优势。② 这一后发优势还有可能是后发国对于特殊资源的发现和开发，或较低的劳动力成本等所造成的。③ 除上述后发优势之外，后发国家在充分认识新兴科技革命和工业革命发展趋势的前提下，完全可能凭借创新发展的制度安排和有效战略，抢占领先技术和产品发展的先机，实现“弯道超车”或开辟新路，取得对革命性产品的垄断地位，以及由领先技术和产品带来的持久的竞争优势。

中国是东亚国家。地理空间、地域文化、地缘政治、地区现状、内外格局、周边禀赋等，都是影响大国崛起的重要因素。这

① 参见中共中央宣传部：《习近平新时代中国特色社会主义思想三十讲》，北京：学习出版社，2018 年版，第 17–22 页。

② ［英］约翰·伊特韦尔等编：《新帕尔格雷夫经济学大辞典》第一卷：A–D，北京：经济科学出版社，1996 年版，第 884–885 页。

③ 刘树成主编：《现代经济词典》，南京：凤凰出版社、江苏人民出版社，2005 年版，第 431 页。

一切对于作为东亚国家的中国的崛起当然也不例外。英国著名历史学家阿诺德·约瑟夫·汤因比（Arnold Joseph Toynbee）在上世纪70年代就对东亚地区在21世纪中所担负的重要任务给出明确判断："我期待着东亚对确立和平和发展人类文明能作出主要贡献。"① 20世纪90年代以后，即使考虑到90年代后期的金融危机，新兴东亚地区②的增长也是较为迅速和富有弹性的。而在1980—2004年的更长期间，在任何一个5年时间段内，世界上都没有任何地方的经济增长比东亚更快。在此期间，东亚的人均GDP增长率在5.5%~8%之间，GDP增长率的范围则位于6.8%~9.4%之间。有学者（Maddison，2003）估计，东亚在全世界GDP中的份额（根据购买力平价进行了调整），1500—1800年大约为40%，1820年达到最高点；1950年，这个份额小于15%；今天这个比例约为33%。如果全世界都按照与过去40年间相同的年度增长率，即3.6%的速度增长，东亚GDP假如按照6%~7%的速度增长，就能在2025年重新达到占世界总量42%的历史高点。③ 有理由认为，尽管发生了1997—1998年的金融危机和日本的滞胀，东亚依然与欧盟、北美一起构成了当今世界的三大经济板块；东亚已再度成为世界经济的火车头；东亚是当今世界经济增长与发展潜力最大的区域。仅就此而言，处于东亚区域的典型大国、文明古国、后

---

① ［英］A·J. 汤因比、［日］池田大作著，荀春生、朱继正、陈国樑译：《展望21世纪——汤因比与池田大作对话录》，北京：国际文化出版公司，1985年版，第286页。

② 东亚包括东盟成员国文莱、柬埔寨、印度尼西亚、老挝、马来西亚、缅甸、菲律宾、新加坡、泰国和越南，加上中国、中国香港、日本、韩国、蒙古和中国台湾等。新兴东亚地区指除日本外的上述国家和地区。发展中东亚地区指除去中国香港、韩国、新加坡和中国台湾的新兴东亚地区。

③ 印德尔米特·吉尔、霍米·卡拉斯著，黄志强、余江译：《东亚复兴》，北京：中信出版社，2008年版，第49-50页。

发国家的中国的崛起格外引人注目就是再自然不过的了。

1. 现代社会结构基本确立。工业化和城市化是现代化同一过程的两个方面。在这一过程中，作为工业化和城市化最根本标志的两个结构性指标——工业比重、城市化率会持续提高和水平居高，其结果一般是①，工业增加值比重在 GDP 中最高，工业部门占主导地位，三次产业增加值比重按从高到低的排序完成由“一二三”向“二三一”再向“三二一”的转变；城市化率达到 50% 以上，社会由以农业为主的传统乡村型社会向以工业和服务业等非农产业为主的现代城市型社会转变。安格斯·麦迪森（Angus Maddison）在说明公元 1000—1500 年西欧的复兴和振兴时指出：公元 1000—1500 年，西欧的人口增长比世界上其他任何地方都要快。其中北部国家人口增长又明显快于靠近地中海的国家。超过 1 万人的城镇人口比率从 0 增长到 6%，充分表明制造业和商业活动的扩张。② 这说明荷兰、德国等西欧国家的崛起所依赖的现代社会结构基础，早在 1500 年前就已经开始演进了。葡萄牙的崛起始自 1147 年里斯本被阿拉伯人所占领，直到 1249 年它摆脱了阿拉伯人的统治，并建立了一个面积与现代葡萄牙大致相当的独立主权国家。葡萄牙崛起的历史过程是其贩卖奴隶和开发大西洋群岛及其制糖业的过程，在以上两个领域的开拓中起主导作用的是亨里克

① 不同学科研究现代化问题的专家学者对现代化、工业化和城市化水平的指标衡量标准有不同观点，有的专家学者基于对现代化、工业化和城市化概念的特殊理解，建构了不同的衡量指标以及分析不同阶段的现代化、工业化和城市化的指标标准水平，但对于这里所简要说明的现代化、工业化和城市化的经验性、统计性结构指标水平是有共识的。

② ［英］安格斯·麦迪森著，伍晓鹰、许宪春、叶燕斐、施发启译：《世界经济千年史》，北京：北京大学出版社，2003 年版，第 39 页。

王子（Prince Henrique）。[①] 这也说明，葡萄牙崛起的现代社会结构基础是海外贸易和制造业比重的迅速上升。1579 年，荷兰从由西班牙统治的大尼德兰中脱离出来成为一个独立的共和国，17 世纪荷兰成为世界经济中心和最富庶的地区。到独立时，荷兰各省中规模最大的产业是船舶业、帆布、渔网、绳索、鱼桶及相关产品的制造业，盐加工业，酿酒业，建材业以及毛纺和麻纺业。荷兰的服务业在本国经济中发挥着重要作用。[②] 1700—1820 年，英国上升为霸权国。这期间，英国的人口的增长率是欧洲国家中最快的，城镇化率在全国各地都有显著提高；农业劳动力比重明显下降，由 1700 年的 56%下降到 1820 年的 37%；工业和服务业劳动力比重大幅攀升，分别由 1700 年的 22%和 22%上升到 1820 年的 33%和 30%。[③] 1913 年，美国的人均收入水平超过了英国，而且其技术水平也取代英国，最接近当时技术的前沿。而在此前的 1820—1890 年，美国农业劳动力比重也同样明显下降，由 1820 年的 70%下降到 1890 年的 38%；工业和服务业劳动力比重大幅上升，分别由 1820 年的 15%和 15%上升到 1890 年的 24%和 38%。[④]

2. 人均收入和经济总量迅速增长。1400—1700 年，荷兰的人均收入增长是欧洲最快的，而从 1600 年到 19 世纪 20 年代，荷兰的人均收入水平是欧洲最高的。这是由于 1600 年前北欧有很多贸

---

① ［英］安格斯·麦迪森著，伍晓鹰、许宪春、叶燕斐、施发启译：《世界经济千年史》，北京：北京大学出版社，2003 年版，第 48 页。

② ［英］安格斯·麦迪森著，伍晓鹰、许宪春、叶燕斐、施发启译：《世界经济千年史》，北京：北京大学出版社，2003 年版，第 66-74 页。

③ ［英］安格斯·麦迪森著，伍晓鹰、许宪春、叶燕斐、施发启译：《世界经济千年史》，北京：北京大学出版社，2003 年版，第 86-87 页。

④ ［英］安格斯·麦迪森著，伍晓鹰、许宪春、叶燕斐、施发启译：《世界经济千年史》，北京：北京大学出版社，2003 年版，第 87、93-94 页。

易机会，同时荷兰通过水利工程成功改造农业，在世界贸易中的地位居高。1670 年，荷兰商船队的运载量是 568000 吨，比德国（104000 吨）、英国（260000 吨）和法国（80000 吨）的总和还多 124000 吨。[①] 在英国上升为霸权国的 1700—1820 年间，英国人均收入增长快于 17 世纪，是欧洲平均水平的两倍多。这期间，英国的出口每年增长 2%；航运量由占世界航运能力的五分之一多一点，上升到超出 40%。在英国技术进步和实际收入增长的加速阶段，即 1820—1913 年，英国的人均收入增长比过去任何时候都要快，大约为 1700—1820 年的 3 倍。这期间，GDP 年均增长 2.13%，比世界平均水平高出 0.66 个百分点；而出口年均增长达到 3.9%，几乎是 GDP 增长率的 2 倍。1914 年，英国对欧洲、西海岸国家、拉丁美洲、亚洲、非洲等的境外投资现价总值（百万美元，当期汇率）合计 18311，分别是法国（8647）、德国（5598）、美国（3514）和其他国家（7700）的 2.1、3.3、5.2、2.4 倍。[②] 1820—1870、1870—1913、1913—1950 年间，美国人均 GDP 增长率分别是 1.34%、1.82%和 1.61%，比英国（1.26%、1.01%和 0.92%）分别高 0.08、0.81 和 0.69 个百分点。1913 年，美国人均 GDP 达到 5301（1990 年国际元），比英国（4921，1990 年国际元）高出 380（1990 年国际元）。1820—1870、1870—1913、1913—1950 年间，美国 GDP 增长率分别是 4.20%、3.94%和 2.84%，比英国（2.05%、1.90%和 1.19%）分别高 2.15、2.04 和 1.65 个百分点。1913 年，美国 GDP 达到 517383（百万 1990 年国际元），是英国

① ［英］安格斯·麦迪森著，伍晓鹰、许宪春、叶燕斐、施发启译：《世界经济千年史》，北京：北京大学出版社，2003 年版，第 66、68 页。

② ［英］安格斯·麦迪森著，伍晓鹰、许宪春、叶燕斐、施发启译：《世界经济千年史》，北京：北京大学出版社，2003 年版，第 86-91 页。

（224618，百万1990国际元）的2.3倍，已是世界第一经济总量大国。① 1950—1973年，日本人均收入年均增长8%，同期西欧年均增长4%；其劳动生产率年均增长7.7%，而西欧为4.8%；其全要素生产率年均增长5.1%，而西欧为2.9%。1973年，日本GDP为1242932（百万1990年国际元），仅次于美国（3536622，百万1990年国际元），已超过德国（944755，百万1990年国际元），已是世界第二经济总量大国。②

3. 基础设施达到世界一流水平。③ 葡萄牙在开拓海外商业和建立帝国时，其国王对大西洋考察、航海技术研究、领航员培训和标有罗盘定位和航线地图的航海记录等各个方面给予大力资助。在开发沿非洲海岸的航线中，葡萄牙在两个岛屿上建立了重要前哨定居地。1482年，葡萄牙在位于现在加纳海岸的埃尔明纳要塞建立黄金交易中心，而黄金是当时国王的最大收入来源。④ 1600年前，荷兰通过水利工程成功改造了农业。17世纪中叶，荷兰创造了配备有纤道的运河网络，大大降低了运输泥炭、干草、小麦、牛、木材、建材和其他笨重货物的运输成本。在整个17世纪和18世纪的大部分时期，荷兰稠密的市区人口、优良的港口和四通八达的内河系统降低了运输和基础设施建设的成本，降低了政府服

① ［英］安格斯·麦迪森著，伍晓鹰、许宪春、叶燕斐、施发启译：《世界经济千年史》，北京：北京大学出版社，2003年版，第178-181页。

② ［英］安格斯·麦迪森著，伍晓鹰、许宪春、叶燕斐、施发启译：《世界经济千年史》，北京：北京大学出版社，2003年版，第130、178、199页。

③ 这里的基础设施是指影响全国的重大生产与生活基础设施，包括交通、能源、通信、商贸金融网点、城市建筑、水利、气象、文化、教育、科技、医疗卫生、消防、公安、地震预测等各种必备设施。但时代不同，工业化、现代化阶段不同，主要基础设施建设的内容也很不相同。

④ ［英］安格斯·麦迪森著，伍晓鹰、许宪春、叶燕斐、施发启译：《世界经济千年史》，北京：北京大学出版社，2003年版，第46、49页。

务的费用，也减少了对存货的需要。[①] 英国在1485—1700年这一有利于资本主义的现代民族国家和制度的创立时期，于1662年成立了皇家学会，1694年成立了英格兰银行，复辟时期创建了皇家天文台并设立了皇家天文学家职位。英国在上升为霸权国的1700—1820年间，通过创建收税公路和渠道网络以及发展海岸运输极大提高了国内市场的统一程度，促进了不同地区之间更有效率的专业化劳动分工。通过稳健的公共财政和银行业的发展进一步提高了资源配置效率。英国在1820—1913年技术进步和实际收入增长的加速阶段，1812年造出了世界上第一艘利用蒸汽机作为动力的轮船；到了19世纪60年代，几乎所有新下水的船舶都已经采用煤作为能源；苏伊士运河在1869年开通，它将伦敦到孟买的距离缩短了41%，到马德里斯的距离缩短了35%，到加尔各答的距离缩短了32%，到香港的距离缩短了26%。这不但降低了蒸汽轮船的燃料成本，而且使帆船处于非常不利的竞争地位，因为运河中缺乏风力。[②] 在日本，包括运输、通信、公共事业在内的社会间接资本的积累，在国家强有力的指导下，自明治初期至20世纪初进展迅速。这些社会资本的积累对于工业化起到了无法估量的作用。[③] 在美国镀金时代，19世纪铁路业迅速发展，30年代只有23英里运营铁路；50年代有9021英里；70年代有52992英里；90年代有166703英里。大多数新铁路的建设都得到了联邦政府的大力资助。

① ［英］安格斯·麦迪森著，伍晓鹰、许宪春、叶燕斐、施发启译：《世界经济千年史》，北京：北京大学出版社，2003年版，第70–72页。

② ［英］安格斯·麦迪森著，伍晓鹰、许宪春、叶燕斐、施发启译：《世界经济千年史》，北京：北京大学出版社，2003年版，第82、84、86、89–91页。

③ ［日］南亮进著，景文学等译：《日本的经济发展》，北京：对外贸易教育出版社，1989年版，第106页。

铁路建设对工业和制造业、农业等降低成本、提高效率、增强对外竞争力等具有深远影响。再以城市供排水为例。1870 年前后，只有最富裕的地区和少量的商业区有公共供排水系统。到 1890 年，一个典型城市 25%到 34%的人口可以享用到公共供排水系统，到 1909 年，在人口超过 30 万的城市，超过 70%的人可以使用公共下水道。到 1915 年，官方估计，在大多数城市，超过 95%的当地居民可以使用公共供水。①

4. 成功实现制度图新变革。麦迪森把 1000—1999 年世界经济千年发展的主要原因归结为三个维度：地域占领与殖民地，国际贸易与资本运动，技术与制度创新。1000—1820 年间，长达数世纪的努力为 19 世纪和 20 世纪经济的更迅速发展提供了知识和制度基础。17 世纪结束时，欧洲有了包括更先进复杂的银行、信用、外汇市场、金融和财政管理、会计、保险、公司值制度等在内的很多制度上的进步。这一切都同荷兰和英国的东印度公司的发展有关。这些都是欧洲成功打开世界的基本因素。17 世纪和 18 世纪的大部分时间，荷兰社会经济制度都是比较优越的：产权清晰，土地清册登记方便了产权的转让；有一个有利于企业发展的、有效的法律体系和健全的金融体系；税负较高，但它是对支出而不是对收入征税，从而鼓励人们储蓄、节俭和勤奋工作。1485—1700 年，是英国创立有利于商业资本主义的现代民族国家和制度的时期。这期间，17 世纪也是英国经济制度沿着荷兰方向进行改革的时期，包括封建割据被更集中化体系所替代，废除僧侣等级制度，政府管理现代化，成立英格兰银行，货币政策现代化，公债市场

① ［美］普莱斯·费希拜克等著，张燕、郭晨、白玲等译，李鹏飞译校：《美国经济史新论》，北京：中信出版社，2013 年版，第 244、254 页。

的出现等。[1] 特别是，在 1688 年的“光荣革命”后，在传承 1215 年《大宪章》原则基础上确立的《权利法案》和君主立宪制为英国经济起飞和第一次工业革命奠定了强有力基础；1776 年，亚当·斯密的《国富论》出版，在亚当·斯密等经济学家的指引下，英国结束了重商主义时代，建立了一直延续至今的自由市场经济体制。日本在始于 1868 年的明治时期，卓越地实现了现代化，成为亚洲第一个走上工业化道路的国家。其成功的重要原因之一就是制度改革，包括废藩置县，建立中央集权制度；实施国民享有平等接受教育机会的教育制度；激励全国国民保卫国家的决心，创建近代式军队；承认土地自由买卖，废除农民和土地的隶属关系等。[2] 美国经济现代化成功的决定性因素，至少在于拥有一个现代化的政府制度安排，包括建立功能相对完善的政府机构；政府权力的有序交接，严格坚持法治并且有一个独立的司法制度来裁决争议。美国这种以市场为导向的国家，政府在经济中却扮演着若干种角色：界定和实施财产权利、维护缔约自由与“规范的司法管理”、提供国防这一典型的公共产品、弥补市场机制种种缺陷的必要的政府干预、改变经济激励结构的收入再分配等。[3]

5. 实行对外开放政策。国际贸易与资本流动，在麦迪森看来，是 1000—1999 年世界经济千年发展的主要原因之一。15 世纪下半叶，葡萄牙发动了一个雄心勃勃的，促使欧洲和世界其他地方经

---

① ［英］安格斯·麦迪森著，伍晓鹰、许宪春、叶燕斐、施发启译：《世界经济千年史》，北京：北京大学出版社，2003 年版，第 4-11、72、82-84 页。

② ［日］吉田茂著，李杜译：《激荡的百年史》，西安：陕西师范大学出版社，2006 年版，第 19-20 页。

③ ［美］普莱斯·费希拜克、斯坦利·恩格曼等著，张燕、郭晨、白玲等译，李鹏飞译校：《美国经济史新论》，北京：中信出版社，2013 年版，第 2、4-13 页。

济交往的活动。在发展欧洲对大西洋诸岛的贸易、航行和殖民方面，在开拓环绕非洲、进入印度洋和联系中国与日本的贸易路线方面，都起了主要作用。在葡萄牙的先驱们拓展世界的同时，欧洲北部各地区的贸易因荷兰航海能力的显著提高而加强了。到1570年，荷兰商船的运输量大约相当于英格兰、法国和德国全部商船队的总和，人均水平则是后者的25倍。荷兰是1400年至17世纪中叶欧洲最繁荣的经济体，而航运和商业服务业则是它收入的主要部分。它在推动国际分工的专业化方面超过了当时任何其他国家。它进口谷物和活畜，同时出口鲱鱼和奶制品。在1700年时，它只有40%的劳动力从事农业。1820—1913年间，英国对外开放政策对人均收入的持续快速增长作出重要贡献。1846年，取消了农业保护性关税；1849年，限制国外竞争对手的《航海法》被中止。到1860年，英国单方面取消了所有贸易和关税上的限制，并同法国和其他欧洲国家建立了旨在促进自由贸易的互惠条约。这些含有最惠国条款的条约意味着双边自由化同等地应用于所有参与国家。从1870年起，以海外投资为目的的英国资本大量流出，相当于它储蓄的一半。同时期，法国、德国和荷兰对海外也进行了大量的投资。1853年，佩里率领美国舰队访日，逼迫日本开放门户。此前长期闭关锁国的日本决定接纳西方文明，从此走上对外开放之路，为日本现代化奠定了重要基础。[①] 第二次世界大战后，美国对外经济和商业政策与战前有很大不同，主要致力于技术传播，促进海外投资和世界贸易自由化。美国的这种政策新动向，在其1948年推行的，旨在重建欧洲的马歇尔计划中已经明显

① ［日］吉田茂著，李杜译：《激荡的百年史》，西安：陕西师范大学出版社，2006年版，第10-18页。

反映出来。[①] 二战后，世界经济在1950—1973年这一黄金时代持续高速增长的主要原因之一，就是通过美国主导建立的经济合作与发展组织（OECD）、国际货币基金组织（IMF）、世界银行（WB）、关税与贸易总协定（GATT）等，创建起新型的自由国际秩序。[②] 与此同时，美国经济活动水平也达到了前所未有的高度。1948—1979年间美国巨大经济扩张的推动力是资本和劳动力的广泛流动。[③] 美国是国际资本市场全球化的主要获利者。从战后到1988年，美国的国外资产总额一直超过其负债总额，但以后其国外净资产水平从零左右降到-1.5万亿美元（超过GDP的20%）。因此，全世界帮助美国保持了长期繁荣，为它巨额国际收支赤字提供了资金。[④] 纵观大国经济崛起和美国成为第一强国的历史可见，第45任总统特朗普（Donald John Trump）任内美国政府于2018年向包括中国在内的多个国家发起贸易保护主义之战，实在是没有多少道理可言。

6. 科学技术进步水平领先。15世纪以前，欧洲在很多领域中的进步都依赖于来自亚洲和阿拉伯世界的技术。但是，到了17世纪结束的时候，欧洲在造船和武器方面已经明显处于领先地位。16世纪葡萄牙与西班牙成为第一代世界大国，得益于它为航行印度所作的一个举足轻重的研究计划，其涉及延续多年的船舶技术

---

① ［英］安格斯·麦迪森著，伍晓鹰、许宪春、叶燕斐、施发启译：《世界经济千年史》，北京：北京大学出版社，2003年版，第6-8、96页。

② ［英］安格斯·麦迪森著，伍晓鹰、许宪春、叶燕斐、施发启译：《世界经济千年史》，北京：北京大学出版社，2003年版，第8页。

③ ［美］戴尔·W. 乔根森、佛兰克·M. 戈洛普、巴尔巴拉·M. 佛劳梅尼著，李京文、汪同三、钟学义、郑易生、郑玉歆、余平合译，王宏昌校：《生产率与美国经济增长》，北京：经济科学出版社，1989年版，第1页。

④ ［英］安格斯·麦迪森著，伍晓鹰、许宪春、叶燕斐、施发启译：《世界经济千年史》，北京：北京大学出版社，2003年版，第127页。

的试验、导航仪器和海图的改进、应用天文学以及关于海风和海流知识的发展、对替代航线的研究。17 世纪荷兰成为世界商业帝国，得益于它创造了一种新型的船舶工厂以便在海上处理刚刚捕捞上船的鲱鱼，也改进了成批地生产低成本通用货船的方法。[①] 19 世纪英国是生产率水平最高的国家，是向新技术领域的主要推进者。19 世纪末德国成为世界一流强国，得益于 19 世纪德国在诸如化工部门已是世界的领先者。[②] 20 世纪美国对其他先进国家的领导能力比 19 世纪的英国更强，这是为什么世界经济在 20 世纪能够比 19 世纪更快增长的主要原因，技术的前沿被推进得比以前更快了。[③] 从西方国家引进先进技术，对于日本和俄国经济增长极其重要。日本自明治时代就特别注意引进推广西方先进技术，整个 20 世纪一浪接一浪地引进、推广，改进有形和无形的先进实用外国技术为已所用。改进工程学或价值工程在日本成了一门艺术。19 世纪俄国大力依靠西方技术，19 世纪 80 年代中期以后在俄国南部建造的钢铁厂，其技术水平和规模与当时西欧正在建造的钢铁厂相同。[④]

7. 先进文化得到广泛传播。17 世纪，法国建立起欧洲大陆最强大的绝对王权，并借此将其经济、文化、军事力量都发展到历史上的第一个高峰。路易十四对文化艺术的喜好培育了国民对思

---

① ［英］安格斯·麦迪森著，伍晓鹰、许宪春、叶燕斐、施发启译：《世界经济千年史》，北京：北京大学出版社，2003 年版，第 9-10 页。

② ［英］约瑟夫·E. 斯蒂格利茨、沙希德·尤素福编，王玉清、朱文晖等译，黄卫平校：《东亚奇迹的反思》，北京：中国人民大学出版社，2003 年版，第 72 页。

③ ［英］麦迪森著，李德伟、盖建玲译，王慧炯、任若恩校：《世界经济二百年回顾》，北京：改革出版社，1997 年版，第 12 页。

④ ［美］西里尔 ·E. 布莱克等著，周师铭、胡国成、沈伯根、沈丙杰译：《日本和俄国的现代化——一份进行比较的研究报告》，北京：商务印书馆，1984 年版，第 238-241 页。

想文化的推崇，席卷了整个欧洲的启蒙思想在法国得到了普遍传播。启蒙思想打破了欧洲中世纪的神学枷锁，开启了理想的大门。1789年，法国大革命爆发，《人权与公民权宣言》颁布。此后，拿破仑以大革命之子的形象出现，用征服欧洲的方式再次将法国带向巅峰。然而，武力扩张并不能维持大国地位。第二次世界大战后，法国在戴高乐独立自主发展道路的带领下，才恢复了往日荣光。1697年，俄国沙皇彼得一世前往欧洲各国游历和学习。回国后，他强硬推行了一场从穿衣、吃饭到科学教育等的社会变革，用野蛮手段推进了俄罗斯的文明进程。继承彼得改革的女皇叶卡捷琳娜二世引进欧洲的启蒙思想，重视教育，并试图起草法律。18世纪后期，俄罗斯成为地跨欧亚大陆的大国，并成为欧洲事务中的重要角色。在战争—革命—改革的多次反复中，这个在传统和现代之间徘徊的民族，逐渐形成了自己的思考能力，创造了属于自己的独特文明，并借此完成了由农奴制向工业文明的蜕变。

8. 发展空间不断开辟延拓。发展空间可以是有形的，例如陆、海、空等实体国土空间；也可以是无形的，例如空间开发技术提高或空间治理体系现代化或数字化信息网络空间构筑等所带来的空间开发利用效率提高，进而创造崭新的实体或虚拟发展空间。①麦迪森把“地域占领与殖民”作为解释1000—1999年世界经济千

---

① 人类对外空空间的认识、开发和利用更是不断增加世界各国对发展空间的广泛、深入和系统思考和实践活动。发展空间的延拓，则包括合法与非合法、和平与战争等多种途径。第二次世界大战之前，西方国家崛起或成为发达国家的过程，经常是通过非法或侵略途径开辟延拓发展空间的过程。随着人类文明的进展，特别是随着数字化、信息化、网络化和智能化为特征的新工业革命浪潮的兴起，合法、海陆空统筹、无形开辟延拓发展空间已成为常态。

年发展的首要原因。[①] 葡萄牙是欧洲向大西洋扩张的先驱，公元1500年它发现了巴西，并由此在美洲开始了长达三个世纪的殖民开发；1600—1820年，按人均收入水平衡量，荷兰是欧洲的领先经济体，同时，它在亚洲拥有一个非常巨大的贸易帝国；英国在国际化和商业发展方面采取了荷兰模式，建立了更加庞大的殖民帝国，而且是工业和运输技术方面的先驱。西方国家发达的过程离不开对世界其他地方的武力侵犯，美洲的欧洲殖民化意味着对土著居民的灭绝、边缘化或征服；欧洲与非洲三个世纪的接触集中在奴隶贸易上。18世纪中叶到20世纪中叶，欧洲与亚洲国家之间的屡屡战争目的在于建立或维护殖民统治和贸易特权。另外，西方国家的经济发展还伴随着一系列掠夺性战争和损人利己政策。[②]

9. 军事实力持续得以加强。17世纪70年代，法国、西班牙、荷兰、英国、俄罗斯的陆军规模分别是12万、7万、11万、1.5万、13万人；18世纪，以上各国的陆军规模分别达到40万、5万、10万、8.7万、17万人；1812—1814年，法国、英国、俄罗斯的陆军规模分别是60万、25万、50万人。[③] 崛起后的德国，军费开支逐年递增，1879年，德国的军费开支为4.3亿马克，1899年上升为9.3亿马克，1913年又膨胀为21亿马克；军火企业扩充迅急，1870—1913年，克虏伯工厂的职工由7000猛增到8万人；

① ［英］安格斯·麦迪森著，伍晓鹰、许宪春、叶燕斐、施发启译：《世界经济千年史》，北京：北京大学出版社，2003年版，第4-5页。

② ［英］安格斯·麦迪森著，伍晓鹰、许宪春、叶燕斐、施发启译：《世界经济千年史》，北京：北京大学出版社，2003年版，第37-38页。

③ ［英］安格斯·麦迪森著，伍晓鹰、许宪春、叶燕斐、施发启译：《世界经济千年史》，北京：北京大学出版社，2003年版，第73页。

德军规模不断扩大，装备一再更新、改善，1914 年训练有素的陆军达到 51 个师，75.4 万人，是欧洲最强大的军队。① 日本明治维新后，领导者们学习西方各国军备制度知识，激励全国国民保卫国家，以全新思想创造近代史军队，实行富国强兵政策，直至靠强大军事实力打赢日俄战争、中日甲午战争，武装侵略中国东三省建立所谓“满洲国”，与德国、意大利一起建立“三国联盟”对抗英美，② 成为挑起第二次世界大战的三个法西斯轴心国之一。美国从二战中崛起，成为世界上最富有和军事实力最强的国家。冷战时期，尽管军费支出长期稳定在很高水平，但仍有 3 次明显的增长。在 21 世纪初，军费开支的第 4 次增长又开始了。③

10. 资源环境利用程度高。以煤炭资源的利用为例，以百万吨油当量计算，2009—2015 年已经崛起的大国美国、德国、俄罗斯分别占世界煤炭产量的 11.9%、1.1%和 4.8%，正在崛起的大国中国则占 47.7%；同期美国、德国、俄罗斯分别占世界煤炭消费量的 10.3%、2.0%、2.3%，中国则占 50.0%。④ 再以二氧化碳排放为例，以公吨计算，2007 年人均二氧化碳排放量法国、德国、日本、荷兰、葡萄牙、俄罗斯、西班牙、英国、美国分别为 6.0、9.6、9.8、10.6、5.5、10.8、8.0、8.8、19.3，所有这些崛起大国都明显高于世界平均水平（4.6），远高于低收入国家平均水平

① 鲁仁著：《德国百年行踪》，北京：九州出版社，2011 年版，第 177 页。

② ［日］吉田茂著，李杜译：《激荡的百年史》，西安：陕西师范大学出版社，2006 年版，第 20、39-41、58-64 页。

［英］安格斯·麦迪森著，伍晓鹰、许宪春、叶燕斐、施发启译：《世界经济千年史》，北京：北京大学出版社，2003 年版，第 6-8、96 页。

③ ［美］普莱斯·费希拜克、斯坦利·恩格曼等著，张燕、郭晨、白玲等译，李鹏飞译校：《美国经济史新论》，北京：中信出版社，2013 年版，第 464-470 页。

④ 黄晓勇主编，崔民选副主编：《世界能源发展报告（2017）》，北京：社会科学出版社，2017 年版，第 31-36 页。

(0.3)，也大大高于中等收入国家平均水平（3.3）；其中，美国还大大高于高收入国家平均水平（12.5）。[①]

11. 具有明显的时空特征。不同时代，大国崛起时的人口及其增长率、世界占比，经济体量及其增长率、世界占比，人均经济总量水平，经济结构基础等指标具有明显差别。例如，人口及其增长率、世界占比方面，16世纪成为第一代世界大国的葡萄牙，1500年人口100万人、1500—1820年人口年均复合增长率0.37%、1500年人口占世界比重为0.2%；同期西班牙则分别是680万人、0.18%、1.6%。17世纪崛起的荷兰，1600年人口150万人、1500—1820年人口年均复合增长率0.28%、1600年人口占世界比重为0.3%。18世纪成为世界上第一个工业化国家的英国，1700年人口856.5万人、1500—1820年人口年均复合增长率0.53%、1700年人口占世界比重为1.4%。19世纪末站上第二次工业革命潮头的美国，1870年人口是4024万人、1870—1913年人口年均复合增长率2.08%，1870年人口占世界比重为3.2%。经济体量及其增长率、世界占比方面，葡萄牙1500年以百万1990年国际元计算的GDP是606、1500—1820年GDP年均复合增长率是0.51%、1500年GDP占世界比重为0.2%；同期西班牙分别是4495、0.32%、1.8%。荷兰1600年以百万1990年国际元计算的GDP是2072、1500—1820年GDP年均复合增长率是0.54%、1600年GDP占世界比重为0.6%。英国1700年以百万1990年国际元计算的GDP是10709、1500—1820年GDP年均复合增长率是0.80%、1700年GDP占世界比重为2.9%。美国1870年以百万1990年国际元计算

① 世界银行著，胡光宇、赵冰译：《2012世界发展报告：性别平等与发展》，北京：清华大学出版社，2012年版，第404-405页。

的 GDP 是 98374、1870—1913 年 GDP 年均复合增长率是 3.94%，1870 年 GDP 占世界比重为 8.8%。人均经济总量水平方面，葡萄牙 1500 年以 1990 年国际元计算的人均 GDP 是 606、1500—1820 年人均 GDP 年均复合增长率是 0.13%；同期西班牙分别是 661、0.13%。荷兰 1600 年以 1990 年国际元计算的人均 GDP 是 1381、1500—1820 年人均 GDP 年均复合增长率是 0.28%。英国 1700 年以 1990 年国际元计算的人均 GDP 是 1250、1500—1820 年人均 GDP 年均复合增长率是 0.27%。美国 1870 年以 1990 年国际元计算的人均 GDP 是 2445、1870—1913 年人均 GDP 年均复合增长率是 1.82%。[①] 经济结构基础方面，18 世纪崛起的英国，1870 年农、林、渔业，采矿、制造业、建筑业和公用事业，服务业的就业比重分别是 22.7%、42.3%、35.0%，三次产业就业结构已经是典型的“二三一”型[②]；1894 年才成为世界第一经济强国的美国，1913 年三者比重分别是 27.5%、29.7%、42.8%，三次产业就业结构已经是“三二一”型；而 17 世纪就已崛起的荷兰，1870 年三者比重分别是 37.0%、29.0%、34.0%，呈现“一三二”型。不同地域，大国崛起的地理位置、资源禀赋、战略目标、产业选择等明显不同。葡萄牙依赖开拓海外商业和建立帝国而崛起，重要优势是它位于欧洲大西洋南海岸和靠近地中海出口，深海捕捞业、航海运输业、海外贸易和奴隶贩卖的发展优势得天独厚。荷兰崛起时的主导产业之一是航运业，而鲱鱼捕捞业则是其航运活动的重要部分。15 世纪，最适宜腌制的鲱鱼群大都迁移到北海，大部分鲱鱼

---

① ［英］安格斯·麦迪森著，伍晓鹰、施发启译：《世界经济千年统计》，北京：北京大学出版社，2009 年版，第 262-272 页。

② 按就业比重大小的排序。

被荷兰船只捕获。英国位于欧洲大陆西北面的不列颠群岛，它在崛起时首先采取了荷兰模式，建立了更大规模的航运业、更加庞大的殖民帝国等。1700 年，英国航运业占世界航运能力的五分之一多一点，荷兰却超过了四分之一。但到了 1820 年，英国的份额已超出 40%，荷兰的份额则下降到只有 2%多一点。[①] 美国崛起的禀赋优势之一是拥有富饶辽阔的土地。1820 年，美国居民每人拥有 48 公顷土地；而日本每人只有 1.2 公顷。[②]

12. 得到国内外广泛认同。葡萄牙开拓海外商业和建立帝国是渔民、国王和外来“新基督教徒”达成共识的结果：从事深海捕捞的渔民不但提供了它大部分食物供应，而且发展了有关大西洋风向、气候和潮汐的无与伦比的知识；这些知识的价值因为国王对大西洋考察、航海技术研究、领航员培训和标有罗盘定位和航线地图的航海记录等各个方面的资助，而得到极大的增强；被逐出西班牙的犹太商人和学者逃到葡萄牙避难，犹太人规模随之增加，虽然他们被要求改变宗教信仰而且遭受一定程度的迫害，但在帮助葡萄牙开发其在非洲、巴西和亚洲的商业利益，科学发展，为与穆斯林世界贸易提供中介和吸引热那亚和加泰罗尼亚资本到葡萄牙企业投资方面，他们都提供了重要的技能和知识。荷兰共和国是 7 个北部省份联合成立的；它有一个高度专业化的经济；它对宗教的宽容吸引了许多有技能的移民。在整个 17 世纪和 18 世纪的大部分时期，英国经济学家意识到了荷兰经济表现和经济政策

① ［英］安格斯·麦迪森著，伍晓鹰、许宪春、叶燕斐、施发启译：《世界经济千年史》，北京：北京大学出版社，2003 年版，第 46-47、67-72、86-87 页。

② 麦迪森著，李德伟、盖建玲译，王慧炯、任若恩校：《世界经济 200 年回顾》，北京：改革出版社，1997 年版，第 17 页。

的优越性。[①] 英国“光荣革命”后通过的《权利法案》，标志着群体而不是个人统治国家的社会共识，为经济起飞和工业革命提供了强有力的制度保证；而在亚当·斯密等经济学家指引下，结束重商主义时代，建立延续到今天的自由市场经济体制，则更是国内外广泛赞同的结果。1846 年，对农业进口品的保护性关税被取消；1849 年，《航海法（Navigation Acts）》被废除；1860 年，所有贸易和关税限制被单边取消。19 世纪晚期，贸易自由化在欧洲大陆国家出现了倒退，但英国到 1931 年一直坚持了它的自由贸易政策。[②] 20 世纪 30 年代，面对波及全球资本主义国家的经济危机和美国的惨重损失，富兰克林·罗斯福总统实行新政，开创了市场和政府共同作用于经济的混合经济模式，使美国走出困境，得到了国内外认同，这一模式迄今还是世界各个成熟的市场经济国家学习的先进模式。数百万美国人认为，罗斯福政府在困难时期为他们提供了资金、工作救济等好处，选举日人们对此记得更清楚。[③] 迄今为止，富兰克林·罗斯福是美国历史上唯一一位四任总统。

---

① ［英］安格斯·麦迪森著，伍晓鹰、许宪春、叶燕斐、施发启译：《世界经济千年史》，北京：北京大学出版社，2003 年版，第 46-47、66-68、72 页。

② ［英］安格斯·麦迪森著，伍晓鹰、许宪春、叶燕斐、施发启译：《世界经济千年史》，北京：北京大学出版社，2003 年版，第 90 页。

③ ［美］普莱斯·费希拜克、斯坦利·恩格曼等著，张燕、郭晨、白玲等译，李鹏飞译校：《美国经济史新论》，北京：中信出版社，2013 年版，第 364 页。

第三章　东亚大国崛起的路径

1. 大国崛起东亚模式存在性判定。模式的概念，用于表达特定事物活动的整体性、本质性、代表性或某些共性特征，包括“样品”“模型”“典型”“形式”“路径”“方法”“图样”等一系列相近词汇的含义。所以，视侧重点不同，英语可以翻译成 model，mode，method，pattern，schema，style，path 等不同词汇。在经济社会事务活动中，模式经常翻译成英语单词 model，如 economic development model，East Asian Model 等。东亚国家中，日本、韩国、新加坡已是崛起大国，而当今中国也是世界公认的崛起中大国。这里通过归纳总结包括日本、韩国、新加坡和中国崛起的成功经验，抽象提炼大国崛起的东亚模式，并不是说这一模式可以普适于整个东亚地区。我们也可以将这里的所谓“东亚模式”理解为这几个大国崛起为代表的已经崛起或正在崛起的东亚大国模式。东亚大国的崛起可以分解为由东亚地理空间、地域文化、地缘政治、地区现状、内外格局、周边禀赋等所决定的经济、政治、军事、文化等各个维度，具体表现在现代社会结构确立、人均收入和经济总量及其增长、基础设施建设、制度创新、对外开放、科学技术进步、先进文化传播、发展空间延拓、军事实力加强、资源环境利用、时空特征、国内外共识等各方面，形成特有的经济发展、工业化、现代化模式。世界银行、中国发展研究基金会、财政部等机构的研究成果和翻译成果对“东亚奇迹”以及“东亚模式”有颇多认同。[①]

2. 大国崛起东亚模式的维度特征。从现代社会结构确立维度看，已经崛起的日本、韩国、新加坡，以及正在崛起的中国，三次产业增加值比重、就业比重按照从高到低的排序，均已经完成由“一二三”向“二三一”再向“三二一”的转变；城市化率均已经达到50%以上。2016 年农业、工业、服务业增加值在 GDP 中的比重，日本分别为 1.1%、28.9%、70.0%，韩国分别为 2.2%、38.6%、59.2%，新加坡分别为 0.0%、26.2%、73.8%，中国分别为 8.6%、39.8%、51.6%；2015 年第一、二、三次就业人数在社会总就业人数中的比重，日本分别为 3.6%、25.5%、69.4%，韩国分别为 5.2%、25.1%、69.7%，新加坡分别为 0.0%、16.3%、82.7%，中国分别为 28.3%、29.3%、42.4%。2016 年城市和农村人口比重，日本分别为 6.1%、93.9%，韩国分别为 17.4%、82.6%，新加坡分别为 0.0%、100%，中国分别为 43.2%、56.8%。[②] 但在崛起过程的起点，东亚大国以三次产业增加值比重或就业比重、城市化率衡量的现代社会结构基础明显薄弱。例如，1890 年日本城镇化比率是 16.0%，相当于 1500 年荷兰（15.8%）

① 参见［美］约瑟夫·E. 斯蒂格利茨编，王玉清、朱文晖译，黄卫平校：《东亚奇迹的反思》，北京：中国人民大学出版社，2003 年版；世界银行编，朱文晖、王玉清译，黄卫平校：《东亚的复苏与超越》，北京：中国人民大学出版社，2001 年版；印德尔米特·吉尔、霍米·卡拉斯著，黄志强、余江译：《东亚复兴》，北京：中信出版社，2008 年版；财政部世界银行业务司译：《东亚奇迹》，北京：中国财政经济出版社，1995 年版。

② 中华人民共和国国家统计局编：《国际统计年鉴—2017》，北京：中国统计出版社，2018 年版，第 42、101、107 页。

的水平；[①] 而中国 1952 年城镇化率仅为 12.0%，明显落后于荷兰 1500 年的水平。[②] 1878 年，日本农业、工业、服务业在 GDP 中的比重分别是 63%、16%、21%；1789 年，法国农业、工业、服务业在 GNP 中的比重分别是 50%、20%、30%。[③] 1878 年的日本农业增加值比重依然在 60%以上，传统农业社会特征明显；而早在日本之前，1789 年的法国就已经使农业增加值比重降到 50%。农、林、渔业的就业比重，1870 年日本、美国、法国、德国、荷兰、英国分别是 70.1%、50.0%、49.2%、49.5%、37.0%、22.7%，1950 年中国是 77.0%。[④] 由此可以看出，日本、中国开始崛起时，传统农业社会结构特征比先行崛起的西欧诸国和美国在开始崛起时要突出得多。1972 年劳动力在农业、制造业、服务业的占比，同样完成崛起的日本分别为 15%、43%、42%，俄国为 26%、45%、29%，西德为 8%、56%、36%，法国为 13%、46%、41%，意大利为 18%、49%、33%，英国为 2%、51%、47%，美国为 5%、36%、59%。[⑤] 除俄国外，日本农业劳动力占比均明显高于先行崛起的大国，再次说明其崛起开始时传统农业社会特征突出，崛起完成时还要继续追赶先行崛起大国的现代社会结构水平。

---

① ［英］安格斯·麦迪森著，伍晓鹰、许宪春、叶燕斐、施发启译：《世界经济千年史》，北京：北京大学出版社，2003 年版，第 246 页。

② 国家统计局国民经济综合司编：《新中国六十年统计资料汇编》，北京：中国统计出版社，2010 年版，第 7 页。

③ ［日］宫崎犀一、奥村茂次、森田桐郎编，陈小洪、任兴洲、姚玉明、张建同译：《近代国际经济要览（16 世纪以来）》，北京：中国财政经济出版社，1990 年版，第 28-29 页。

④ ［英］麦迪森著，李德伟、盖建玲译，王慧炯、任若恩校：《世界经济二百年回顾》，北京：改革出版社，1997 年版，第 17 页。

⑤ ［美］西里尔·E. 布莱克等著，周师铭、胡国成、沈伯根、沈丙杰译：《日本和俄国的现代化——一份进行比较的研究报告》，北京：商务印书馆，1984 年版，第 390 页。

从人均收入和经济总量及其增长维度看，日本、韩国、新加坡、中国在崛起过程中都经历了长期高水平增长的阶段，而且多伴有“加速期”，最终，成为世界经济总量大国和人均收入水平居高的国家。以百万1990年国际元计算，1951—2001年日本、韩国、新加坡、中国GDP年均增长率分别是5.6%、7.7%、7.5%、5.9%；其中，1951—1973年日本是9.3%、1966—1990年韩国是9.1%、1966—1990年新加坡是9.0%、1979—2001年中国是7.1%，均呈现明显的“加速趋势”。[①] 1950—1973年日本GDP年均复合增长率为9.29%，远高于0—1998年葡萄牙、西班牙、荷兰、英国、法国、德国、美国等先行崛起国家包括相同发展阶段在内的各个发展阶段GDP年均增长率的最高水平（葡萄牙，1950—1973：5.73%；西班牙，1950—1973：6.81%；荷兰，1950—1973：4.74%；英国，1950—1973：2.93%；法国，1950—1973：5.05%；德国，1950—1973：5.68%；美国，1820—1870：4.2%）。1973—1998年中国GDP年均增长率为6.84%，也明显高于0—1998年上述先行崛起国家包括相同发展阶段在内的各个发展阶段GDP年均增长率的最高水平。[②] 以1990年国际元计算，1951—2001年日本、韩国、新加坡、中国人均GDP年均增长率分别是4.8%、5.9%、4.5%、4.2%，其中，1951—1973年日本是8.1%、1966—1990年韩国是7.9%、1966—1990年新加坡是7.0%、1979—2001年中国是5.8%，同样均呈现明显的“加速趋

① ［英］安格斯·麦迪森著，伍晓鹰、施发启译：《世界经济千年统计》，北京：北京大学出版社，2009年版，第172-173页。

② ［英］安格斯·麦迪森著，伍晓鹰、许宪春、叶燕斐、施发启译：《世界经济千年史》，北京：北京大学出版社，2003年版，第260页。

势”。[①] 1950—1973 年日本人均 GDP 年均复合增长率为 8.05%，远高于 0—1998 年葡萄牙、西班牙、荷兰、英国、法国、德国、美国等先行崛起国家包括相同发展阶段在内的各个发展阶段人均 GDP 年均复合增长率的最高水平（葡萄牙，1950—1973：5.66%；西班牙，1950—1973：5.79%；荷兰，1950—1973：3.45%；英国，1950—1973：2.44%；法国，1950—1973：4.05%；德国，1950—1973：5.02%；美国，1950—1973：2.45%）。1973—1998 年中国人均 GDP 年均复合增长率为 5.39%，也明显高于 0—1998 年荷兰、英国、法国、德国、美国等先行崛起国家包括相同发展阶段在内的各个发展阶段 GDP 年均增长率的最高水平。[②] 2016 年，按现价美元计算，日本、韩国、新加坡、中国 GDP 分别达到 49394 亿美元、14112 亿美元、2970 亿美元、111991 亿美元，分别占世界 GDP 总量的 6.53%、1.87%、0.39%、14.81%；其中，中国、日本分别是世界第二、三经济总量大国，同期，美国 GDP 是 185691 亿美元，是世界第一经济总量大国，占世界 GDP 总量的 24.55%。2016 年，按现价美元计算，日本、韩国、新加坡、中国人均国民总收入（GNI）分别达到 38000 美元、27600 美元、51880 美元、8260 美元，其中，新加坡达到世界高收入国家水平（41046 美元）；日本、韩国远高于世界平均水平（10302 美元），日本接近高收入国家水平，韩国则远高于中等偏上收入国家水平（8210 美元）；中国已达到中等偏上收入国家水平，但尚未达到世界平均水

① ［英］安格斯·麦迪森著，伍晓鹰、施发启译：《世界经济千年统计》，北京：北京大学出版社，2009 年版，第 182-183 页。

② ［英］安格斯·麦迪森著，伍晓鹰、许宪春、叶燕斐、施发启译：《世界经济千年史》，北京：北京大学出版社，2003 年版，第 263 页。

平，而且在世界217个国家和地区中仅排第93位。[①] 经济总量已达到世界第二位，但人均国民收入刚刚达到中等收入偏上国家水平、还未达到世界平均水平，这正是为什么说中国崛起还在过程中的主要依据。

从基础设施建设维度看，日本、韩国、新加坡、中国等东亚崛起或正在崛起的国家都高度重视基础设施的建设，基础设施水平的提高也远比先行崛起国家迅速。1890年，非居住用建筑资本占GDP的比率美国、英国、日本分别是2.59、0.72、0.61，日本明显低于美国和英国，到1992年，分别是1.57、1.17、1.95，日本已明显高于美国和英国；按1990年国际美元计算，1890年，就业每人占用的非居住用建筑美国、英国、日本分别是4115、1114、194，日本远小于美国和英国；到1992年，分别是72625、41797、73135，日本已明显超过美国和英国。1890—1992年，日本每个工人占用的非居住用建筑增长了62倍。[②] 2015年，铁路总长度日本、韩国、中国、荷兰、英国、法国、德国、俄罗斯、美国分别是16704、3909、67212、3016、16132、30013、33332、85262、228218公里，其中，美国排第一、俄罗斯排第二、中国排第三；2014年，公路网长度日本、韩国、中国、荷兰、英国、法国、德国、俄罗斯、美国分别是345828、105673、4463913、138641、421127、1071176、643147、1450000、6702178公里，其中，美国排第一、中国排第二、俄罗斯排第三；2014年，日本、韩国、中

① 中华人民共和国国家统计局编：《国际统计年鉴—2017》，北京：中国统计出版社，2018年版，第19-22、27-30页。

② ［英］麦迪森著，李德伟、盖建玲译，王慧炯、任若恩校：《世界经济二百年回顾》，北京：改革出版社，1997年版，第14-15页。

国、荷兰、英国、法国、德国、俄罗斯、美国港口集装箱吞吐量分别是 2074、2380、18164、1251 、665、1969、935、390、4649 万标准集装箱，其中，中国排第一、美国排第二、韩国排第三；2016 年，每千人电话主线日本、韩国、中国、荷兰、英国、法国、德国、俄罗斯、美国分别是 505. 7、561. 0、146. 6、402. 8、522. 0、597. 2、537. 4、227. 7、370. 9 条，其中，法国排第一、韩国排第二、德国排第三；2016 年，每千人宽带用户日本、韩国、中国、荷兰、英国、法国、德国、俄罗斯、美国分别是 314. 7、411. 3、229. 0、192. 2、391. 8、423. 5、380. 5、194. 7、323. 7 个，其中，法国排第一、韩国排第二、德国排第三。[①]

从制度创新维度看，从 19 世纪 60 年代到 20 世纪 40 年代，世界各国现代化的进程受到西欧国家的深刻影响。其中，俄国和日本响应比较现代化的西方的挑战，对它们的政治、经济和社会制度进行了彻底的改革，跻身于工业和军事大国的前列。[②] 1868 年明治维新以后，日本实行了一系列政治、经济和社会等改革，诞生了中央集权的近代国家。政府废除了阶级制度和许多妨碍产业发展的封建制度，根据国民皆兵制度，组织了取代武士的近代军队，此外还从西欧引入了先进技术和制度。打倒幕府之前领导人的口号是“尊皇攘夷”，后来变成了“富国强兵”。[③] 1961 年以后，韩国的军事统治宣告结束，开始进行经济和外贸政策的重大改革。20 世纪 60 年代初至 80 年代初是韩国高速发展时期，其间，70 年

① 中华人民共和国国家统计局编：《国际统计年鉴—2017》，北京：中国统计出版社，2018 年版，第 278、285-286、291、294 页。

② ［美］西里尔 ·E. 布莱克等著，周师铭、胡国成、沈伯根、沈丙杰译：《日本和俄国的现代化——一份进行比较的研究报告》，北京：商务印书馆，1984 年版，第 183 页。

③ ［日］南亮进著，景文学、夏占友译，杨潮光、周敏审订：《日本的经济发展》，北京：对外贸易教育出版社，1989 年版，第 15 页。

代韩国经济飞速发展，创造了所谓的“汉江奇迹”。[①] 经过改革，韩国形成了独特的权威协调集体行为的市场经济类型。[②] 1965 年新加坡独立后，从统一人民的语言开始，经历如新加坡建国总理李光耀先生所指出的“调整又调整，改革又改革”[③]，逐步形成了国家权威做后盾的法律规范，务实主义的政府领导，功能广泛、管理良好的公共部门，国家以法令规定控制的投资和就业等有机统一的当代典型的法律规制的市场经济类型。[④] 新加坡独立后短短 30 多年，经济持续高速发展，与韩国及中国香港、台湾共同被誉为“亚洲四小龙”。[⑤] 1978 年以后，在中国共产党的坚强领导下，中国开始了人类历史上大国经济体立足自身国情，以解决生产关系不适应生产力、上层建筑不适应经济基础为基本取向的全面体制改革，包括经济体制、政治体制、文化体制、社会体制、生态文明体制、党的建设制度改革等各方面。改革经历了从农村到城市，从单向突进到全面配套，从“摸着石头过河”到更加注重顶层设计的复杂、艰难、大胆探索实践过程，如今已进入全面深化改革的新阶段、新时代。全面深化改革的总目标是完善和发展中国特色社会主义制度，推进国家治理体系和治理能力现代化。以建立社会主义市场经济为重点的全面深化改革，已把焦点集中在处理

① 马洪、孙尚清主编，陈万里等编著：《市场经济 300 年》，北京：中国发展出版社，1995 年版，第 292-293 页。

② 左大培、裴小革著：《现代市场经济的不同类型——结合历史与文化的全方位探讨》，北京：经济科学出版社，1996 年版，第 220-246 页。

③ ［新加坡］李光耀著：《李光耀回忆录：我一生的挑战：新加坡双语之路》，南京：凤凰出版传媒股份有限公司、译林出版社，2013 年版，第 151-194 页。

④ 左大培、裴小革著：《现代市场经济的不同类型——结合历史与文化的全方位探讨》，北京：经济科学出版社，1996 年版，88-125 页。

⑤ 马洪、孙尚清主编，陈万里等编著：《市场经济 300 年》，北京：中国发展出版社，1995 年版，第 274 页。

好政府和市场的关系，使市场在资源配置中起决定性作用和更好发挥政府作用上。[①] 中国的改革极大解放、发展和创造了社会生产力，创造了举世瞩目的伟大奇迹。

从对外开放维度看，1868 年明治维新以后，日本迅速走上了对外开放的发展道路。特别是 1960 年制定的“所得倍增计划”，停止了曾经存在的外汇分配和汇兑统制，使日本大致转入了自由体制。自此，日本解除了一切保护措施，冲向国际经济竞争的浪潮。[②] 韩国、新加坡与中国台湾、香港一起之所以成为“亚洲四小龙”，重要原因之一就是它们都是典型的“外向型”经济体，这已为所有国际权威研究成果所证实。中国自 1978 年以后，相继建立经济特区、沿海开放城市、保税区、海关特别监管区、自由贸易实验区等，乃至规划建立自由贸易港；与国际市场有机对接，进行价格、利率、汇率等市场化改革，走向人民币国际化；发展外商独资、中外合资、港澳台资企业；加入 WTO，积极推进 IMF、WB 改革与发展，倡议设立 AIIB；积极履行在联合国的义务与责任；倡导人类命运共同体崭新理念，等等，这一切表明中国是一个有担当、负责任、全方位、宽领域、高水平对外开放的社会主义大国。2016 年，日本、韩国、新加坡、中国货物进出口总额分别为 12519、9016、6127、36856 亿美元，分别在世界排第 4、9、14、2 位，分别占世界的 3.9%、2.8%、1.9%、11.5%。[③] 东亚四国合计货物进出口总额已占世界的 1/5。

---

① 人民出版社编：《改革开放以来历届三中全会文件汇编》，北京：人民出版社，2013 年版，第 176-178 页。

② ［日］吉田茂著，李杜译：《激荡的百年史》，西安：陕西师范大学出版社，2006 年版，第 128-129 页。

③ 中华人民共和国国家统计局编：《国际统计年鉴—2017》，北京：中国统计出版社，2018 年版，第 300 页。

从科学技术进步维度看，已经崛起的日本、韩国、新加坡和正在崛起的中国都是充分发挥后发优势，科学技术进步水平世界领先的典型。明治维新以后，日本是世界上引进技术消化吸收再创新最有成效的国家，第二次世界大战后更是加大了 R&D 的投入力度，1980—1985 年，R&D/GNP 的比率就已达到 2.6%，与先进的美国、瑞典、西德大致相同。[①] 韩国自实施第一个五年计划（1962—1966 年）以后，一直致力于增强产业国际竞争力和产业结构现代化的科技进步，特别是“六五”计划（1987—1991 年）的主要战略是“自主技术开发战略”，旨在向高科技发展，自主开发技术密集型商品，加强国际技术交流合作。[②] 新加坡土地窄小，人口密度很高，自然资源匮乏，但只用一代人的实践就从第三世界跻身第一世界，给我们的重要启示之一就是重视新知识、新科技以及企业家给市场带来的创新产品或服务。[③] 中国自 1978 年改革开放以来，在中国共产党的英明领导下，全社会从“科学技术是第一生产力”，到“创新是第一动力、人才是第一资源”共识的形成，推动科学技术进步水平迅速提升，在一些科技领域正在经历由“跟跑者”到“同行者”再到“领跑者”的历史性巨变，伴随经济崛起，正在由科技大国向科技强国奋进。2014 年，研究与开发支出占国内生产总值比重（R&D/GDP）日本、韩国、新加坡、中国分别达到 3.6、4.3、2.2、2.0，均高于中等收入国家平均水平（1.4），其中，日本、韩国分别比美国（2.7）高 0.9、1.6，也

① ［日］南亮进著，景文学、毕志恒、关权、刘德强译：《中国的经济发展——与日本的比较》，北京：经济管理出版社，1991 年版，第 137 页。

② 马洪、孙尚清主编，陈万里等编著：《市场经济 300 年》，北京：中国发展出版社，1995 年版，第 293-305 页。

③ ［美］格雷厄姆·艾利森、罗伯特·D. 布莱克威尔、阿里·温尼编，蒋宗强译：《李光耀论中国与世界》，北京：中信出版社，2013 年版，第 103-109 页。

都大大高于高收入国家的平均水平（2.5）；2015 年，高技术产品出口额占制成品出口额的比重日本、韩国、新加坡、中国分别是 16.8%、26.8%、49.3%、25.8%，均远高于世界平均水平（18.5%）、高收入国家平均水平（18.5%）、美国（19.0%）；2015 年，居民专利申请数量日本、韩国、新加坡、中国分别是 258839、167275、1469、968252 件，其中，中国是世界第一居民专利申请大国，是美国（288335 件）的 3.4 倍。[①]

从先进文化传播维度看，日本、韩国、新加坡、中国都是近距离或直接受到儒家文化影响的国家，对经历几千年历史演进形成的儒家文化精华的创造性转化和创新性发展，加上对西方发达国家文明的选择性传播和应有的本土化，使得各自的先进文化传播卓有成效地助推了本国的崛起进程，进而越来越呈现出做实做大做好所谓“儒家文化圈”的态势。德川时代，日本人的价值观受到儒教的强烈影响，[②] 后来一直保留着重集体高于个人的倾向。明治维新后，西方发达文明急速普及；通过邀请外国教师把西方科学、技术引进日本，努力普及高等教育，第二次世界大战后引进美国教育制度；从废除军事独裁封建制、诞生立宪君主制，到 1946 年制定了日本国宪法，宣布采行议会制民主主义。[③] 从 14 世纪末到 20 世纪初成为日本殖民地，韩国占支配地位的意识形态都是可以概括为“修身、齐家、治国、平天下”的理学的新儒学；而从第二次世界大战后从日本殖民统治下解放出来到转而由美国

① 中华人民共和国国家统计局编：《国际统计年鉴—2017》，北京：中国统计出版社，2018 年版，第 342、344-345 页。

② 当时儒教被定为官方哲学，用以排斥其他一切意识形态——本文作者注。

③ ［日］南亮进著，景文学、夏占友译，杨潮光、周敏审定：《日本的经济发展》，北京：对外贸易教育出版社，1989 年版，第 6-7 页。

占领，给韩国带来了许多西方发达国家的文化因素，集中体现在民主的、理性的、科学的和工业的价值观以及与这些价值观相适应的人格气质模式上。[①] 新加坡从“文化沙漠”到“文化之都”，经历了从移民杂居、没有历史沉淀、没有灿烂文明成果的多元文化到“儒家运动”和“共同价值”先后登场，并与西方发达的科学、法律、教育文化融合发展的崛起过程。[②] 中国是儒家文化的发祥地，具有五千多年的优秀中华文明。当代中国文化是中国优秀传统文化、在中国共产党领导下全中国人民在伟大斗争中形成的革命文化、社会主义先进文化的集成。在对传统文化创造性转化、创新性发展中形成的当代中国文化，也吸收了人类文明演进史上所有国家和地区优秀的文化成果，它是人类文明成果和多元优秀文化的集大成者。当代中国文化中以人民为核心和构建人类命运共同体的价值观，发展是第一要务、人才是第一资源、创新是第一动力的思想共识，创新、协调、绿色、开放、共享的发展理念，物质文明、政治文明、精神文明、社会文明、生态文明“五位一体”中国特色社会主义事业的总体布局以及相应的制度安排，无不体现了中国文化是对人类先进文化继承、发展和创新的结果。

从发展空间延拓维度看，日本、韩国、新加坡、中国在有形与无形，陆、海、空等发展空间的广、深、高度以及效率方面都走在了世界的前面，不断破除实体空间对发展的种种制约。据统计计算，2016 年日本、韩国、新加坡、中国每平方公里国土面积

---

① 左大培、裴小革著：《现代市场经济的不同类型——结合历史与文化的全方位探讨》，北京：经济科学出版社，1996 年版，第 222-226 页。

② 匡导球著：《星岛崛起：新加坡的立国智慧》，北京：人民出版社，2013 年版，第 220-232 页。

创造 GDP 分别是 1355.1 万、1447.7 万、41885.3 万、119.3 万美元,[①] 其中，新加坡是每平方公里国土面积创造 GDP 最高的国家，而日本、韩国也都大大高于美国（202.9 万美元/平方公里）。如今，日本、韩国、新加坡、中国都是世界海运大国。2014 年港口集装箱吞吐量日本、韩国、新加坡、中国分别达到 2074 万、2380 万、3483 万、18164 万标准集装箱，分别在世界主要海运国家和地区中排第 7、4、3、1 位，其中排第一位的中国远超第二位的美国（4649 万标准集装箱）。[②] 日本、韩国、新加坡、中国也都是互联网运用大国。2016 年互联网网民占总人口比重日本、韩国、新加坡、中国分别是 92.0%、92.7%、81.0%、53.2%，其中，日本、韩国分别在世界排第 3、2 名，略低于第 1 名英国（94.8%），日本、韩国、新加坡均高于美国（76.2%），而中国也远超出了中等收入国家水平（41.9%）。[③] 明治维新后，日本在开拓发展空间方面，曾走过一段军国主义的错误道路，对包括中国、韩国、新加坡等在内的多个亚洲国家和地区发动过大规模的侵略战争或实行野蛮的殖民地政策。如今，日本已成为海运强国、航空航天潜力大的国家，单位国土空间开发效率高，挣脱了实体发展空间“资源小国”的约束。韩国是当今海运强国、互联网运用强国，单位国土空间开发效率比日本还高。新加坡也是海运强国、互联网运用水平高于美国，特别是单位国土空间开发效率居世界之首。中

① 人口密度（人/平方公里）×人均 GDP（万美元/人）。资料来源：中华人民共和国国家统计局编：《国际统计年鉴—2017》，北京：中国统计出版社，2018 年版，第 7、23 页。

② 中华人民共和国国家统计局编：《国际统计年鉴—2017》，北京：中国统计出版社，2018 年版，第 285 页。

③ 中华人民共和国国家统计局编：《国际统计年鉴—2017》，北京：中国统计出版社，2018 年版，第 292 页。

国已是世界陆运、海运、航空航天、互联网运用大国，特别是高铁、支付宝、共享单车和网购等正引领世界潮流，“一带一路”的共商共建共享，使得中国成为发展空间延拓潜力越来越强的国家。

从军事实力加强维度看，日本自明治维新以后实行“富国强兵”政策，经历日俄和甲午战争、对包括中国在内的多个亚洲国家和地区发动大规模侵略战争、作为三个法西斯轴心国之一参与发动第二次世界大战直至战败等军国主义发展道路，以及近年来修宪解禁集体自卫权等，充分表明日本在不断加强军事实力。目前韩国军费占 GDP 比重、军费占财政支出比重均已远超出日本和中国。新加坡国防预算支出占 GDP 比重、国防预算支出占财政支出比重、人均国防费用都居世界各国前列，是东南亚军事实力最强的国家。中国已是位居世界前列的军力大国，正在向军力强国快速迈进。特别是党的十八大以来，在以习近平同志为核心的党中央坚强领导下，中国由军力大国向军力强国阔步前行，中国军力现代化水平迅速跃升。综合诸多研究文献可见，目前中国、日本、韩国的军力均已位居世界前列，其中，中国已经位居世界前三位。

从资源环境利用程度看，以煤炭资源的利用为例，以百万吨油当量计算，2009—2015 年中国占世界煤炭产量的 47.7%，远高于美国（11.9%）、德国（1.1%）、俄罗斯（4.8%）；同期日本、韩国、中国分别占世界煤炭消费量的 3.1%、2.2%、50.0%，中国远高于美国（10.3%）、德国（2.0%）、俄罗斯（2.3%），日本、韩国高于德国，日本还高于俄罗斯。① 再以二氧化碳排放为例，以

① 黄晓勇主编，崔民选副主编：《世界能源发展报告（2017）》，北京：社会科学出版社，2017 年版，第 31-36 页。

公吨计算，2007年人均二氧化碳排放量日本、韩国、中国分别是9.8、10.4、5.0，都明显高于世界平均水平（4.6），远高于低收入国家平均水平（0.3），也大大高于中等收入国家平均水平（3.3）。①

从时空特征维度看，东亚国家日本、韩国、新加坡、中国，同样在不同时代崛起时的人口及其增长率、世界占比，经济体量及其增长率、世界占比，人均经济总量水平，经济结构基础等指标等诸多方面，既表现出了各自的明显差别，也表现出了整体与先行崛起的西方发达国家的明显不同。例如，人口及其增长率、世界占比方面，据有关资料②计算，日本1950年人口8380.5万人，1951—1973年人口年均增长1.1%，1973年人口占世界比重为2.8%；韩国1965年人口2870.5万人，1966—1990年人口年均增长1.6%，1990年人口占世界比重为0.8%；新加坡1965年人口188.7万人，1966—1990年人口年均增长1.9%，1990年人口占世界比重为0.06%；中国1978年人口95616.5万人，1979—2001人口年均增长1.3%，2001年人口占世界比重为20.7%。可见，地理空间不同，东亚四国在大致相同的崛起阶段，人口及其增长率、世界占比很不相同；相对于先行崛起的西方发达国家，崛起过程中既有像新加坡这样的小国——类似于先行崛起国家荷兰，也有像中国这样的大国——世界第一人口大国。从经济体量及其增长率、世界占比方面看，前已述及，东亚四国在崛起过程中都经历了长期高水平增长的阶段，而且多伴有GDP、人均GDP年均增长

① 世界银行著，胡光宇、赵冰译：《2012世界发展报告：性别平等与发展》，北京：清华大学出版社，2012年版，第404页。

② ［英］安格斯·麦迪森著，伍晓鹰、施发启译：《世界经济千年统计》，北京：北京大学出版社，2009年版，第162-163、235页。

的“加速期”，最终，成为世界经济总量大国和人均收入水平居高的国家。1950—1973 年日本 GDP 年均复合增长率远高于 0—1998 年葡萄牙、西班牙、荷兰、英国、法国、德国、美国等先行崛起国家包括相同发展阶段在内的各个发展阶段 GDP 年均增长率的最高水平。1973—1998 年中国 GDP 年均增长率也明显高于 0—1998 年上述先行崛起国家包括相同发展阶段在内的各个发展阶段 GDP 年均增长率的最高水平。1950—1973 年日本人均 GDP 年均复合增长率远高于 0—1998 年葡萄牙、西班牙、荷兰、英国、法国、德国、美国等先行崛起国家包括相同发展阶段在内的各个发展阶段人均 GDP 年均复合增长率的最高水平。1973—1998 年中国人均 GDP 年均复合增长率为也明显高于 0—1998 年荷兰、英国、法国、德国、美国等先行崛起国家包括相同发展阶段在内的各个发展阶段 GDP 年均增长率的最高水平。2016 年，按现价美元计算，日本、韩国、新加坡、中国 GDP 分别占世界 GDP 总量的 6.53%、1.87%、0.39%、14.81%；其中，中国、日本分别是世界第二、三经济总量大国。2016 年，按现价美元计算，新加坡达到世界高收入国家水平；日本、韩国远高于世界平均水平，日本接近高收入国家水平，韩国则远高于中等偏上收入国家水平；中国已达到中等偏上收入国家水平，但尚未达到世界平均水平。在经济结构基础方面，日本、中国等东亚大国开始崛起时，传统农业社会结构特征比先行崛起的西欧诸国和美国开始崛起时要突出得多，以三次产业增加值比重或就业比重、城市化率衡量的现代社会结构基础明显薄弱，崛起完成时还要继续追赶先行崛起大国的现代社会结构水平。

从国内外共识维度看，在日本，强调简朴、勤劳和忠于集体的价值标准可以部分地追溯到德川时代武士的传统，在整个现代时期，大部分社会阶级盛行这些价值标准，存在着一种普遍的、强烈的民族主义情绪：每个国家都还负有追赶最发达的社会的特殊使命，即便是在那些已经达到同等水平的领域也是如此。[①] 二战结束后，在财政拮据的情况下，日本人依然可以呈现一种文化国家复兴中的精神面貌。[②] 在韩国，制度文化具有新儒学“修身、齐家、治国、平天下”的背景，形成了权威协调集体行为的市场经济体制，以及紧密的企业—政府关系，这从制度安排上保证了指导全国的五年经济计划的顺利实施。[③] 在新加坡，典型的现代法律规制有效整合了多元种族与文化，[④] 通过“奋斗”文化到“儒家运动”，再到“共同价值”的演进，人们的文化认同和国家认同显著增强，在面对外来文化时更多了一份从容与淡定，在应对经济和社会发展中的各种挑战时也更多了一份“精气神”。[⑤] 而在中国，已经把“推动物质文明、政治文明、精神文明、社会文明、生态文明协调发展，把我国建设成为富强民主文明和谐美丽的社会主义现代化强国，实现中华民族伟大复兴”写进了《中华人民共和国宪法》。韩国、新加坡与中国台湾、香港一同被称为成功崛起的“亚洲四小龙”，而中国的崛起已是世人共识，美国总统特朗普执政后从对中国开打贸易战到全面抑制中国经济发展的种种行为，

① ［美］西里尔 ·E. 布莱克等著，周师铭、胡国成、沈伯根、沈丙杰译：《日本和俄国的现代化——一份进行比较的研究报告》，北京：商务印书馆，1984 年版，第 417-418 页。

② ［日］吉田茂著，李杜译：《激荡的百年史》，西安：陕西师范大学出版社，2006 年版，第 96 页。

③ 左大培、裴小革著：《现代市场经济的不同类型——结合历史与文化的全方位探讨》，北京：经济科学出版社，1996 年版，第 220-237 页。

④ 左大培、裴小革著：《现代市场经济的不同类型——结合历史与文化的全方位探讨》，北京：经济科学出版社，1996 年版，第 88-125 页。

⑤ 匡导球著：《星岛崛起：新加坡的立国智慧》，北京：人民出版社，2013 年版，第 220-232、205-219 页。

更加证明了中国崛起的大势已成。

3. 大国崛起东亚模式的归纳总结。一是注重经济增长的长期动态有效性。东亚四国经济长期增长绩效的最突出表现是，不仅都经历了长期高速增长期，而且都存在“加速期”，直到成为世界经济总量大国或人均收入水平居高的国家。东亚崛起中表现的经济长期增长的有效性，正如世界银行在《东亚奇迹》① 一书中所指出的，关键在于：第一，坚持宏观经济管理基础，包括稳定的商业环境，鼓励长期投资和固定资产积累的较低的通货膨胀；谨慎而可持续的财政政策，并积极与其他政策配合，以便更多人更平等地享受高速经济增长的成果；可以维持出口竞争力的汇率政策；金融业的发展和逐步开放，最大限度地提升国内储蓄（储蓄的最初动力来自快速增长），促进资金的有效配置，与全球金融体系接轨；支持初级和中级教育，努力创造一个拥有外向发展技能的阶层。第二，强调发展一套官僚体系的策略，这个体系能够认知和执行集权的、自上而下的“强政府”的功能，并能够就长期规划作出值得信赖的承诺。第三，东亚政府采用积极参与政策，加速工业化步伐，增加工业产品中出口的比重。第四，采用实用主义方法，强调长期目标和策略，采取灵活措施，达不到目的就放弃，以保证政府支持有效。②二是高度重视创造人力资本。除了支持初级和中级教育外，最突出的表现是把人力资源作为第一资源，加强 R&D 投入力度，大力发展高新技术产业和充分发挥企业家作用，用先进文化教育人。三是充分发挥后发优势。突出表现在通

① 世界银行工作人员编，财政部世界银行业务司译：《东亚奇迹：经济增长与公共政策》，北京：中国财政经济出版社，1995 年版。

② ［美］约瑟夫·E. 斯蒂格利茨编，王玉清、朱文晖等译，黄卫平校：《东亚奇迹的反思》，北京：中国人民大学出版社，2003 年版，第 5-6 页。

过基础设施水平以超过先行崛起国的速度提升并迅速达到乃至引领世界一流，为崛起和崛起后经济社会持续快速健康发展奠定坚实基础；通过立足国情的制度创新，建构起特色鲜明的现代制度体系，治理体系和治理能力现代化水平迅速提升，根除了阻碍可持续发展的各种障碍；通过对外开放，在充分利用国内外两个市场、两种资本、两种资源的同时，还卓有成效地引进、吸收、消化、再创新了世界一流的先进科学技术，引进、招揽乃至留住了世界一流的人才和智力，引进、学习、嫁接、改造了世界一流的管理经验和方法；通过总结先行崛起国家走传统工业化老路所引致的对资源掠夺性开发利用、对环境污染的教训，在资源环境利用中贯彻可持续发展理念，走出一条资源节约型、环境友好型的绿色发展导向的新型工业化新路。四是传承儒家文化精华。突出表现在制度文化具有新儒学“修身、齐家、治国、平天下”的精神特质，在行为上崇尚节俭，强调勤劳，注重实际，忠于集体，善于协作，讲究长远，尊重自然。

第四章　中国崛起的路径选择

1. 中国共产党长期执政。中国共产党是一直坚持以马克思主义作为指导思想的政党。马克思主义主要包括马克思主义哲学、马克思主义政治经济学和科学社会主义三大组成部分，是马克思、恩格斯在批判地继承和吸收人类关于自然科学、思维科学、社会科学优秀成果的基础上于19世纪40年代创立，并在实践中不断丰富、发展和完善的思想科学体系。正如列宁在纪念马克思逝世30周年而写的文章《马克思主义的三个来源和三个组成部分》所指出的，马克思主义回答了人类先进思想已经提出的种种问题，直接继承了19世纪德国古典哲学、英国古典政治经济学和法国空想社会主义的优秀成果。习近平在《在纪念马克思诞辰200周年大会上的讲话》中指出：马克思主义的三个来源最终升华为马克思主义的根本原因，是马克思对所处的时代和世界的深入考察，是马克思对人类社会发展规律的深刻把握。马克思主义是科学的理论，创造性地揭示了人类社会发展规律；马克思主义是人民的理论，第一次创立了人民实现自身解放的思想体系；马克思主义是实践的理论，指引着人民改造世界的行动；马克思主义是不断发展的开放的理论，始终站在时代前沿。最主要的是，“事实一再告诉我们，马克思、恩格斯关于资本主义社会基本矛盾的分析没有过时，关于资本主义必然消亡、社会主义必然胜利的历史唯物主义观点也没有过时”①。而中国共产党自成立以来，一直以马克思主义的辩证唯物主义和历史唯物主义的世界观和方法论作指导；中国共产党始终站在马克思主义以人民为中心的根本立场，代表中国最广大人民的根本利益，而不是仅仅代表少数人或特殊利益集团的利益；中国共产党始终坚持与时俱进，不断实现马克思主义的本土化，形成了毛泽东思想、邓小平理论、“三个代表”重要思想、科学发展观、习近平新时代中国特色社会主义思想一脉传承的马克思主义中国化的思想体系和先进的理论成果。这一切，是中国共产党由小到大，如今发展到拥有9000多万党员，能够长期执政、如今执政已达70年的思想根源。而且，这也与许多西方国家“轮流坐庄”的所谓“选举型”政党形成了鲜明对比，后者难以形成也没有形成长期指导思想，更不用说形成既与时俱进、又一脉传承的先进的政党指导思想体系，只代表特殊利益集团。马克思主义指引中国共产党领导中国人民取得了新民主主义革命的胜利，建立了新中国，完成了社会主义革命和推进社会主义建设，开辟了中国特色社会主义道路，逐步走上了中华民族的伟大复兴之路，中国崛起成为现实，如今，这已成为世界各国的普遍共识。

中国共产党执政是历史的选择和人民的选择。正如习近平指出的：“一个国家实行什么样的主义，关键要看这个主义能否解决这个国家面临的历史性课题。”② 在中华民族积贫积弱、任人宰割

① 习近平：《关于坚持和发展中国特色社会主义的几个问题》，《求是》2019年第7期。

② 习近平：《关于坚持和发展中国特色社会主义的几个问题》，《求是》2019年第7期。

的时期，对各种主义和思潮都进行过尝试，资本主义，改良主义、自由主义、社会达尔文主义、无政府主义、实用主义、民粹主义、工团主义等，都没能解决中国的前途和命运问题。是马克思列宁主义、毛泽东思想引导中国人民建立了新中国，是中国特色社会主义使中国快速发展起来了。东欧剧变、苏联解体以后，各式各样的“中国崩溃论”从来没有中断过。但是，改革开放以来中国综合国力与日俱增，人民生活水平不断提高。历史和现实都告诉我们，只有社会主义才能救中国，只有中国特色社会主义才能发展中国。《中国共产党章程》明确规定：中国共产党是中国工人阶级、同时也是中国人民和中华民族的先锋队，代表中国最广大人民的根本利益，除了工人阶级和最广大人民群众的利益，没有自己特殊的利益，在任何时候都把群众利益放在第一位。《中华人民共和国宪法》明确规定：中华人民共和国是工人阶级领导的、以工农联盟为基础的人民民主专政的社会主义国家，中华人民共和国的一切权力属于人民。因此，中国共产党在成立近百年、执政 70 年的任何时期，都得到了中国最广大人民群众的爱戴和拥护。

中国共产党作为执政党具有自我完善的内生机制。一是选举中有自我完善的内生机制。《中华人民共和国宪法》关于公民基本权利和义务的规定，充分体现了在选举各级国家权力机关人员中的广泛民主性，而广泛的民主性就从根本上保障了选举机制的不断完善。人民代表大会制度是坚持党的领导、人民当家作主、依法治国的根本政治制度安排，确保了国家权力机关由人民选举、对人民负责、受人民监督。在不断发展的开放的马克思主义理论指导下，加上这一根本的政治制度安排，以及中国共产党领导的多党合作和政治协商制度、民族区域自治制度以及基层群众自治制度等基本政治制度，中国特色社会主义法律体系，公有制为主体、多种所有制经济共同发展的基本经济制度等，就从根本上解决了宪政民主制的“民主公地悲剧”，世袭终身制的“政治基因”缺陷、“首脑能力”缺失等所导致的各种执政不可持续的问题。[①] 二是选拔中有自我完善的内生机制。《中国共产党章程》中关于党员入党条件、义务和权利的规定，充分表明中国共产党党员入党的开放性。《中国共产党章程》明确规定党内实行民主集中制，并指出它既是党的根本组织原则，也是群众路线在党的生活中的运用。《中华人民共和国宪法》规定：中华人民共和国的国家机构实行民主集中制的原则。民主集中制，加上党政领导干部选拔任用中的选贤任能、竞争择优、群众公认等原则，从根本上保障了各级领导干部选拔机制的不断完善。[②] 三是监督中有自我完善内生机制。《中国共产党章程》规定：坚持从严管党治党，全面从严治党永远在路上。要把严的标准、严的措施贯穿于管党治党全过程和各方面。坚持依规治党、标本兼职，坚持把纪律挺在前面，加强组织性纪律性，在党的纪律面前人人平等。相应地，制定了一整套党内法规。《中华人民共和国宪法》规定，国家行政机关、监察机关、审判机关、检察机关都由人民代表大会产生，对它负责，受它监督。对于执政监督，建构起一整套制度规范，标本兼治，可持续进行，这也从根本上保障了执政监督机制的不断完善。

中国共产党是有远大目标和长远规划的领导型政党。首先，

---

① 关于世袭终身制的“政治基因”“首脑能力”问题，参见［美］方绍伟：《持续执政的逻辑》，北京：中国发展出版社，2016 年版，第 305、385 页。

② 在执政高层选拔层面，方绍伟认为：中国模式的“中常委限任新体制”是一种典型的“小规模重复博弈”模式，其突出特点是信息的高度对称，以及由此导致的“偏好显示”在小集体内部的高度真实。（参见方绍伟：《持续执政的逻辑》，北京：中国发展出版社，2016 年版，第 398 页。）

作为以马克思主义为指导思想的政党，中国共产党的最高理想和最终目标是实现共产主义。马克思和恩格斯以发达资本主义为出发点，揭示了未来社会将经历社会主义和共产主义两个阶段，并预见到社会主义也是不断发展和变化的社会。列宁基于俄国社会主义实践，阐述了过渡时期和社会主义需要划分阶段的思想。十一届三中全会以前，毛泽东曾把社会主义划分为“不发达”和“比较发达”两个阶段。十一届三中全会以后，中国共产党基于对国情和社会主义的再认识，提出了社会主义初级阶段理论，开创了中国特色社会主义道路。中国共产党充分认识到：中国共产党人追求的共产主义最高理想，只有在社会主义社会充分发展和高度发达的基础上才能实现，实现共产主义是一个非常漫长的历史过程，中国特色社会主义是党的最高纲领和基本纲领的统一，必须立足现阶段的奋斗目标，脚踏实地推进中国特色社会主义事业，努力建设富强民主文明和谐的社会主义现代化国家。其次，作出了全面建设社会主义现代化国家的战略安排。改革开放之初，邓小平提出了建设小康社会的战略构想，按照这一构想中国共产党对社会主义现代化建设提出“三步走”战略目标。其中的解决人民温饱问题、人民生活总体达到小康水平这两步战略目标，已经分别在20世纪80年代末、20世纪末顺利实现。中共十六大提出，21世纪头20年要全面建设惠及十几亿人的更高水平的小康社会，中共十七大、十八大对全面建成小康社会目标又提出一系列新要求。中共十九大提出，从2020年到21世纪中叶的30年，全面建设社会主义现代化国家分两个阶段来安排：第一阶段，从2020年到2035年，在全面建成小康社会的基础上，再奋斗15年，基本实现社会主义现代化；第二阶段，从2035年到21世纪中叶，在基本实现现代化的基础上，再奋斗 15 年，把中国建成富强民主文明和谐美丽的社会主义现代化强国。第三，从 1953 年第一个国民经济和社会发展五年规划开始至今，中国在科学化、民主化和法治化的基础上，已经连续制定了 13 个国民经济和社会发展的五年规划，对各个五年时期国民经济和社会发展的指导思想、发展目标、发展重点或主要任务、保障措施等，进行了系统、合理和切实可行的部署和安排，扎扎实实地落实建设社会主义现代化国家的战略安排。

中国特色社会主义最本质的特征是中国共产党领导，中国特色社会主义制度的最大优势是中国共产党领导。正是由于中国共产党长期执政，中国才更能实现经济增长长期动态有效、社会秩序稳定演进等，也才更能实现迅速崛起。

2. 一直建设学习型社会。塞萨尔·伊达尔戈认为，经济增长的本质是信息的增长。非稳态系统、固体物理和物质的可分析计算能力三者，是宇宙中信息存在与增长的物理机制。人类算是代表了物质的分析计算能力的最高水平。信息的发展是整个人类经济发展的核心，而正是人类分析计算能力的进步，加上人类创新产物的长期积累，才有了信息增长进而经济的增长。就可持续增长与发展而言，因为储藏了丰富的信息，所以，当这个宇宙不断发展、熵值不断增长时，我们的星球则继续走在一条抗争着这一趋势的路上。① 斯蒂格利茨认为，信息可以被视为一种特殊的知识，而学习对提高人民生活水平有着更重要的影响，这对于发展中国家的社会福利增长很重要，通过缩小知识的差距，社会福利

① ［美］塞萨尔·伊达尔戈著，浮木译社译：《增长的本质：秩序的进化，从原子到经济》，北京：中信出版社，2015 年版，第 206-207、211 页。

的增长速度比单纯积累资源带来的增长要快得多。创建一个学习型经济和学习型社会的政策不仅会重塑一个国家的经济，也会在更广的层面上重塑一个国家的社会，二者的结合可以在现在和未来共同提升人民的生活水平。[①] 中华民族是世界上最古老的民族之一。作为古老民族，中华民族 DNA 的演进必然经历更加漫长的岁月，由此决定了中华民族是一个善于学习的民族，无论对于自然环境的适应性学习，还是对人类社会创造的信息存量的学习和增量的贡献都是如此。从两千多年前的孔孟儒学至今，尊师重教一直是中华民族的文化传统。从中国古代科考制度至今，各级政府官员的选拔总体上都对学问、学识和学历给予了高度重视。习近平在中共中央纪念刘少奇同志诞辰 120 周年座谈会上发表重要讲话指出，学习本领是领导干部必须具备的第一位本领，同时要善于把学到的本领运用到实际工作中去，努力做到知行合一、以知促行、以行求知。东亚各崛起大国都高度重视学习，因为它们都在以中国为核心的儒家文化圈内。长期研究中国经济问题的哈佛大学政治经济学教授 D. H. 珀金斯（Perkins，D. H.）早就指出：中国之所以能成为亚洲的下一个经济大国，根源之一在于重视正规教育，这是传承孔子重视教育的思想的结果，而包括日本、朝鲜在内的国家都程度不同地受到了这一思想的影响。[②] 新中国成立以来，特别是改革开放以来，中国实施科教兴国战略和人才强国战略，优先发展教育，开辟了中国特色社会主义教育发展道路，建

① ［美］约瑟夫·斯蒂格利茨、［美］布鲁斯·格林沃尔德著，陈宇欣译：《增长的方法：学习型社会与经济增长的新引擎》，北京：中信出版社，2017 年版，第 386、396-397 页。

② ［美］D. H. 珀金斯著，金志有、张乃光译：《中国：亚洲的下一个经济大国》，上海：学林出版社，1992 年版，第 7-8 页。

成了世界最大规模的教育体系，保障了亿万人民群众受教育的权利。教育投入大幅增长。颁布了《中华人民共和国教育法》等一系列有关教育的法律法规，制定实施了《国家中长期教育改革和发展规划纲要（2010—2020年）》，该规划确定：到2020年，基本实现教育现代化，基本形成学习型社会，进入人力资源强国行列。近年来，随着线上线下结合的崭新学习平台的建立，公民、企业、学校、社会各界互联互通的学习网络已经形成，中国迈向学习型强国的步伐明显加快。

3. 着力打造创新型国家。中国古代科学技术发达，有印刷术、造纸、指南针和火药等伟大发明。李约瑟明确指出：在公元后最初的14个世纪里，中国传给了欧洲极为丰富的发现和发明，而西方在接受这些发现和发明时往往并不清楚它们源于何地。在文艺复兴之前和期间，中国人在技术方面占据着非常支配的地位，但这并不意味着中国人从来就是单纯的“经验论者”。中国的成就不仅在技术方面，古代和中世纪的中国有一整套自然理论体系，有系统的有记录的实验，而且有许多极为精确的测量。古代和中世纪的中国科学囿于表意文字的范围内，很少向外渗透。中国人的理论最后阶段仍然是中世纪型的，因为这些理论并没有促成文艺复兴以及对假说的数学化。[①]“李约瑟问题”的标准提法是：为什么从公元前1世纪到公元15世纪，在把人类的自然知识应用于人的实际需要方面，中国文明要比西方文明有效得多？为什么现代科学只在欧洲而没有在中国（或印度）文明中发展起来？[②] 对“李

① ［英］李约瑟著，张卜天译：《文明的滴定——东西方的科学与社会》，北京：商务印书馆，2016年版，第46、50-51页。

② ［英］李约瑟著，张卜天译：《文明的滴定——东西方的科学与社会》，北京：商务印书馆，2016年版，第176-202页。

约瑟问题”的回答，李约瑟本人以及其他众多学者从中国与西欧之间社会经济模式的差异的比较中给出了多个维度的解释。但笔者认为，从大国崛起的本质是信息演化的结果的角度，还可以给出大国崛起所面临的三个陷阱[①]之外的第四个陷阱，即“演化速度陷阱”的解释：作为信息演进的结果，大国崛起以后会由于大而自满、大而失敏，或变大后继续信息演进的代价也更大等原因，使本身的信息演化速度放缓，从而被其他国家赶上或超越。[②] 新中国成立以后，特别是改革开放以来，中国科技进步和建设创新型国家的步伐明显加快。中国共产党确立了科学技术是生产力、第一生产力，发展是第一要务、创新是第一动力、人才是第一资源的理念，提出“创新、协调、绿色、开放、共享”新发展理念，主张创新是包括理论创新、科技创新、制度创新、文化创新、管理创新等在内的系统创新，实施科教兴国、创新驱动发展战略。颁布了《中华人民共和国科学技术进步法》等有关科技创新的法律法规，提出构建国家创新体系，建设创新型国家；制定实施了《国家中长期科学和技术发展规划纲要（2006—2020年）》。科技

---

① 这三个陷阱分别是：“中等收入陷阱”，是指一个国家或地区在进入中等收入发展阶段后，长期停留在中等收入区间。从世界范围看，第二次世界大战以后，有100多个国家和地区先后达到中等收入发展水平，但真正跨越中等收入阶段进入高收入行列的并不多。正因为如此，才把这个区间称为“陷阱”。拉美国家的情况最为突出，大多数国家长时间滞留在中等收入陷阱里。“修昔底德陷阱”，古希腊著名历史学家修昔底德认为，一个新崛起的大国必然要挑战现存大国，而后者也必然会回应这种威胁，如此战争变得不可避免。格雷厄姆·艾利森在《注定一战：中美能否走出“修昔底德陷阱”?》一书中详述过去500年间发生在守成大国与崛起大国间的权力更迭，列举的16个案例中共有12个引发战争，仅4次幸免。“金德尔伯格陷阱”，查尔斯·P. 金德尔伯格认为，20世纪30年代的全球经济体系陷入衰退、种族灭绝和世界大战等灾难起源于美国取代英国成为全球最大强权，但又未能像英国一样承担起提供全球公共产品的责任。

② 当然，公元前1世纪到公元15世纪的中国，在世界上虽是大国乃至强国，但仍属于传统农业社会，不符合本文关于经济结构和社会结构从根本上现代化的工业化或现代化的实现过程的“大国崛起”的定义，但这并不影响对问题的理解。

投入不断加大，科技进步贡献率已经达到 58.5%。目前，在导航系统、航天、手机、通信、高铁、港口机械、民用无人机、数字安防、互联网和人工智能等领域，中国科技实力已处于世界前列。

4. 独立自主地改革开放。1978 年以来的改革开放，使中华民族迎来了从站起来、富起来到强起来的伟大飞跃，也是作为世界典型大国中国崛起的关键一招。正如习近平在《在庆祝改革开放 40 周年大会上的讲话》中所指出的："改革开放是党和人民大踏步赶上时代的重要法宝，是坚持和发展中国特色社会主义的必由之路，是决定当代中国命运的关键一招，也是决定实现'两个一百年'奋斗目标、实现中华民族伟大复兴的关键一招。"改革开放始终坚持解放思想、实事求是的马克思主义思想路线，坚持科学性和实践性的统一、实现人的自由全面发展、以人为本的价值取向等科学社会主义的基本原则，开创了中国特色社会主义道路，在人类文明演进史上写出了前所未有的改革开放篇章，也创造了举世瞩目的辉煌成就。改革从农业到工业、从农村到城市、从单项突进到全面配套，从"摸着石头过河"到更加注重顶层设计，从破除高度集中的计划经济管理体制、建立社会主义市场经济为取向的经济体制改革，到全面深化经济、政治、文化、社会、生态文明、国防、外交、党的建设等各个领域的改革，为中国崛起提供了根本制度保障，开辟了大国制度创新的崭新路径。开放会使一个国家的信息演化在更大的环境中进行，增大信息存量和创造新的信息，从而促进经济社会发展。中国曾深受闭关锁国的危害，"李约瑟问题"与"演化速度陷阱"的解释，实际上就是反映的闭关锁国的问题。中国把对外开放作为基本国策，相继采取了一系列影响世界的重大举措：设立经济特区、沿海对外开放城市、海关特别监管区、自由贸易区，谋划自由贸易港，加入 WTO，颁布实施《中华人民共和国外商投资法》，提出“一带一路”倡议，倡导人类命运共同体理念，等等。但是，中国的改革开放是自主的，是所谓“北京共识”使然，不受所谓“华盛顿共识”① 的影响。后者的“休克疗法”曾导致俄罗斯和东欧国家的经济改革和发展的挫败。

5. 协作型竞争和平崛起。中国是儒家文化的发祥地，儒家文化倡导中庸之道，亦即不偏不倚，无过不及；和为贵，天人相和、人间相和。这也是中国传统文化的精华之一。源于儒家思想的和谐、和平、合作或协作理念，成为中国参与国际竞争与和平崛起的思想基础。习近平提出构建人类命运共同体的战略思想，是着眼人类发展和世界前途提出的中国理念和中国方案，已得到国际社会的高度赞扬并多次写入联合国文件。全球化时代的重要特征之一是跨国经营。在跨国经营中，全球市场的战略竞争与收购使得企业越来越深刻地认识到“协作型竞争”的历史必然性。21 世纪 90 年代，美国麦肯锡公司芝加哥分公司董事乔尔·布利克（Joel Bleeke）在他与戴维·厄恩斯特（David Ernst）编著的《协

① 北京共识，2004 年 5 月，英国外交政策研究中心发表美国高盛公司高级顾问乔舒亚·库珀·雷默（Joshua Cooper Ramo）题为《北京共识：中国是否能够成为另一种典范》的研究报告，指出中国通过艰苦努力、主动创新和大胆实践，摸索出一个适合本国国情的发展模式，他把这一模式称之为“北京共识”（Beijing Consensus）。华盛顿共识（Washington Consensus），是指 20 世纪 80 年代以后位于华盛顿的三大机构——国际货币基金组织、世界银行和美国政府，根据拉美国家减少政府干预，促进贸易和金融自由化的经验，基于市场原教旨主义提出来并形成的一系列政策主张。针对 1989 年陷于债务危机的拉美国家急需进行国内经济改革的问题，1990 年美国国际经济研究所邀请国际货币基金组织、世界银行、美洲开发银行和美国财政部的研究人员，以及拉美国家代表在华盛顿召开了一个研讨会，旨在为拉美国家经济改革提供方案和对策。美国国际经济研究所的约翰·威廉姆森（John Williamson）对拉美国家的国内经济改革提出了已与上述各机构达成共识的 10 条政策措施，称作华盛顿共识。

作型竞争：全球市场的联营与收购》一书中，对此作了总结：对多数全球性企业来说，完全损人利己的竞争时代已经结束。因为长期势均力敌的争斗只能使自己的财力智力枯竭，难于应付下一轮的竞争和创新。为了可持续竞争就必须合作。[①] 实际上，协作型竞争的理论与实践也越来越多地进入伴随全球化过程的国家和地区（国际性的或一国之内的）经济一体化之中，因为国与国、地区与地区之间的经济联系也已经越来越具有某种程度的竞争性。进入21世纪以来，国与国、地区与地区之间的竞争更加激烈。特别是，2008年金融危机以来，这一竞争伴随金融危机后出现的贸易保护主义抬头、逆全球化倾向等诸多问题，及其对经济增长带来的不确定性变得复杂起来。中国加入WTO以及积极参与经济全球化进程以来，与世界各个国家和地区的经贸往来更加频繁，范围和规模不断扩大。同样，彼此之间也具有某种程度的竞争关系。而且，也必须避免由过度竞争带来的某种程度的“两败俱伤”；相反，应当分享竞争中的合作所带来的“1+1>2”的整体增益。或者说，彼此之间在经贸往来中应当由“零和博弈”向“正和博弈”转变。中国始终不渝走和平发展道路。中国国家主席习近平指出：中国走和平发展道路的自信和自觉，来源于中华文明的深厚渊源，来源于对现实中国发展目标条件的认同，来源于对世界发展大势的把握。自古以来，中华民族就积极开展对外交往通商，而不是对外侵略扩张；执着于保家卫国的爱国主义，而不是开疆拓土的殖民主义。中国无论发展到什么程度，永远不称霸，永远不搞扩张，始终做世界和平的建设者、全球发展的贡献者、国际秩序的

① 参见［美］乔尔·布利克、戴维·厄恩斯特编著，林燕等译：《协作型竞争：全球市场的战略联营与收购》，北京：中国大百科全书出版社，1998年版。

维护者。[①] 中国作为当今世界人口、国土空间、经济总量、资源环境利用大国，对全球可持续发展的影响可谓举足轻重。中国认真履行对联合国环境与发展大会通过的《21 世纪议程》的庄严承诺，制定了《中国 21 世纪议程》，即《中国 21 世纪人口、环境与发展白皮书》，以此作为中国可持续发展总体战略、规划和方案，作为制定国民经济和社会发展中长期规划的指导性文件；积极落实《2030 年可持续发展议程》，作为缔约方遵循《联合国气候变化框架公约》的基本原则，积极签署《巴黎气候变化协定》并严格履行承诺。在生态文明建设方面，中国倡导生态引领、绿色发展，保持了战略定力。2019 年 3 月，习近平在参加十三届全国人大二次会议内蒙古代表团审议时指出：在“五位一体”总体布局中生态文明建设是其中一位，在新时代坚持和发展中国特色社会主义基本方略中坚持人与自然和谐共生是其中一条基本方略，在新发展理念中绿色是其中一大理念，在三大攻坚中污染防治是其中一大攻坚战。这“四个一”体现了我们党对生态文明建设规律的把握，体现了生态文明建设在新时代党和国家事业发展中的地位，体现了党对建设生态文明的部署和要求。

6. 人民有伟大梦想精神。中国人民的梦想精神是古老中华文明长期演进的结果。用信息演化的视角看，这是信息长期演化过程中形成的一种特殊的信息结构和组合的具象或表现。中华文明有 5000 多年演进历史，中国是世界四大文明古国中唯一传承到今天的文明大国，历史上曾长期走在世界前列。中国国家主席习近平指出：中国人民是具有伟大梦想精神的人民。在几千年历史长

① 中共中央宣传部编：《习近平新时代中国特色社会主义思想三十讲》，北京：学习出版社，2018 年版，第 287-288 页。

河中，中国人民始终心怀梦想、不懈追求，我们不仅形成了小康生活的理念，而且秉承天下为公的情怀，盘古开天、女娲补天、伏羲画卦、神农尝草、夸父追日、精卫填海、愚公移山等我国古代神话深刻反映了中国人民勇于追求和实现梦想的执着精神。近代以来，实现中华民族伟大复兴成为中华民族最伟大的梦想，中国人民为实现这个伟大梦想进行了170多年的持续奋斗。[①] 习近平指出："中国梦是一种形象表达，是一个最大公约数，是一种为群众易于接受的表述。"[②] 中国梦的本质是国家富强、民族振兴、人民幸福。中国梦是中国人民和中华民族的共同价值追求，是中国人民和中华民族团结奋斗的最大公约数和最大同心圆。中国梦是建立在"天下为公""协和万邦""穷则独善其身，达则兼治天下""构建人类命运共同体"思想基础之上的，与世界各国人民的美好梦相通。随着正在崛起中的中国日益走近世界舞台中央，中国梦势必对世界命运带来重要影响。有人担心中国崛起是一种"威胁"，有人认为中国梦是"扩张梦""霸权梦"。中国国家主席习近平在国际场合一再宣示：中国梦是和平、发展、合作、共赢的梦；中国梦是奉献世界的梦。因此，中国崛起和中国梦的实现，不仅已经成为中国人民和中华民族的共识，而且得到世界各国人民越来越普遍的认同。

黑格尔有句名言：凡是存在的事物就天然具有合理性。从信息演化的视角看，中国崛起是人类文明、特别是五千余年中华民

① 习近平：《在第十三届全国人民代表大会第一次会议上的讲话》，载全国人民代表大会常务委员会办公厅编：《中华人民共和国第十三届全国人民代表大会第一次会议文件汇编》，北京：人民出版社，2018年版，第3-4页。

② 中共中央文献研究室编：《习近平关于实现中华民族伟大复兴的中国梦论述摘编》，北京：中央文献出版社，2013年版，第10页。

族文明基因信息演进的必然结果。中国崛起也是中华文明遵循自然、社会和人类思维发展规律的必然结果。所以，中国崛起具有合理性，也是必然的。中国发展曾经长期在世界领先，但由于社会经济模式或者“演化速度陷阱”等大国崛起中的各类问题，也曾长期失去了领先发展的地位。美国是已崛起大国，过去的半个多世纪，它一直是世界第一强国。其他崛起大国有的依然保持世界强国地位，有的则失去了强劲发展势头乃至衰落。综合考虑从根本上决定大国崛起的特殊信息结构和组合及其具象或外在表现，如地理空间、地域文化、地缘政治、地区现状、内外格局、周边禀赋等，以及由此所决定的特有的经济发展、工业化、现代化模式或道路，各个崛起大国的现存状态，无论是正在崛起、已经崛起，还是由崛起变成衰落，都是合理的，而且这也并不意味着“历史的终结”。① 中国崛起已经是不争的事实。新中国成立以前，国际社会可以有各种理由不看好中国。而新中国成立以后，即使从改革开放开始，特别是苏联解体、东欧剧变以后，唱衰中国的舆论在国际上也是不绝于耳，各式各样的“中国崩溃论”从来没有中断过。但是，中国没有崩溃，反而综合国力与日俱增，人民生活水平不断提高，因为社会主义救了中国，中国特色社会主义发展了中国。习近平指出：随着我国综合国力和国际地位上升，国际上关于“北京共识”“中国模式”“中国道路”等议论和研究也

① 1989年夏，美国著名学者佛朗西斯·福山在《国家利益》杂志上发表了《历史的终结?》一文，认为西方国家实行的自由民主制度也许是“人类意识形态发展的终点”和“人类最后一种统治形式”，并因此构成了“历史的终结”。在此基础上，他还撰写了《历史的终结及最后之人》一书（中译本见［美］佛朗西斯·福山著，黄胜强、许铭原译：《历史的终结及最后之人》，北京：中国社会科学出版社，2003年版）。不过，之后福山不断修正他自己的观点，认为世界在不断发生变化，中国也许或成为西方民主制度的一种替代。

多了起来，其中不乏赞扬者。我们始终认为，各国的发展道路应由各国人民选择。所谓的“中国模式”是中国人民在自己的奋斗实践中创造的中国特色社会主义道路。我们坚信，随着中国特色社会主义不断发展，我们的制度必将越来越成熟，我国社会主义制度的优越性必将进一步显现，我们的道路必将越走越宽广，我国发展道路对世界的影响必将越来越大。我们就是要有这样的道路自信、理论自信、制度自信。①

我们在大国崛起的若干维度、大国崛起的东亚模式的基础上，分析了大国崛起的中国道路。中国崛起已经是不争的事实，但从人均收入水平、产业结构演进水平等主要指标水平看，从现阶段所面临的日益复杂的国际局势和发展环境所带来的挑战看，中国还是正在崛起中的大国。中共十九大明确：新时代中国社会主要矛盾是人民日益增长的美好生活需要和不平衡不充分的发展之间的矛盾。实现社会主义现代化和中华民族伟大复兴，要在全面建成小康社会的基础上，分两步走，在本世纪中叶建成富强民主文明和谐美丽的社会主义现代化强国。解决新时代中国社会主要矛盾，完成实现现代化的目标任务，中国需要解决长期发展中所累积起来的一系列问题，包括治理体系和治理能力、经济结构、创新体系、生态环境、风险防控、反腐倡廉等各个方面；也需要面对崛起中出现的崭新问题，如怎样参与国际政治、经济、金融等秩序的改革创新，有效提供国际公共产品，为全球治理贡献中国智慧、方案和中国力量。跨越大国崛起中的各种“陷阱”，还需要从历史经验中，从现实实践中，从对未来发展趋势的把握中，探

① 习近平：《关于坚持和发展中国特色社会主义的几个问题》，《求是》2019 年第 7 期。

索出更加科学的理论，制定更加符合国情、世情、党情的战略规划、政策体系、方案举措。但我们有理由相信，中国的崛起和中华民族的伟大复兴是大势所趋，人心所向，举世所望。2019 年，中华人民共和国成立 70 周年，是全面建成小康社会、实现第一个百年奋斗目标的关键之年；21 世纪中叶，在中华人民共和国成立 100 年的时候，中国崛起和中华民族伟大复兴的事实将在那里，就在那里。

第二编

产业发展规律论

传统理论总结了产业发展的一定规律性，但受多种复杂影响因素和多种实现条件的制约，这些所谓规律只能算是体现产业发展内在联系和必然性的经验统计规律。产业发展规律倒是可以归结为不断高级化、合理化的演进规律。产业发展实质上遵循着生产力发展的基本规律，即“社会生产力以科学技术为基础、以升级换代为形式的不断智能化规律”；社会生产关系发展的一般规律，即以社会利益最大化为取向的不断协调化；社会生产关系适应生产力发展的规律，即社会生产力发展的一般规律从根本上决定着社会生产关系演进的起点、过程和方向，而社会生产关系演进过程是、也只能是社会生产力规律实现条件的演进过程。

第五章　产业发展规律的传统理论

1. 产业结构演变规律。在供给和需求因素双重决定下，根据经验研究和统计分析可见，在许多国家和地区（国际性的或一国之内的）的经济发展历程中，产业结构演变一般遵循着所谓的“配第—克拉克定律”“库兹涅茨规律”“霍夫曼定理”“罗斯托主导产业部门体系依次更替规律”“钱纳里工业化阶段理论”“德鲁克定律”“赤松要雁行形态理论”等。①

——配第—克拉克定律。早在 17 世纪，古典政治经济学奠基人威廉·配第（Pett，W.）在运用具体的计量分析方法比较了英国、法国和荷兰等国的经济实力及其影响因素后发现：各国国民收入水平的差异与产业结构之间存在着紧密联系。这一发现集中体现在他于 1671—1676 年之间写成的《政治算术》一书中，配第在该书中指出：“工业的收益比农业多得多，而商业的收益又比工业多得多。”② 英国经济学家科林·克拉克（Colin，G·Clark）在继承新西兰经济学家费歇尔（Fisher，Allan George Barnard）首先

① 本文不把这些只限于经验和统计意义的经济和产业发展领域的“定律”“规律”“定理”“理论”等称谓作严格的理论区分，统称为产业发展传统理论中的所谓“规律”。

② ［英］威廉·配第著，陈冬野译：《政治算术》，北京：商务印书馆，2014 年版，第 20 页。

提出的三次产业分类法基础上，在他所著的《经济进步的条件》一书中，总结出三次产业结构变化的所谓“配第法则”，现在统称为“配第—克拉克规律”，即各个国家伴随人均实际国民收入的长期变化，劳动人口从农业向制造业，再从制造业向商业和服务业的转移。①

——库兹涅茨规律。基于配第—克拉克定律，美国经济学家西蒙·库兹涅茨（Kuznets，S.）运用统计分析方法对国民收入在三次产业中的变化趋势与其中劳动力分布的变化趋势进行了关联研究，对产业结构的一般变动规律进行了如下总结：随着人均国民收入的增加，农业实现的国民收入在整个国民收入中的比重不断下降，工业实现的国民收入在整个国民收入中的比重不断上升，服务业实现的国民收入在整个国民收入中的比重变化不明显；农业劳动力在全部劳动力中的比重下降，工业劳动力在全部劳动力中的比重，在所研究的大多数国家中是有所上升的，但没有其在国民收入方面的变化那么明显和具有一致性，服务业劳动力在全部劳动力中的比重趋于上升，特别是在运输业和商业中就业的劳动力的上升趋势最明显。②

——霍夫曼定理。德国经济学家 W. C. 霍夫曼（Hoffmann，W. C.）在 1931 年出版的《工业化的阶段和类型》③ 一书中，根据

---

① ［英］科林·克拉克著，张旭昆、夏晴等译：《经济进步的条件》，北京：中国人民大学出版社，2020 年版，第 135~166 页。

② 库兹涅茨在许多文献中对此都有分析。有关中译本可参见：［美］西蒙·库兹涅茨著，戴睿、易诚译：《现代经济增长》，北京：北京经济学院出版社，1989 年版；［美］西蒙·库兹涅茨著，常勋、石景云 等译：《各国的经济增长：总产值和生产结构》，北京：商务印书馆，2021 年版。

③ 该书于 1931 年、1958 年分别出版了德文版和英文版，参见杨治著：《产业经济学导论》，北京：中国人民大学出版社，1985 年版，第 59 页。

产业用途将工业划分为“消费品工业”和“资本品工业”两大部门[①]，并对20个国家18世纪以来的工业化历史和统计资料进行了分析研究，指出各国的发展大体上遵循一个共同模式，并且可以所谓的“霍夫曼比例”，即消费品工业的净产值与资本品工业的净产值之比来表征。对“霍夫曼比例”的计算结果表明：消费品工业净产值与资本品工业净产值之比在发展过程中是持续下降的，这就是所谓的“霍夫曼定理”。这个持续的渐进过程大致上可以划分为四个阶段：第一阶段，霍夫曼比例为5（±1）；第二阶段，2.5（±1）；第三阶段，1（±0.5）；第四阶段，1以下。日本经济学家盐野谷祐一通过将工业部门划分为“消费资料”和“资本资料”的产品分类，并以“总产值”代替“净产值”，对霍夫曼比例进行了重新计算，从而得出了更为科学的分析结果：在工业化初期，霍夫曼比例是下降的，但随后就趋于稳定，即霍夫曼定理在工业化初期是适用的；在消费资料生产与资本资料生产的比例关系保持不变的情况下，重工业化率，即重工业总产值的比重却在上升。

——罗斯托主导产业部门体系依次更替规律。W. W. 罗斯托（Rostow，W. W.）把经济增长阶段划分为六个阶段[②]：传统社会、为起飞创造前提、起飞、成熟、高额群众消费、追求生活质量阶段。相应地，存在着五种“主导部门综合体系”：为起飞创造前提

① 霍夫曼实际上使用的是重工业和轻工业的划分，这一划分排除了投资资料—既非消费资料也非资本资料的“中间资料”，即“投资资料”。（参见杨治著：《产业经济学导论》，北京：中国人民大学出版社，1985年版，第61页。）

② 罗斯托在其《经济增长的阶段：非共产党宣言》（中译本参见［美］罗斯托著，郭熙保、王松茂译：《经济增长的阶段：非共产党宣言》，北京：中国社会科学出版社，2001年版）一书中，把经济增长的阶段划分为五个阶段，即传统社会、起飞前提条件、起飞、走向成熟、大众高消费时代等五个阶段；后来在《政治与成长阶段》一书中，又在前五个阶段的基础上增加了“追求生活质量阶段”（参见苏东水主编：《产业经济学》，北京：高等教育出版社，2000年版）。

阶段，主导产业部门体系主要是食品、饮料、烟草、水泥、砖瓦等产业部门；起飞阶段，非耐用消费品生产的综合体系，如纺织工业等；成熟阶段，重型工业和制造业综合体系，如钢铁、煤炭、电力、通用机械、肥料等产业部门；高额群众消费阶段，汽车工业综合体系；追求生活质量阶段，生活质量产业部门综合体系，主要是服务业、城市建筑等部门。[①] 钱纳里和泰勒（Taylor，L.）认为，大国经济发展可以划分为经济发展初期、中期和后期三个阶段，相应的是具有三个不同阶段特征的三种制造业主导产业部门体系；联合国拉丁美洲经济委员会把工业结构发展划分为五个阶段，即前制造业阶段、生产传统消费品阶段、生产基本材料和简单机器设备的工业部门兴起阶段、具有高度技术的工业部门兴起阶段、利用当代科学技术一切可能性的最发达工业部门兴起阶段等。[②]

——钱纳里产业结构变化趋势理论。美国经济学家霍利斯·钱纳里（Chenery，H.）运用库兹涅茨的统计分析方法对产业结构变动的一般趋势进行了更为广泛和更大信息量的研究[③]，他首先确定产业结构转换分析的基本假定前提，在此基础上构造出“发展模型”，使用几个基本的回归方程对发展模型复合，得出一个“标

① ［美］罗斯托著，郭熙保、王松茂译：《经济增长的阶段：非共产党宣言》，北京：中国社会科学出版社，2001年版，第4-96页。又可参见［美］W.W.罗斯托编：《从起飞进入经济增长的经济学》，成都：四川人民出版社，1988年版。

② 参见周振华著：《产业结构优化论》，：上海：上海人民出版社，1992年，第55-57页。

③ 钱纳里关于产业结构变动一般趋势的研究，中译本可见：霍利斯·钱纳里、莫伊思·赛尔昆著，黑兹尔·埃尔金顿协助，李新华、徐公理、迟建平译：《发展的型式1950—1970》，北京：经济科学出版社，1988年版；［美］霍利斯·钱纳里著，朱东海、黄钟译：《结构变化与发展政策》，北京：经济科学出版社，1991年版；H.钱纳里等著，吴奇等译，陶文达等校：《工业化和经济增长的比较研究》，上海：生活·读书·新知三联书店上海分店，1993年版，等等。

准结构”。该“标准结构”对人均GNP100—1000美元（1964年不变美元价格）发展区间的经济变化得出了重要的描述性结论：总结构变化的75%—80%发生于这一区间，其中最重要的积累过程和资源配置过程，都将发生显著的、深刻的变化。在GDP分布方面，初级产业的附加值从52%下降到13%，制造业则从12.5%上升到38%，基础设施和服务业不断稳定上升。其中，一个重要的现象是，当人均GNP超过300美元的“临界点”后，制造业的附加值一般才会超过初级产业的附加值。在劳动力分布方面，随着收入的提高，初级产业劳动力比重从71%不断下降，制造业劳动力比重从7.8%不断上升，当人均GNP超过800美元后，工业中的就业人数才开始超过第一次产业的就业人员。一旦人均GNP达到1500美元，一次产业的劳动力份额将会降到15%以下，而工业和服务业所占用的劳动力份额则越来越大。①

——工业结构的高加工度化和技术密集化。随着工业技术结构的现代化，工业内部经历生产基础原材料等初级产品的工业→组装加工制造等复杂高级产品的工业→技术密集的加工制造工业的过程；相应的，产品的附加值变得越来越高。一般地，这是一个由工业技术水平现代化所决定的工业产品高加工度化、高附加值化的工业结构演进过程。②

——雁行产业发展形态说。这一理论是日本学者赤松要在研究后起国日本现代化的棉纺工业发展史后提出来的。他指出，门

① 霍利斯·钱纳里、莫伊思·赛尔昆著，黑兹尔·埃尔金顿协助，李新华、徐公理、迟建平译：《发展的型式1950—1970》，北京：经济科学出版社，1988年版，第30、31-32页表3、67页。

② 很多历史统计事实和相关文献都说明了这一经验规律的存在，这里不再具体引用赘述。

户开放使得西方棉纺产品大量涌入日本市场，并使这一市场不断扩大，为日本国内棉纺工业的发展准备了市场条件。在此基础上，近代技术和低工资成本相结合使日本棉纺工业规模不断扩大，规模化达到一定程度后便使规模经济得到充分利用，必然会使生产成本大大降低。由于后起国具有低工资优势，因而使日本的棉纺产品获得了价格上的国际竞争力，于是，就迎来了棉纺产品出口的新局面。而国际市场的开拓，必将使棉纺工业得到进一步发展。这一进口→国内生产→出口的进展过程，在时间为横轴、市场（贸易模式）为纵轴的直角坐标系中所描述的图形上就像三只大雁在飞翔，第一只大雁就是进口的浪潮；第二只大雁是国内生产的浪潮；第三只大雁就是出口的浪潮。[①]（图 5-1）

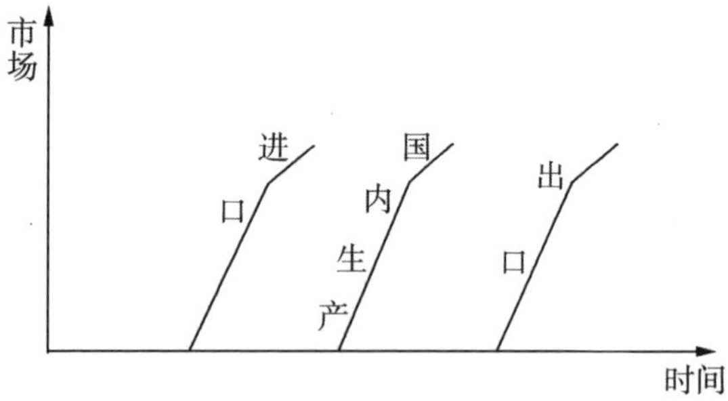

图 5-1　雁行产业发展形态

2. 产业结构变动的影响因素。产业结构变动影响因素可以归结为供给因素和需求因素两大方面，又可以分解为供给规模和供给结构、需求规模和需求结构四个维度。具体可以进一步解析如下：

供给因素，包括各种生产要素及其组合，前者如土地等自然

① 杨治著：《产业经济学导论》，北京：中国人民大学出版社，1985 年版，第 75-76 页。

资源数量规模，后者如作为组合集中体现的土地等自然资源的投入结构、时序结构、空间结构等；技术进步因素，包括科技进步水平和技术结构；教育，包括文化教育、科技教育、职业教育和继续教育等；金融因素，如资本投入规模和供给结构；中间投入因素，包括中间投入规模和中间投入结构；交通运输，包括水上、陆地、空中、管道等各种基础设施及其立体多维组合；能源，包括来自自然界、人工加工及其组合形成的可再生能源和不可再生能源；信息、大数据、网络等现代生产要素及其组合；规制因素，包括法律、法规、法令、条例、政策、战略、规划以及各种重大行政性举措等；文化因素，包括社会主流价值，文学语言、文化艺术、休闲娱乐、科技文化，风俗习惯、非正式规范等；开放经济因素，如利用外资、进口商品、服务外包，国际规制文化，国际政治、军事和安全等环境等。

——生产要素及其组合。土地、矿藏资源、自然地理位置以及生态环境等自然资源和条件，都对产业发展产生直接影响。土地是否肥沃，是影响农业生产的直接主要因素，所以，主流经济学早在传统农耕文明时代，就发表了许多关于级差地租的理论文献；今天土地质量和规模依然是决定农业生产水平和质量的直接主要影响因素，包括作为山、水、林、田、草、沙、冰等载体的土地空间规模、各类土地之间的内在联系和数量比例关系、产业发展必要条件等，是决定各个国家、地区（国际性的和一国之内的）农业现代化进程的基本和主要因素。矿藏资源规模和质量，种类及其结构等，是决定整个工业、特别是加工制造业的直接主要因素，具有矿藏资源禀赋优势的国家和地区，一般就是矿藏资源开发和利用有足够竞争力的国家和地区，常常是资源密集和加工工业链条综合配套的国家和地区，这对于尚处于工业化过程中的国家和地区来说尤其如此。自然地理位置也是影响产业发展的直接和重要因素，山区、丘陵、平原、水源地、空间区位等自然地理条件，常常决定了产业及其次生产业结构、交通、能源、对外开放程度等，甚至通过地缘政治、军事、气候、人文传统等直接或间接影响产业发展态势。生态环境对产业发展的影响，越来越引起国际社会、社会各界，特别是主流经济学的高度重视，人类对可持续发展，特别是对气候变化、大气水土地污染、减排降碳等的共识从来未有今天这样高，这是因为生态环境恶化已经到了使生态资源开发和利用有可能“过冲”（Overshoot）的状态。包括联合国在内的各个国际组织、各种国际规制和条约、许多发达和欠发达国家和地区的规制战略规划等，纷纷把生态环境保护与经济社会发展进行统筹考量，包括诺贝尔奖获得者在内的主流经济学家都把视野集中到生态环境因素对可持续发展的影响分析研究上来。

生产要素组合集中体现在产业结构上，包括产业及其次生产业相互之间联系的内在机制和数量比例关系内、外在组合两个层面。但是，生产要素组合所形成的产业结构形态是动态的，它总是在一定时间和空间中不断演进的，这一演进过程又受到自然演化和社会进步的双重影响，这就是产业发展的基本含义。产业结构演进是自然和社会发展的共同结果，自然资源禀赋和自然地理空间、与社会发展变迁相伴而生的经济地理空间这两种空间组合，以及在时间维度坐标上与产业发展有机联系的这两种空间组合的变化顺序，都可以内生化为生产函数方程中，生产要素组合又可以表现在时序组合和空间组合两个维度上。就时序组合而言，生产过程中劳动要素、资本、中间原材料等在顺序上如何合理安排，形成时间上继起与空间上并存的有机联系工艺过程，如何将原材料购置、储存、投入、产品生产、商品销售以及售后服务等有机统一，形成科学的全生命周期生产经营管理，如何投入不同素质和不同规模的劳动力、不同价值和水平的资本、不同品质和规模的原材物料等，都需要按照生产经营有机统一的过程进行合理、科学和节约的循序安排，以达到提高生产率水平的基本要求；在生产、交换、分配、消费有机联系的社会再生产过程中，如何通过经济社会发展总体规划、特别是行业规划，合理配置土地等自然资源、人力资源、有形和无形资本等，也都需要按照不断变化中的国内外市场需求和经济社会目标任务要求，进行合理、科学、节约、有效的顺序安排。就空间组合而言，一定的生产要素及其有机组合所形成的产业组合总是存在和发展在一定的地理空间上，除了自然地理空间的影响以外，人文地理空间的影响更是经常变化着，从而影响着产业发展状态。如何按照禀赋优势、比较优势和竞争优势等各种优势条件合理匹配人、财、物、信息、技术等各种资源，如何有效形成规模经济、聚集经济和范围经济等各种经济效果，如何实现经济效果、社会效果和生态效果等的有机统一，等等，这在有限的自然地理空间和人文社会地理空间上，都需要生产经营、行业管理、经济社会发展的统筹考量和科学安排。按照空间经济效果最大化和空间优化理论基本要求，现代产业发展和布局实践中，出现了产业集群化和产业园区化发展等崭新态势，相应地，也创新了产业组织实践模式。

——科技进步。在现代经济增长理论和生产函数模型中，科技进步已经内生化为全要素生产率增长的决定性因素。人类文明发展史、特别是产业革命和产业发展史实充分证明，科学技术是生产力且是第一生产力；人力资源是第一战略资源；人才竞争是决定一个国家和地区竞争力的根本决定因素。生产过程中，劳动力必须与资本结合，投入何种规模和科技含量的劳动力和资本，二者投入的内在联系机制和数量比例关系如何，这决定了基本的生产经营绩效；除此之外，土地等自然资源、各种中间原材料、信息资源和大数据等无形投入资源，也都在其中物化了相当水平的科学技术；包括运用生产技术、生产工艺、组织管理等的整个生产经营过程是一个具有相当科技含量的过程；在行业管理和整个国民经济和社会发展中，必须对人力资源、特别是人力资本，具有科技含量的物质资本和无形资本投入、直接的科学技术投入，按照经济社会发展绩效最大化的目标要求进行优化配置和调节安排。现代产业发展已经是科学技术密集的产业发展，劳动密集→资本密集→技术密集的产业发展态势也基本上成为各个国家和地区产业发展的一般态势。当今第四次工业革命浪潮兴起的趋势特征是，产业发展日益信息化、网络化、数字化、智能化、生物化，而这些产业发展崭新特征的呈现又都是产业发展的科学技术水平越来越高的趋势使然。特别是，决定产业及其次生产业结构演进水平的根本因素是产业技术结构演进水平。此外，产业发展的时序结构和空间结构，也从根本上决定于产业技术进步以及产业技术结构的演进水平。世界范围内众多国家越来越注重运用现代科学技术、管理方法、特别是规划技术手段，对产业发展进行中长期规划并在这些规划中对产业发展的目标任务作出具体的时序和步骤安排；农业、工业和服务业高新技术产业园区、经济技术开发区、经济技术合作示范区等的兴起意味着，产业发展的时序组合和空间组合的科技含量越来越高，包括现代科学技术、现代管理技术手段、大数据处理加工技术、信息网络技术等在内的一系列科学技术进步在其中的根本决定作用将发挥得越来越充分。

——教育。教育是社会生产和扩大再生产、经济社会发展的最基础的供给因素，也是衡量一个国家和地区综合竞争力水平的最基本依据和指标，是源源不断产生和供给作为第一战略资源的人力资源的最根本手段和途径。企业生产经营、行业发展和整个国民经济发展良好绩效的取得，都从根本上依赖于通过教育培养起来的高素质人力资源、特别是高素质人力资本及其有机组合、系统分工与协作、共同努力的团队。史实充分证明，劳动者体力型→文化型→科技型→智能型的演进过程，就是教育从传统的单一师傅言传身带→正规课堂教育→集成创新教育→人性化智能教育等的结果。现代产业发展需要教育现代化，而这又意味着适应第四次工业革命浪潮兴起的时代要求，教育必须按照信息化、网络化、数字化、智能化、生物化的发展要求，加快从因应工业1.0、工业2.0、工业3.0需要的教育1.0、教育2.0、教育3.0向适应工业4.0时代要求的教育4.0转变，这需要对教育体制、教育体系、教育模式等的深层次、全方位和系统性的改革。

——金融供给。除科技进步、人力资源以及制度创新以外，金融供给对现代产业发展的支撑作用也是非常重要的。融资规模和融资结构常常对企业生产经营和产业发展绩效产生显著影响。企业生产经营规模、产品品种和最终产品的规模，一方面取决于资金供给规模；另一方面也取决于各种供给资金之间由生产要素内在比例关系所决定的数量比例关系，如固定资金与流动资金、短期资金供给与中长期资金供给、直接融资与间接融资、自主融资与平台融资、国内融资与国外融资等之间的数量比例关系，同时，这种数量比例关系还受到资金使用时序组合和空间组合因素的复杂影响，简单说，也就是何时、何地、提供何种资金的问题。就行业发展和国民经济社会发展总体来说，规划目标任务所要求的产业发展同样受到资金供给规模和供给结构的双重影响。资金供给规模将主要受由行业发展规模、国民收入水平、储蓄率或积累率等决定的资金充裕程度因素的影响，例如，由这些因素所决定的资金供给充裕，则资金使用价格和使用成本就低，就可以更大规模地进行融资；资金供给结构主要受投资政策、投资偏好、利率、汇率、税率、资金回报率等诸多因素的影响，例如投资政策有倾斜、投资者有偏好、利率等各种资金价格低，则有利于资金密集型、技术密集型产业发展。特别应当指出的是，融资模式、融资途径、融资方法和手段等的现代化，无论从资金供给规模还是从资金供给结构上看，都对现代产业发展产生着越来越大的影响。在融资模式上，如何充分发挥政策倾斜作用与市场机制调节作用、统筹协调短期融资与中长期融资；在融资途径上，如何充分发挥直接融资与间接融资、自主融资与平台融资、国内融资与国外融资，在融资方法和手段上，如何运用传统金融与非金融机构融资与采取信息网络、数字化、智能化融资手段等，都会十分显著地影响到现代产业发展水平。

——中间投入。从产业关联的角度看，包括原材料、零部件、进口商品等在内的各种中间投入，都会通过前向联系、后向联系和旁侧联系[①]等对产业发展的规模和结构产生显著影响。一般来说，中间投入的规模和结构很大程度上取决于基础产业、上游产业和后向关联产业的技术水平与技术结构、产业供给规模与供给结构。例如，在现代服务业发展过程中，作为中间投入的智能计算机、智能办公设施、软件产品、信息网络设施、大数据载体等，对最终产出的影响是十分显著的。许多西方主流经济学家在美国、英国、德国、法国、意大利等现代服务业发展的经验空间中，通过计量模型实证，对这些中间投入在相关服务业产出的全要素生产率增长的显著贡献给予了实证。而以往全要素生产率计量实证中，往往只在生产函数模型中引入劳动力、资本、土地等未经加工的原始投入要素，产出变量也仅仅计量最终产出，如总产出或增加值总量，并不计量中间投入和产出，也就难以对中间投入对全要素生产率增长的贡献进行具体解析。随着越来越多的发达和欠发达国家和地区工业化、现代化进程的持续深化，特别是伴随以信息化、网络化、数字化、智能化、生物化等为显著特征的第四次工业革命浪潮的兴起，产业发展过程中中间投入对产业技术水平、产业技术结构、产业规模、产业结构乃至产业发展模式的影响越来越显著，在相应计量模型的实证分析中对全要素生产率的贡献份额越来越显著，产业发展中间投入的影响会越来越受到主流经济学的高度重视。

——交通运输。交通运输业是重要的产业有机组成部分，而交通运输设施则是所有产业发展的基础设施。生产要素的顺畅、

---

① 当甲产业在经济活动中需要吸收乙产业的产出时，对于乙产业来说，它与甲产业的关系就是前向联系的关系；当丙产业在经济活动中向乙产业提供了产出，则对乙产业来说，它与丙产业的关系就是后向联系的关系；经济活动中，某一产业发展对周围其他产业发展的影响，如制造业产出对为制造业发展提供服务的服务业的发展产生的横向影响。

高效和跨区域流动，有赖于水上运输、陆地运输、空中运输、管道运输等；生产要素的空间组合，如产业集聚、园区产业布局、跨区域乃至国际空间布局的优化，都是产业及其次生产业技术结构、产业及其次生产业结构本身按照全要素生产率增长的内在要求，是土地等自然生产要素集约、企业生产经营生态化集聚、产业集群化发展的结果；也是按照节约原则进行产业时序组合优化的结果。传统农耕时代，靠简单的人力、畜力、自然力等进行运输，运输动力小、运输手段简陋、运输距离短，产业发展的空间组合十分有限；同时，产业发展的时序安排也简单，时间组合效果不明显。机器大工业时代，运输动力是人工制造的机械力，交通基础设施也实现机械化、电气化乃至机电一体化、管道化，运输手段越来越复杂且越来越便捷、运输距离越来越远，产业发展空间向深水、遥远陆地、深空乃至外空、立体绵长管道等拓展，产业发展的空间组合非常之大；相应的，产业发展的时序安排更加复杂、更加依赖于现代科学技术，如数学中的运筹学、广泛使用在经济社会领域中的各种优化规划理论、专门的交通运输工程技术理论等，时间组合效果也越来越显著；信息化、网络化、数字化、智能化、生物化的知识经济、工业4.0、新经济时代，运输动力、运输手段、交通基础设施等越来越现代化、智能化、人性化，运输距离趋于无限，产业发展空间趋于无限，例如，在外空驻足的空间站实验仓中，可以培育动植物种子，获取稀缺物质元素，改变产品形状等，产业发展的空间组合效果前所未有。自1953年有计划社会主义工业化以来，中国就一直高度重视交通运输等基础设施的建设、发展和现代化，并在已经制定和发布的国民经济和社会发展的十四个五年规划中都对此作了计划安排，这也是中国共产党长期执政成功经验之一。[①] 自 1978 年改革开放以来，中国一直十分重视交通运输业发展、特别是十分重视交通运输基础设施的建设。2008 年由美国次贷危机所引发的全球金融危机爆发和蔓延以来，历经全球新冠病毒爆发和蔓延引致的全球经济进一步衰退，面对全球经济危机和经济衰退严峻挑战，中国始终将加大、加强交通运输基础设施现代化建设作为应对经济危机和衰退挑战，以及经济“反周期”宏观调控的重要手段和举措，取得了令世界刮目的经济发展新绩效、新成就。

——能源。能源是人类生产和生活的动力源泉，是产业发展重要的有机组成部分；能源基础设施更是产业发展最基本的基础设施。人类社会历经传统农耕文明→工业文明→后工业文明的演进过程，也是能源经历人力、畜力、柴薪和秸秆等未经转换的原始生物能源体系→蒸汽、煤炭、石油、天然气等高碳化石燃料主导的电能源体系→核能、太阳能、风能、海洋能、生物质能等绿色低碳燃料为主导的新能源演进过程。杰里米·里夫金（Rifkin, J.）指出：低碳绿色能源发展模式是低碳经济发展模式和向可持续发展的低碳型社会转型的支柱之一，也是以化石能源为基础的第二次工业革命向以可再生能源为基础的第三次工业革命转型的显著趋势特征。[②] 传统农耕文明向工业文明的转变，是伴随人力、畜力能源主导的能源结构向以电能等机械能为主导的能源结构发生巨大变化的过程，1850 年世界能源使用总量的 94% 是人力和畜

① 张卫国、王双：《大国崛起：东亚模式与中国道路》，《学术月刊》2019 年第 10 期。

② ［美］杰里米·里夫金著，张体伟、孙豫宁译：《第三次工业革命——新经济模式如何改变世界》，北京：中信出版社，2012 年版，第 32–33 页。在该书中，里夫金以通信技术与能源体系相结合为基础，把工业革命划分为第一、二、三次革命；而施瓦布在《第四次工业革命》一书中，却根据工业革命背后的技术驱动力的不同，将由物理、数字、生物三类技术共同驱动的当今工业革命称为第四次工业革命。

力能源、无生命的能源只占6%，而1950年世界能源结构刚好反过来，世界能源使用总量中人力、畜力能源占比6%、其余则来自无生命的能源；[①] 相信，随着第四次工业革命的发展深化，以智能化工业技术为基础的世界能源结构，势必会呈现无生命的能源占比更低的能源使用总量特征。当今世界，经济社会可持续发展已越来越为各个国家和地区所共识，生态优先、绿色发展为取向的产业发展路径也成为越来越多的发达和欠发达国家的共同选择，相应地，建构低碳绿色能源为主导的现代能源结构也就会为越来越多的国家和地区所选择。据此，可以肯定地说，世界经济发展、产业发展和能源发展中，综合实力、竞争力和可持续发展能力的竞争将日益成为由高碳化石能源主导的传统能源结构向低碳绿色能源主导的现代能源结构加快转型的竞争。

——信息、大数据、网络。何为信息？现代信息概念已不能以往所谓的“消息或知识”等来通俗表达了。克劳德·香农（Shannon，C. E.）在其《通信的数学理论》一书中指出：通信的基本问题是，在一点精确地或近似地复现在另一点所选取的讯息。而这些讯息往往都带有意义。[②] 从这段文字中，我们可以将信息理解为“讯息”，包括自然存在的事物的各种特征讯号，如天体的运动轨迹及其变化、地震征兆、动物发出的声音等；以及人类社会经感知、肢体和语言表达、文字表达和传递等的消息，通过对自然、社会和人类思维等演进规律的认识所形成的文化、科技、经济、法律、军事等知识。一部人类社会发展史就是信息演进史，

① ［匈］约瑟夫·努伊拉斯主编，仇启华译：《世界经济现行结构变化的理论问题》，北京：人民出版社，1984年版，第140页。

② ［美］詹姆斯·格雷克著，高博译：《信息简史》，北京：人民邮电出版社，2013年版，第1页。

信息从非洲会说话的鼓等信号，到文字、词典、编码、电话、电报，再到熵、比特、生物基因、随机性等的演进过程充分证明了物理学家约翰·惠勒（Wheeler，J. A.）所言："万物源自比特。"[①] 塞萨尔·伊达尔戈（Hidalgo，Cesar）认为，经济增长的本质是信息的增长。非稳态系统、固体物理和物质的可分析计算能力三者，是宇宙中信息存在与增长的物理机制。人类算是代表了物质的分析计算能力的最高水平。信息的发展是整个人类经济发展的核心，而正是人类分析计算能力的进步，加上人类创新产物的长期积累，才有了信息增长进而促进经济的增长。就可持续增长与发展而言，因为储藏了丰富的信息，所以，当这个宇宙不断发展、熵值不断增长时，我们的星球则继续走在一条抗争着这一趋势的路上。[②] 从现代经济社会发展的角度可以说，包括巨量科技信息在内的信息是第一生产力。这是因为社会生产力的系统性和开放性使然，信息既可以按照一定的功能要求使产业及其次生产业发展的各种生产要素得以组合成为系统，从而克服乃至消除不确定性；也可以沟通整个有机联系组成的产业及其次生产业发展的生产经营系统与外部环境，包括自然、经济、社会、政治、文化、军事等的种种联系，获取如气候、水土资源、地理概貌等自然信息，生产供需、体制—政策、国际环境等经济社会信息，从而最大限度地克服由于信息不对称所带来的预测和决策失误，保证生产经营系统顺利、均衡和高效运行。

大数据让我们充分认识到本质上世界是由信息构成的。大数

---

① 参见［美］詹姆斯·格雷克著，高博译：《信息简史》，北京：人民邮电出版社，2013 年版，第 7 页。

② ［美］塞萨尔·伊达尔戈著，浮木译社译：《增长的本质：秩序的进化，从原子到经济》，北京：中信出版社，2015 年版，第 206-207、211 页。

据发展的核心动力来源于人类测量、记录和分析世界的渴望，正是大数据让世界乃至宇宙一切皆可量化，进而可以认为，这也让信息构成之决定性因素的物质计算能力的充分发挥具有了无限广阔的本来空间。正是“数据化”——把现象转变成可制表分析的量化形式，而不是如尼古拉斯·尼葛洛庞帝（Negropongte，N.）在《数字化生存》（Being Digital）中所谓的“数字化”——把模拟数据转换成用0和1表示的二进制码，才使信息技术革命的重点由“T”（技术）转到了“I”（信息）上，进而才使一切皆可量化、量化一切成为数据化的核心：文字、图像等可以变成数据，数字图书馆应运而生；地理方位可以变成数据，新的卫星定位系统和多效地理定位系统相继产生；人类沟通可以变成数据，社会关系数据化为基础的现代社交网络平台纷纷建立……一旦世界被数据化，则只有那你想不到，而没有信息做不到的事情了。①

网络是事物联系的形式，可以包括自然事物之间、人与自然、人与人、人与社会之间的各种联系的形式。其中，人类神经网络对人的行为及其选择的影响，作为人与人、人与社会之间关系的形式表现的社会关系网络及其复杂的社会网络系统，以及建立在数字化、数据化基础上的充分运用智慧化计算机技术的互联网时代的社会网络系统，日益成为产业发展的基础性决定力量。互联网时代是一个经济运行在信息高速路快车道上的“后信息时代”：是一个“不光空间改变，连时间也改变了”的时代；是一个“随选信息”（on-demand information）的“数字化生活”时代；是一个“一网打尽全世界”的时代。数字化生存有四个强有力的特质：

① ［英］维克托·迈尔-舍恩伯格、肯尼斯·库克耶著，盛杨燕、周涛译：《大数据时代》，杭州：浙江人民出版社，2013年版，第97-126页。

分散权力、全球化、追求和谐和赋予权力。[①] 产业及其次生产业的发展是在企业生产经营、经济组织和社会系统中进行的，因此，社会关系网络或社会结构等对包括产业发展在内的经济行动的影响是一定的。马克·格兰诺维特（Granovetter，M.）关于经济行动镶嵌（Embeddedness）在社会网络中的理论对此作出了重要贡献。他认为，经济生活中，具体的关系以及关系结构或称“网络”能产生信任，防止欺诈。商业关系和社会关系密不可分。公司间的社会关系对秩序的贡献比原本“市场或科层”思考方式想象得要重要些，而公司内的威权则没有想象的那么有效力。一个较均衡而对称的想法会注意到市场内各公司间的权力关系以及公司内的社会连带。最重要又最少人探究的机制之一就是，现代社会本质或政治经济变迁如何影响人际关系，而经济生活又深深镶嵌在这类关系之中。小公司在市场上能够生存是因为紧密的社会关系网络变成联结它们的商业关系网，从而减少了必须要垂直整合的压力。在劳动力市场研究方面，经济学一般忽略经济动机与非经济动机的交互作用。当我们在与别人的互动中寻求经济目的时，常常也混杂着追求社会交往性、认可、社会地位以及权力等等。当一个人换了一系列工作后，他或她所得到的绝不只是人力资本而已，更得到了，也是更难被解释为投资现象的一系列同僚，这些人深知他或她的能力与品格。专业、技术与管理人员的流动，是透过他们职业生涯中或职业生涯开始之前得到的个人社会网络

① ［美］尼古拉·尼葛洛庞帝著，胡泳、范海燕译：《数字化生存》，海口：海南出版社，1997年版，第93、191、194-195、198、211、269页。

进行的。①

总之，现代经济社会发展系统中，产业及其次生产业发展的决定性、基础性和根本性影响因素乃至直接驱动力，正是信息、大数据和网络，数字化、数据化的信息在改变了产业及其次生产业发展结构的同时，也改变了产业发展的时间组合和空间组合；大数据不仅使技术革命的重点由“T”（技术）转到了“I”（信息）上，进而使一切皆可量化、量化一切成为数据化的核心，而且使信息成为产业发展的本质得到充分体现，使整个经济社会发展进入万物互联、内在联系得以越来越充分体现的网络时代；而互联网时代的到来，则使信息对经济社会发展、特别是现代产业发展的决定性、基础性和根本性贡献得以越来越充分地体现，也使得现代社会系统的网络化特征越来越显著。

——规制供给。这里，规制是法律、法规、法令、政策、国家战略规划、社会习俗习惯等的统称。从对产业发展产生影响的角度看，规制供给主要包括四个层次：宪法决定的国家根本政治制度，基本经济制度等；法律、法规、法令和政策等对经济社会行为进行制度性约束的规范；国家战略规划以及相应的战略举措对经济社会活动的中长期安排；社会习俗习惯的形成对适应和满足经济社会预期和经济社会需求的影响。例如，我国宪法及其所决定的根本政治制度、基本经济制度等制度规范又决定了，产业发展必须坚持以人为本，以维护和实现最广大人民的根本利益为取向；必须坚持公有制为主体、多种所有制经济共同发展，必须坚持按劳分配为主体、多种分配方式并存；必须坚持社会主义市场

① ［美］马克·格兰诺维特著，罗家德译：《镶嵌——社会网络与经济行动》，北京：社会科学文献出版社，2007 年版，第 11、18、25、31-32、99、107-109 页。

经济体制，充分发挥市场在资源配置中的决定性作用，更好发挥政府作用；必须全面贯彻新发展理念，坚持以供给侧结构性改革为主线，加快建设现代化经济体系。商业银行法、担保法、投资法、税收法、审计法、反垄断法、知识产权保护法、外商投资法、民营经济发展促进条例、外商投资指南、民法以及中央政府和地方政府出台的一系列法规和政策，都直接对产业发展方向、产业规模和结构、产业投资经营时序、产业空间布局、产业组织等产生影响，这对国内外产业发展概莫能外。经济社会发展的国家战略规划及其相应的战略举措，决定了产业发展的中长期结构演进态势、时序组合和空间组合。例如，《中华人民共和国国民经济和社会发展第十四个五年规划和 2035 年远景目标纲要》就对建立现代产业体系从制造强国、战略性新兴产业、服务业、现代化基础设施体系等进行了规划，并具体涉及规划期间相应产业结构演进、时序组合和空间组合的任务要求和措施安排。社会习俗和习惯是影响产业发展的“软规制”，在现代产业发展理论及其计量模型中，已经越来越引起主流经济学家的注意。例如，在生产函数模型中引入社会习俗习惯作为内生变量，对产业发展的全要素生产率进行计量；也有演化经济学、行为经济学、实验经济学等的权威文献，分析社会习俗习惯对经济主体行为及其选择的定性或定量描述。实际上，产业发展之所以要本土化、大众化、时代化，就是因为社会习俗习惯的影响并不是产业发展的外生变量，而是一个深层次的内生变量。在当今以信息化、网络化、数字化、智能化、生物化为显著特征的产业革命浪潮兴起的时代，更应该考量人的行为选择及其由以形成的社会习俗习惯这一深层次、持续影响，甚至起着决定性作用的变量。

——文化影响。文化对产业发展的影响可以从文化的广义和狭义上加以理解。广义的文化，是指人类文明演进历程中所创造的物质财富和精神财富的总和，也就是人类认识自然、顺应自然、利用自然，进而与自然和谐相处过程中，所发现、发明和创造的一切社会实践成果，都属于文化的范畴。狭义的文化，仅指文学、艺术、教育、科学等社会意识形态或即精神财富，也包括社会制度文化。这里，主要就科技文化、科技知识、社会主流意识形态或核心价值观、文化艺术等对产业发展的重要影响作一概要分析。就科技文化而言，最重要的当属科技创新文化环境对产业发展的直接和间接影响。国际经验充分证明，一个国家和地区科技创新文化环境如何，从根本上决定着其产业发展过程中所需要的创新、创意和创造成果水平，进而从根本上决定着其科技实力和产业发展的综合竞争力。西方发达国家和地区自产业革命以来所取得的巨大成就，就是其高度重视科技创新文化的结果，这已成为人类共识和欠发达国家纷纷借鉴的最主要的成功经验。新中国成立以来，特别是改革开放以来中国所取得的经济乃至整个经济社会发展的世界奇迹，根本成功经验之一也是越来越重视科技创新文化对产业、经济以及整个经济社会发展的引领性驱动作用。中共十八大以来，习近平总书记更是提出了以创新为首的“创新、协调、绿色、开放、共享”新发展理念，并不断强调创新是引领发展的第一动力；要推进以科技创新为核心的理论创新、制度创新、科技创新、文化创新等各方面的创新；实施创新驱动发展战略。进入新时代，中国经济社会发展正在按照新发展理念的要求，以推动高质量发展为主题，全面推进社会主义现代化国家建设进程。就科技知识而言，现代科技知识及其普及，已成为产业发展的内生变量，并且在主流经济学家关于影响产业发展绩效的定量分析模型中，例如生产函数计量模型中，已经作为最主要的内生变量加以对待。就社会主流意识形态或核心价值观而言，例如产业发展是以人为本还是见物不见人，这在产业发展过程中，影响着诸如产业投资方向、产业投资规模、产业结构、产业时序组合、产业空间组合、实体产业与虚拟产业的比例关系、民生紧密相关产业与其他产业之间的比例关系等的合理选择。就文化艺术而言，文化艺术作为深刻影响人类价值观、人类情感、人类行为的因素，会通过其特有的语言交流、形象塑造、性格表现等形式，直接或间接地教育、感化、触动和激发受众的情绪和行为，并将这些影响结果内生化为产业，特别是文化创意、文化旅游产业以及其他相关产业及其次生产业发展过程中。

此外，制度文化也直接和间接地深刻影响到产业及其次生产业发展。诸如，建构制度的文化传统和时代背景，以人为本还是见物不见人，崇尚高度集权还是分权，认同垄断还是竞争，重视实体经济还是虚拟经济，乐见对外开放还是偏重保守封闭，讲究团队精神、合作、共赢还是崇尚个体奋斗、极端竞争、利益寡占，等等，都是表征制度文化特性的重要组成部分，进而深刻影响到产业发展的取向、规模、结构、空间组合和时间组合，乃至深刻影响到产业发展的路径选择、模式、绩效和未来走向。道格拉斯·诺斯（North，Douglass C.）在《经济史中的结构与变迁》一书中指出："结构"是决定实绩基本因素的社会特征，包括社会的政治和经济制度、技术、人口及意识形态。社会强有力的道德和伦理法则是使经济体制可行的社会稳定因素。知识存量的累积对政治和经济制度的长期变迁起了潜移默化的作用。[①]

——开放经济。经济全球化时代，开放经济对产业及其次生产业的发展影响深远。这些影响包括涉外规制、涉外投资、涉外贸易、涉外服务以及涉外交流与合作等。在涉外规制的影响方面，涉外税收、涉外金融、涉外投资、涉外民事法律、涉外产业指南、涉外企业兴办指南等等，都会对涉外产业的投资方向、投资规模、投资结构、投资空间、投资时序、投资绩效等产生直接影响；乃至涉外“软规制”如国民对外开放和交流合作的意识形态规范、语言选择规范、交流合作礼仪规范等，都会通过涉外产业发展、进而对整个产业发展产生显著影响。在涉外投资方面，涉外投资又包括对外投资和利用外资两方面，涉外企业的兴办直接决定生产什么和生产多少，产品品种和数量规模的变化直接影响到原有的产业及其次生产业结构；涉外企业中间产品的供应结构和最终产品的销售结构的变化直接影响到国内产业结构的变化；涉外企业，特别是外资企业的技术、管理和运营创新等直接或间接地影响到一国或一个地区的产业技术结构、产业组织、空间组合和时序组合等。在涉外贸易方面，通过资源、产品、技术、劳务等的交换，涉外贸易既可以刺激国内需求增长又可以增加国内供给，从而影响国内产业结构；涉外贸易既可以充分利用两个市场、两种资源和涉外专业化分工以取得比较优势、获取比较利益，又可以弥补国内商品、技术、信息等的供给不足以及开拓外部市场，为国内同类产业的发展创造条件。在涉外服务方面，又包括服务外包和外出服务两方面，前者可以充分利用国外人才、科技、管

① ［美］道格拉斯·C. 诺斯著，陈郁、罗华平等译：《经济史中的结构与变迁》，上海：上海人民出版社，1994 年版，第 3、51、232 页。

理和市场资源，培育和发展本国服务业发展乃至产业结构高级化，产业组织演进，产业发展空间和产业发展时序优化；后者可以充分发挥本国的人才、科技、管理等的禀赋优势和市场竞争优势，实现涉外服务的双赢，进一步增强产业发展所需要的涉外影响力、带动力、竞争力。在对外交流合作方面，通过人文、科技、教育、经济、社会、政治、环保、军事等各方面的全方位、深层次、共享共赢性交流和合作，增强人类命运共同体意识，加强彼此之间的友谊，进一步拓展利益共同体发展空间，促进全球产业分工和专业化，在互联互通、合作共赢中打造蓬勃发展的全球产业链，实现全球产业发展的系统绩效。

需求因素，包括消费需求，又可以分解为消费需求规模和消费需求结构两方面，如人口规模和结构、人均收入水平和结构，个人消费结构和消费时尚；中间需求，包括中间需求规模和结构；中间需求与最终需求二者之间的结构；消费与投资二者之间的结构；投资需求，又可以分解为投资需求规模和投资需求结构两方面，包括总投资规模和结构、各类投资的规模和各类投资内部相互之间的结构等。

——消费需求。在消费需求规模和结构方面，社会总消费和社会总消费结构决定着社会总产出的规模和结构，进而决定着社会扩大再生产中产业发展的总规模和结构；产业及其次生产业的需求规模和结构决定着该产业或行业的扩大再生产规模和结构；而人口规模和人口结构、人均收入水平和个人消费分配结构，个人消费商品和服务规模和结构，以及个人消费时尚等，则直接决定着产业或行业消费规模和消费结构，进而决定着社会总消费规模和社会总消费结构。

——中间需求。中间需求规模，如原材料、零部件、软件乃至如计算机等整机的投入需求规模，既决定着产业发展的投资规模，也决定着最终产出的规模，进而决定着社会总产出的规模和社会扩大再生产的规模；中间需求结构，如原材料、零部件、软件、计算机相互之间的比例关系，以及这些中间投入品各自内部组成部分相互之间的比例关系，决定着产业及其次产业的投入结构、产出结构，进而决定着社会总产出的结构，复而决定着社会扩大再生产中的产业结构。

——中间需求与最终需求二者之间的结构。中间需求与最终需求之间的比例关系，直接决定着产业或行业的产出结构、产业技术结构，进而决定着社会再生产中的产业结构和产业技术结构。随着产业结构的复杂化、有机化乃至智能化，中间需求与最终需求二者之间的结构影响因素越来越引起主流经济学家的关注，因为这会引致对产业全要素生产率计量模型的新的设计和选择，也会引致对以往把最终产出作为产出变量计量产业发展绩效所存在的局限性或显著缺陷问题的应有纠正。深入分析可见，中间需求与最终需求二者结构的影响因素包括产业发展的专业化分工、协作水平，生产要素、资源的利用率，最终产品的性能、品质、科技含量和相应的制造、加工技术的复杂程度等。

——消费与投资二者之间的结构。消费与投资之间的比例关系直接决定着消费资料产业与资本资料产业之间、或者轻工业与重工业之间的比例关系，进而决定着产业或行业的中间投入结构、总产出结构和扩大再生产中的产出结构。

——投资需求。总投资规模和结构，直接决定着产业总产出规模和结构，进而决定着扩大再生产中的产业投资规模和结构；

各类投资的规模和各类投资相互之间的结构，决定着各类产出的规模和结构，后者如产品和服务的种类、品质、要素及其组合含量、产出绩效等，进而决定着扩大再生产中的投入规模和结构、行业产出规模和结构、产品门类和结构等。

——开放经济因素，包括对外投资、出口商品、对外服务、国际规制及其文化、国际政治、军事和安全等环境、对外交流和合作。对外投资、出口和服务，既可以开拓国际市场，拉动社会总需求，提高产销率，又可以充分利用国内资源禀赋优势、产业发展优势，借以提高产业发展的国际竞争力；实现税收、金融、投资等规制国际化，营造符合国际惯例的规制文化氛围和环境，可以极大地促进对外投资、增强出口产品的外部认同感和美誉度，扩大对外服务的范围、领域和绩效；良好的国内外政治、军事和安全环境，可以极大地增强涉外投资、产品和服务出口生产经营的安全感和意愿，进而促进涉外产业发展和扩大对外投资规模与水平；包括人员、人才、科技、教育、经济、文化、社会、政治、环保以及军事等在内的全方位、宽领域、深层次的对外交流与合作，可以有效促进跨境生产要素的顺畅流动，提高生产经营的专业化分工与协作水平，充分发挥产业发展的比较优势、特别是动态比较优势，提高对外投资、对外贸易和对外服务的竞争力和综合实力，进而促进开拓国际市场、扩大产业发展规模，优化涉外产业结构和产业技术结构乃至整个产业结构和产业技术结构、空间布局和发展时序，改善和创新相应的产业组织，最终，取得更加显著的产业发展的规模效益、范围效果、协同绩效，使得涉外产业发展交流与合作各方合作共赢，并不断增强进一步交流与合作的意愿，抛弃“零和博弈”，展开“正和博弈”，在全球产业发展和经济社会发展的良好秩序和良好环境中开创可持续发展新时代新局面，共同建构人与自然生命共同体以及人类命运共同体。

3. 产业结构演变规律的实现条件。所谓规律或法则、规则，是指自然界和社会诸事物之间的必然、本质、稳定和反复出现的内在关系及其表现，是客观存在和不以人的意志为转移的、内在联系的事物在矛盾运动中的必然结果。它决定着事物发展的发展趋势，而且是客观存在和不以人的意志为转移的。人们对客观规律的认识或规律的实现需要一定的条件。对于产业发展规律而言，基于上述从供给和需求两方面所分析的产业发展影响因素，充分考虑这些影响因素的综合影响对产业发展规律实现条件的决定作用，加上不同产业的产业比价关系、投入产出的统计口径和发展绩效的量化分析方法等因素，对产业发展规律实现条件作如下归纳和总结。

——规制条件。社会制度、特别是社会基本制度以及具有制度属性的经济体制、特别是现代市场经济体制，从根本上规定了产业发展的方向、结构、布局和时序等。社会主义制度、特别是社会主义市场经济体制条件下的产业发展，其根本取向是以人为本、为最广大人民的根本利益服务，产业结构演进过程是充分体现劳动者价值、劳动剩余贡献的过程，是珍惜、节约包括劳动力资源在内的人力资源且把其视为第一战略资源的过程；也是把生产力、特别是劳动生产力作为产业发展的决定性因素，注重产业发展供给侧结构性改革的过程。这一产业结构演进的结果，必然是广大劳动者得以最大激励、人力资源得到充分利用、生产力得以最大限度地解放和发展的产业结构，在不同发展阶段上，这一产业结构的具体形态可能表现为劳动密集、技术密集、人力资本密集乃至智能化的结构特征。而资本主义制度、特别是资本主义市场经济体制条件下的产业发展，其根本取向是私人利益最大化和为利益集团服务，是实际上轻视、浪费包括劳动力资源在内的人力资源、物质资本至上的所谓“见物不见人”的过程；也是实际上难以把生产力、特别是劳动生产力作为产业发展的决定性因素，注重需求侧管理的过程。这一产业结构演进的结果，必然是少数富有的资本拥有者得到最大激励、人力资源难以得到充分利用、生产力难以得到充分解放和发展的产业结构，在不同发展阶段上，这一产业结构的具体形态常常表现为资本密集、技术密集、人力资本密集乃至智能化的结构特征。在社会主义制度、特别是社会主义市场经济制度下，高度重视各方面产业发展利益关系的协调，能够通过充分发挥市场对于资源配置和调节的有效作用和更好地发挥政府的作用，卓有成效地调控产业发展的空间布局和时序安排，实现产业发展空间结构和时序结构的优化，形成产业发展动态均衡的良好格局。也就是说，在社会主义制度和社会主义市场经济体制条件下，产业发展一般不会出现门类畸重畸轻、空间布局失衡、时间安排时序的混乱局面。而在资本主义制度和资本主义市场经济体制下，产业发展利益关系失调是常态、特别是容易出现两极分化问题，偏重市场机制调节作用的发挥，市场机制调节的唯利性、随机性、盲目性常常导致产业结构、产业空间布局和产业发展时序失衡，进而频频引发结构失衡型经济危机，进一步加剧产业发展的结构失衡问题及其解决的难度。

——要素禀赋。一般来说，欠发达国家和地区在工业化初级阶段，往往因为国民产出水平、投资规模和利用外资规模有限等原因，首先选择生产要素丰裕程度较高的商品和产业来发展。瑞典经济学家赫克歇尔（Hecksher，EliFilip）和俄林（Ohlin，Bertil Gotthard）共同提出的“生产要素禀赋理论”、又称为“H-O定理”认为：各个国家和地区通过国际贸易所获得的比较利益大小，取决于其生产要素丰裕程度高低，而后者决定了生产成本高低，进而决定了商品价格水平；生产要素丰裕程度较高，生产成本就较低，商品价格相对就低，密集地使用丰裕程度较高的生产要素进行商品生产和贸易时，就必然会产生较高水平的比较利益。① 但是，长期依赖于丰裕程度较高的资源，如矿产资源等生产商品和发展产业，最终会因为该资源越来越稀少乃至短缺导致生产成本提高和资源加工型商品相对价格的提高，使得通过短期内相对价格较低的资源密集型产业的增长和发展陷于停滞，这又会导致所谓的“低水平收入陷阱”，即低收入水平的欠发达国家将长期陷入因依赖资源密集型产业发展而最终使国民收入水平难以赶超高收入水平国家的困境，产生所谓的“赢者的诅咒”（winner’curse）问题。另一方面，资源稀缺国家和地区，却可以通过高水平、宽领域和深层次对外开放，借助国际贸易和市场机制对资源利用和配置的有效作用，充分利用国内外两个市场、两种资源，吸引境外和加快国内稀缺资源和生产要素的顺畅流动，破除资源和生产要素对产业发展的约束，获取所谓“动态比较优势”，进而获取更高水平的比较利益，不断提高全要素生产率，不断提高社会总产出和国民收入水平，保持产业发展和整个经济社会发展的先进水平乃至领先水平。所以，资源禀赋程度虽然在一定程度上决定着

① 这一理论还可以有如下推论：自由贸易条件下，生产专业化不能充分实现，因为密集使用丰裕生产要素的结果，将导致生产成本的提高，使商品价格高于国际市场价格，扩大这类商品的生产将难以为继；自由贸易将导致各国的生产要素价格趋于均等；国际贸易通过各国生产要素价格趋于均等，从而改善国内收入分配不均的状况。

一个国家和地区产业发展、特别是决定着处于工业化初期的欠发达国家和地区产业结构一般以资源密集型产业主导作为选择，但是，无论从理论上还是从实践上看，这种选择不是唯一的，因为这一选择还可能因为其他产业发展影响因素的考量而改变甚至放弃。这又引发另一个产业发展的战略或政策选择问题：一个国家和地区是否会由于各种资源禀赋都比较密集，而选择门类比较齐全的产业体系加以发展；抑或一个国家和地区是否会由于资源禀赋过于单一，而选择一个主打产业乃至次生产业加以扶植和发展？这是有关一个国家和地区产业发展的“体系完备性”问题。无论理论上抑或实践中，充分考虑到产业发展的种种影响因素，对此问题的回答和解决也同样不会是唯一的。例如，一个国家和地区如果土地、气候、温度等自然条件好，当然适合发展农业；同时，如果矿藏资源门类比较齐全且各类矿藏资源的储量大、丰度高，也有发展资源加工制造工业的比较优势，又有条件和能力充分发挥农业和工业对服务业的旁侧联系效应，则该国家和地区产业发展的“体系完备性”就可以得到应有的体现，发展起第一、二、三次产业门类比较齐全、相互之间的比例关系比较合理的产业体系。中国工业化发展初期的产业体系选择以及直到如今的比较齐全的产业发展体系的确立，正是基于产业发展“体系完备性”的充分考量并同时考虑到种种产业发展影响因素的结果。《中华人民共和国国民经济和社会发展第十四个五年规划和2035年远景目标纲要》提出：要形成强大国内市场，构建新发展格局，坚持扩大内需这个战略支点，加快培育完整内需体系；立足国内大循环，发挥比较优势，协同推进强大国内市场和贸易强国建设，以国内大循环吸引全球资源要素，充分利用国内国际两个市场两种资源，积极促进内需和外需、进口和出口、引进外资和对外投资协调发展，促进国际收支基本平衡。这里的规划内容、任务和要求，正是基于国内产业体系比较完善、产业链条有机完整的考虑，在进入新时代，面临国内社会主要矛盾已经转化为人民日益增长的美好生活需要同不平衡不充分的发展之间的矛盾，世界经济运行不稳定、不确定性更加凸显的发展环境所作出的正确选择。国际经验也已经充分证实，产业体系完备性往往是世界各个国家和地区进行产业发展方向、产业结构演进、产业组织创新和产业政策优化等产业发展所作谋划选择的主要考量条件。

——人力资源。劳动者作为生产力的根本决定因素、人力资源作为第一战略资源，是产业发展规律实现条件的最基本维度。如果劳动力缺失，就难以发展劳动密集型产业，加上由工资刚性基础上叠加的劳动需求大于乃至远远大于劳动供给所决定的劳动力市场价格的居高不下，产业结构往往会呈现资本密集或技术密集的结构特征。而在欠发达国家和地区工业化初期，由于国民总产出水平低难以提供更多的劳动投入，加上对外开放水平也比较低，靠外部劳动市场吸纳国内短缺劳动力的规模十分有限乃至没有条件，这进一步固化了劳动密集型产业发展主导的结构特征。在包括一般劳动力和有知识的人力资本两大部分的人力资源中，人力资本是最重要的产业发展战略支撑力量。舒尔茨（Schultz, T. W.）于20世纪50年代提出了“人力资本”的概念，并用来解释经济增长的源泉问题。他认为人力资本是对人的投资，由此获得的知识和技能存在于人体之内；人力资本也像对机器设备、建筑物、存货等投资所获得的物质资本一样，是前期投入的结果且都能够提高生产率。加里·S. 贝克尔（Becker，Gary S.）指出：

人力资本分析的假设前提是，个体通过比较收益和成本，从而对教育、培训、医疗服务以及其他有利于增长知识和增进健康的事情作出决定。收益不仅包括收入的提高和职业的改善，而且包括文化及其他非货币性收益，而成本则通常主要由先前花费在这些投资上的时间价值所决定。[①] 弗里茨·马克卢普（Machlup，F.）认为，社会投资的知识在知识生产和国民产出之间存在着双向关系，这种投资的成功会加速国民产出的增长，而国民收入的增长又使知识生产有更多投资。这种双向关系既适用于高度发达国家，也适用于发展中国家。在发展中国家，阻碍发展的众多因素之一，就是没有教育方面的先行投资，这使得劳动生产率提高的希望很小；而低生产率决定的收入微薄，提供这种投资的希望又很小。在发达国家，这种相互促进关系则使得发展更快：教育、科学和技术的发展提高了收入，提高的收入又促进了更多的教育、研究和开发方面的投资。[②] 劳动工资和人力资源的激励制度对调节劳动供求和人力资源市场供求，从而对产业发展中劳动资源和人力资源的配置将产生显著影响。对于一个国家和地区来说，一般的，劳动工资和人力资源激励成本高，就往往选择劳动和人力资源节约的产业及其次生产业的发展；相反，劳动工资和人力资源激励成本比较低，就往往选择劳动和人力资源密集的产业及其次生产业发展。特别需要指出的是，由于人力资本对产业发展国际竞争力的战略性决定作用，所以，通过产权、股权和期权等长期激励措施，以及加大加强人力资本投入水平的重大举措，已经成为越

---

① ［美］加里·S. 贝克尔著，李杰、王晓刚译：《偏好的经济分析》，上海：上海三联书店、上海人民出版社，2015 年版，第 165 页。

② ［美］弗里茨·马克卢普著，孙耀君译：《美国的知识生产与分配》，北京：中国人民大学出版社，2007 年版，第 310 页。

来越多的国家和地区产业发展的选择，由此引致了人力资本密集产业的快速发展。此外，对外开放水平的提高，也使得劳动和人力资本资源要素在全球范围内更加顺畅流动，越来越多的国家和地区选择吸纳境外劳动力和人力资源服务外包等，以弥补相关产业发展的短缺和急需；或作为战略新兴产业发展支撑力量的必要条件。

——科技进步。科技进步作为产业发展规律的实现条件主要体现在四个方面：科技进步产业自身发展作为产业发展规律的实现条件，科技进步对第一、二、三次产业及其次生产业发展的驱动作用作为产业发展规律的实现条件，科技进步的对外合作作为产业发展规律的实现条件，以及科技进步驱动未来社会发展作为产业发展规律的实现条件。首先，科技进步产业自身发展是产业发展规律的根本性决定条件。现代统计中，科技进步产业自身已经是一个独立的产业门类，特别是在服务产业统计中，更是一个占据很大比重且具有越来越大占比趋势的产业门类，这会对由各个产业发展产出汇总而成的国民总产出及其产业结构产生重要作用。其次，科技进步对第一、二、三次产业及其次生产业发展的驱动作用作为产业发展规律的实现条件。没有科技进步，包括第一、二、三次产业及其次生产业在内的一切产业及其次生产业发展都会缺失最可靠的支撑，包括具有科技含量足够高的物质技术装备，特别是机器设备、计算机、电脑、软件设施等，以及科技理念、创意、知识、路线、方法、工艺、管理、组织以及科技应用系统集成等软件支撑。这一切，将从根本上影响实现产业发展应有的产业体系和产业结构的“完备性”，也可以说，它们是产业发展规律能否存在和实现的决定性条件。第三，科技进步的对外合作作为产业发展规律的实现条件。科技进步对外合作，包括境内外科技进步的双边、多边合作和交流。既可以引进境外先进的科学技术加以消化、吸收、利用和再创新，也可以输出自主研发的科学技术，经过境外使用获取进一步完善、改进和创新、创造的有用信息。进而，都会有助于加快产业发展的科技进步步伐，进而促进产业发展合规律进行，比如产业发展更高程度的高级化、产业比例关系更加合理化等等。第四，科技进步驱动未来社会发展作为产业发展规律的实现条件。丹尼尔·贝尔（Bell，D.）指出：建立在科技进步基础上的后工业社会的社会结构将体现在理论知识的首要性，智能新技术的出现，知识阶级的扩展，从商品转向服务，工作主要是人与人之间的竞争所决定的人们不得不学会如何相处，为妇女提供了更多的就业机会，科学已变得与技术、军事、社交技术和社会需要等密不可分，工业场所成为政治单位，能者统治，信息匮乏和时间匮乏及其所导致的短缺资源的有效分配问题，信息经济学的构建等 11 个主要方面。[①]

——金融支撑。现代金融是现代产业发展的重要支撑，因为现代经济建立在货币最基本的价值、流通、储存、支付手段以及世界货币的基本职能之上并将这一基本职能所决定的种种作用充分发挥和尽数放大在经济社会发展全过程，以及在社会再生产生产、交换、分配、消费等各个环节和全生命周期中，从而可以说，现代经济和现代产业发展也就是货币经济、现代金融经济的发展。现代金融作为产业发展的投融资手段、方式和基本途径，由于已经历史地演进为直接融资与间接融资、银行与非银行金融机构融

① ［美］丹尼尔·贝尔著，高铦、王宏周、魏章玲译：《后工业社会的来临》，南昌：江西人民出版社，2018 年版，“序言”第 73-75 页。

资、国内融资与境外融资，加上各种现代金融衍生工具的发明与创造，对包括产业结构、空间布局、时序安排乃至产业组织等在内的现代产业发展，带来了空前未有的崭新变化。首先是现代金融产业自身的发展，为现代服务业发展带来了生机和活力，而且日益成为现代服务业创新发展越来越重要的组成部分，加快了现代产业结构向现代服务型产业主导的转型。其次，现代金融对自身发展之外的其他产业，包括现代农业、现代工业以及其他现代服务业及其次生产业的作用呈现越来越大的趋势。詹姆斯·托宾（Tobin，J.）于1969年提出了一个著名的系数，即“托宾Q”系数（也称托宾Q比率）。该系数为企业股票市值对股票所代表的资产重置成本的比值，即托宾Q比率=公司的市场价值/资产重置成本。这里，分子上的价值是金融市场上所说的公司值多少钱，分母中的价值是企业的“基本价值”——重置成本。公司的金融市场价值包括公司股票的市值和债务资本的市场价值；重置成本是指创建该公司需要花费多少钱。当Q>1时，购买新生产的资本产品更有利，这会增加投资的需求；当Q<1时，购买现成的资本产品比新生成的资本产品更便宜，这样就会减少资本需求。“托宾Q”理论沟通了虚拟经济和实体经济的联系机制，揭示了货币经由资本市场而作用于投资的一种可能。第三，现代金融作为宏观经济有效调控手段，由于货币银行包括公开市场操作等的各种操作，存款准备金率、利率、汇率调节等的适机运用，资本市场上的资产组合收益率、市盈率、债务收益率、基金投资收益率等的调控，建立在货币、债券、股票等传统金融工具的基础上衍化和派生的，以杠杆和信用交易为特征的金融衍生工具的创新组合使用等，使得经济发展、产业发展的调控政策的“篮子”“工具箱”越来越复

杂多样，调控空间越来越有弹性，对产业发展的产业结构演进、空间布局、时序安排绩效的作用越来越显著。第四，伴随经济全球化的深化，在高水平、宽领域和深层次对外开放条件下，包括吸引外资、对外投资、合资合作等各种涉外融资的规模、结构和绩效对产业发展的作用也越来越显著。如今，在债务可控、风险可控的前提下，负债经营已经成为各个国家和地区选择的常态，在充分发挥积极财政政策有效作用的同时，建构金融支撑平台和现代金融体系以保证产业发展规律的应有的实现条件，已经成为越来越多的国家和地区必须首先考量的重大事项之一。

——地理空间。地理空间是包括陆、水、空域三个维度在内的立体空间，是土地地质、地形、地貌、地下矿藏资源，气候、空气、温度、湿度，陆地水域、海洋水域、地下水域等水资源，地理位置、交通条件，森林、草、沙、冰，动植物等有机组成的复合空间。土地肥沃、土壤性质合适，加上气候、温度和水资源等的合适条件，往往是农业发展的先决条件；矿藏资源门类、含量频度、储藏规模，加上良好的地理位置和交通条件，常常决定了加工制造业的发展状态；良好的地形、地貌、生物多样性、气候、水源、温度等，加上良好的地理和交通条件，也是交通运输、旅游业等发展的现实基础。各种地理空间组成部分的有机结合和完备性，就从基础上决定了一个国家和地区经济社会发展的历史、现实基础、发展潜力和未来前景。贾瑞德·戴蒙德（Diamond，J.）在其名著《枪炮、病菌与钢铁》中关于地理环境对各个国家和地区经济社会发展的不同所产生的重要影响总结道：不同社会之所以在不同大陆得到不同发展，原因在于大陆环境的差异，而非人类的生物差异。只有在能够积累粮食盈余的稠密定居人群中，也就是依赖公元前 8500 年出现的农业崛起作为粮食来源的人群中，才有可能诞生先进技术、中央集权的政治组织和其他复杂社会特征。[①]在经济全球化条件下，在信息化、网络化、数字化、智能化和生物化为特征的第四次工业革命时代，虽然我们可以在很大程度上破除地理空间对于产业发展的种种束缚，例如，通过在境外投资发展“飞地经济”[②]、合资合作、兴办海外园区，更一般地，通过投资和贸易等的便利化促进资源以及生产要素跨境顺畅流动，实现专业化分工合作基础上的产业链条全球配置，通过发达的立体化多式联运交通设施的建设，通过数字化、智能化信息网络平台建设等，极大地降低交通成本、交易成本和信息成本，极其有效地克服各种产业发展的短板、瓶颈、劣势等约束，但是，充分利用地理空间和空间环境的禀赋优势，依然是各个国家和地区产业发展必须优先考量的现实条件。

——外部环境。影响经济和社会发展、产业发展的外部环境因素包括政治、军事、经济、社会等许多方面。产业发展的外部环境条件是这种种外部影响因素的综合考量，产业发展必须科学分析这些影响因素的综合作用并对有利者加以充分利用。这里，概要分析战争与安全、地缘政治和国际竞争与合作对产业发展的显著影响。如果爆发战争，无论是世界性的、国际局部地域性的还是内战，经济社会发展、产业发展的进程则必然受到严重影响乃至中断和长久中断。因此，有一个比较安全的国内外安全环境，

① ［美］贾雷德·戴蒙德著，谢延光译：《枪炮、病菌与钢铁——人类社会的命运》，上海：上海译文出版社，2014 年版，第 479 页。

② 是指两个相互独立的行政性区域（国际或国内的）打破行政区划限制，通过跨区域的行政管理和经济开发，实现两地资源互补、利益共享、经济协调发展的一种区域经济合作模式。

就是产业发展必不可少的外部条件。在国民经济和社会发展的中长期规划中，必须把包括安全、和平等条件分析作为应有的经济社会发展、产业发展环境分析，并准确地预测安全、和平与发展之间密切联系的演化态势。地缘政治对经济社会发展、产业发展的影响越来越明显、越来越深刻、越来越久远，这是因为这涉及相关国家和地区经济社会发展的历史、文化传统、发展水平和综合实力形成对彼此乃至世界发展格局的重要影响、彼此利益关系、特别是核心利益关系的显著改变和调整等等。伴随经济全球化、地区经济一体化趋势的深化，地缘政治格局的演变态势在一个国家和地区经济社会发展、产业发展过程中，越来越成为必须充分考量乃至作为首先考量的外部条件。地缘政治变量也已经成为越来越多的主流经济学家经济分析模型中的内生变量。在经济全球化和高水平、宽领域、深层次对外开放条件下，对外国际竞争与合作已经是直接影响一个国家和地区经济社会发展、产业发展的显著的内生变量，众多的主流经济学理论也都对此作了科学分析和理论贡献。协作型竞争正成为越来越多的国家和地区的选择，因为这是一种“正和博弈”、利益共享的现代国际竞争方式，显著克服了以往那种“零和博弈”、两败俱伤的传统竞争乃至恶意竞争的内在缺陷及其对竞争秩序破坏的极大可能性。

——时代背景。产业发展规律实现条件的时代背景条件方面可以综合考量消费结构的时代变化，中间投入品需求结构的时代变化，投资需求结构的时代变化，第四次工业革命兴起所引致的各种需求结构的变化等。一个国家和地区消费结构的变化，与处于不同经济发展、不同产业发展阶段上的收入水平和消费需求标准、层次密切相关，从动态发展过程看经济发展阶段和产业发展阶段的变化则是一定时代背景下的产物。马斯洛（Maslow，A. H.）提出了关于人类需要层次理论：生理需要、安全需要、归属和爱的需要、自尊需要、自我实现需要等五类，依次由较低层次到较高层次排列。[①] 毫无疑问，这些人类需求满足条件的实现是分别在不同历史时期、不同时代背景下才能满足的。只有基本需要得以满足，才可能对更高层次的需要加以满足，而这是需要过程和时间的。一般来说，欠发达国家和地区的人民只能在较低的生活水平下生存和发展，因而生理需要等较低层次的需要才能够基本满足；而发达国家和地区的人民生活水平比较高，所以连同自我实现需要在内的各种更高层次的需要也仍然可以满足或基本满足。即使对于欠发达国家和地区或发达国家和地区，由于生活水平的绝对提高和对基本需求满足标准的提高，现代人类基本需要的层次标准也已经提高并与传统标准比较有明显变化。同时，随着人类对生活水准丰富内涵和多样性满足感的时代变迁，各种人类生活需要层次的内容和形式实际上都在不断变化着，所以，消费需求水平、消费结构的演进都是时代的产物。中间投入品需求结构的变化同样是时代的产物。在欠发达国家和地区，由于经济发展、产业发展水平低，产业结构的高级化水平也就比较低，维持扩大再生产所需要的中间投入品主要是一些技术含量比较低的劳动密集和资源密集的初加工产品，而且可替代性也比较差，这决定了中间投入品需求结构的有机化水平、高级化水平都比较低。即使是先发达国家和地区，在现代以前的时代里，产业发展和扩大再生产中的中间投入品的技术含量、加工度、可替代性和有机性也难

① ［美］A. H. 马斯洛著，许金声、程朝翔译：《动机与人格》，北京：华夏出版社，1987年版，第40-54页。

以与当今时代相比拟。在当今第四次工业革命浪潮兴起的时代，包括欠发达国家和地区人民在内的全人类的平均生活水平和基本需要标准都在不断提高，绝对贫困人口在不断减少，人们的消费结构、特别是一代又一代年轻人的生活水平和消费标准都已经发生了崭新变化、有了明显提升，出现了超越以往的第二代、第三代和第四代乃至N多代新消费特征。在社会再生产、产业发展过程中，中间投入品结构和最终产品中的投资需求像整个经济社会发展一样，出现了信息化、网络化、数字化、智能化、生物化的趋势特征。加上经济全球化、地区经济一体化的外部条件，在第四次工业革命时代面前，各个国家和地区在制定未来经济社会发展的中长期规划中，特别是在加强产业发展的顶层设计中，都应该也必须把第四次工业革命浪潮兴起所引致的社会总需求中消费需求水平及变化、中间投入品规模及变化、最终产品中投资需求规模和结构的变化等一系列崭新时代要求加以综合考量。相应的，也必须在体制—政策安排、重大举措的实施等环节和方面，制定能够适应产业发展规律的实现所要求的消费需求、中间投入品需求、投资需求以及种种密切相关的外部需求等配套规制。特别是，要充分考量一代又一代年轻人的需求水平、需求结构、需求层次和需求层次的崭新变化，加快推进消费结构的创新转型；同时，也要考虑老龄化时代到来对社会总需求变化的重要影响，进而规划和安排好相应的中间投入品需求、最终产品中的投资需求以及外部需求，进而，有效配置和调节资源和生产要素及其组合，形成乃至创造促进产业发展规律实现所需要的有利条件的形成。这里，特别要强调时代背景下如何抢抓和充分利用产业发展的机遇条件与从容积极应对困难挑战的问题。时代背景下产业发展的机遇条件稍纵即逝，不可多得，机不可失，所以，必须以只争朝夕的精神抢抓机遇；不仅如此，还应当在科学分析发展趋势的基础上，顺势而为，创造机遇，开辟新的发展空间。另一方面，则是科学应对困难和挑战，善于危中寻机、化危为机，改变劣势地位。抢抓和充分利用战略机遇，已经常态化地出现在当今中国经济社会发展中长期规划、党和国家顶层设计、各类重大战略设计和安排中。这也成为中国创造经济社会发展之世界奇迹的宝贵成功经验之一。

——比价关系。商品比价关系决定着产业发展的比较利益，从而决定着产业与产业之间的数量比例关系，也就是决定着产业结构状态：产业结构是否合理与均衡。在前述产业发展规律的传统理论表述中，我们实际上主要采用的是经验统计形式的表述，亦即产业之间的数量比例关系。所以，我们必须具体分析作为这一经验统计意义上的产业发展规律之实现条件的商品比价关系。决定商品比价关系的因素又可以具体解析为至少三个层次，即商品原始价格或不变价对商品应有真实交换价值的第一次偏离，新古典经济理论前提假设下市场供求定价对商品原始价格或不变价的第二次偏离，少数利益既得者或者利益集团对市场运行的操控和人类的动物性所决定的市场价格对有序竞争市场供求价格的第三次偏离等。关于第一次偏离，即商品原始价格或不变价对商品的应有真实交换价值的第一次偏离。这里，所谓商品原始价格或不变价格是指由当时人们对生产该商品生产过程所物化的社会必要劳动的主观评估所决定的价格，而商品应有的真实交换价值则是指该商品生产过程所物化的社会必要劳动的客观存在的交换价值或财富。奥古斯丹·古诺（Cournot，A.）指出：在经济理论看来，所谓财富只是一个抽象的存在，它与交换价值一词的含义完全相同。在被我们规定了一种价格或赋予了一个交换价值的所有事物中，没有一样是总可以如愿以偿地与其他同样价格或价值的商品交换的。商业范围的扩张和商业设施的发展，逐渐使交易事物的实际状况，越来越向上述抽象概念所要求的理想状况靠拢。交换的旺衰升降，显示了价值——也就是流通中的抽象的财富——的永恒的动荡；而并不干扰客观事物——也就是通常在具体意义上所说的财富——的实际的生产或破坏。[①] 商品比价关系的第一次偏离伴随人类文明活动而不断放大，表现为空气、水、气候条件等原本没有价格的自然产品也逐渐变成了有价物品；而原本就不合理的工农业产品比价关系演变成为“剪刀差”；至今，虚拟经济与实体经济的比例关系则更是由于金融资产定价的“泡沫化”等而使不合理程度一再放大甚至变得极度扭曲。这一系列不合理的比价关系推动着物价总水平的迅速上涨，导致货币迅速贬值。正如古诺指出的：货币贬值已经迅速到了在一个时代内就明显地觉察到的程度，这主要归因于满足人类需要与享乐的大多数物品价格的绝对向上运动，归因于人口增加，以及工业和劳工的进步性发展所产生的上升运动。[②] 关于第二次偏离，亦即新古典经济理论前提假设下市场供求定价对商品原始价格或不变价的偏离。尽管新古典经济学有多个学派，但新古典经济学理论前提假说则大体上包括追求利益最大化的理性经济人、完全信息和自由市场竞争市场的出清假说等。最大化自身利益的理想经济人，将根据

① ［法］奥古斯丹·古诺著，陈尚霖译：《财富理论的数学原理的研究》，北京：商务印书馆，1994 年版，第 22、25 页。

② ［法］奥古斯丹·古诺著，陈尚霖译：《财富理论的数学原理的研究》，北京：商务印书馆，1994 年版，第 36 页。

自身掌握的市场供求完全对称信息，在完全竞争市场的供求价格决定下作出利益最大化的行为选择。而所有理性经济人在完全竞争市场上按照市场供求关系调节自身行为选择的共同结果，就一定会合理地确定市场有效的供求价格，进而合理确定同一产业市场不同商品之间应有的相对价格水平，再而合理确定不同产业之间合理的比价关系。但是，新古典经济学理论前提假说只具有理论抽象的方法论意义，现实中很难找到满足这些假说的充分依据。从19世纪70年代“边际革命”开始而形成的新古典经济学，迄今为止一直是主流经济学所追随的基础理论体系。在这一漫长过程中，实践中按照新古典经济理论前提假说所确立的产业比价关系在采用市场经济体制安排框架的国家和地区中，也就一直成为产业发展乃至整个经济发展中的基本考量。由此导致的结果是，叠加在商品比价关系第一次偏离基础上的商品比价关系第二次偏离的程度更大、商品比价关系不合理的程度也就更加明显。特别是在欠发达国家和地区，由于工业化、信息化、市场化、城市化、国际化进程落后于发达国家，工业化初中期阶段的积累资金和大规模资本投入，还往往依赖如工农业产品价格“剪刀差”这种不合理的工农业产品比价关系的增长和发展路径；而在发达国家和地区，工业化、信息化、市场化、城市化、国际化进程领先，已经跨越了工业化中后期，进入到工业化中后期或后工业化时期，但是，依赖不合理的虚拟经济与实体经济的比价关系，借助运用多种复杂的金融衍生工具等手段制造“泡沫化”虚拟资产定价以获取超大规模扩大再生产所必需的资本和投资，也依然是甚至有愈演愈烈态势的常态选择。20世纪80年代以后，各主要工业国家的金融资产开始迅速膨胀，到90年代末这些国家的金融资产总额都已经超过其 GDP 的 2 倍以上。而据保守估计，目前美国虚拟经济在 GDP 中的占比已超过 50%。因此，新古典市场经济体制下商品供求价格所决定的商品比价关系的第二次偏离，会导致产业比价关系的进一步扭曲，进而加剧产业结构的不合理程度。关于第三次偏离，亦即少数利益既得者或者利益集团对市场运行的操控和人类的动物性所决定的市场价格对有序竞争市场供求价格的偏离等，在西方发达资本主义市场经济体制下，以金融市场商品和服务价格的扭曲及其加剧的各种商品比价关系乃至整个虚拟经济与实体经济比价关系的扭曲问题最为突出。少数既得利益者或者利益集团凭借强大的资本实力和资本运作能力，利用乔治·阿克洛夫（Akerlof，George A.）和罗伯特·席勒（Shiller，Robert J）所指出的人类的“动物精神”，如信心、公平、腐败和反社会行为、货币幻觉以及故事[①]，制造“庞氏骗局”[②]，加上巧妙运用名目复杂的各种金融衍生工具，推动金融资产价格高涨，创造如席勒所说的“非理性繁荣”，并从中获取高额投机所得和并非由如尤金·法马（Fama，Eugene）等提出的“有效市场”带来的独占利益。席勒还指出：整个 20 世纪 90 年代都存在这样一种趋势，很多公司都通过将那些善于表演、对于媒体驾轻就熟的人包装成管理者以营造概念，蛊惑投资者，以此提高公司股价。而在投机性资产价格

① ［美］乔治·阿克洛夫、罗伯特·席勒著，黄志强、徐卫宇、金岚译：《动物精神：人类心理活动如何驱动经济、影响全球资本市场》，北京：中信出版社，2016 年版，第 8 页。

② 庞氏骗局是对金融领域投资诈骗的称呼，是一个名叫查尔斯·蓬齐（Charles Ponzi）的投机商人“发明”的骗术，在中国又称“拆东墙补西墙”“空手套白狼”，也就是利用新投资人的钱来向老投资者支付利息和短期回报，以制造赚钱的假象进而骗取更多的投资而获益。策划者知道这一骗局注定要终结，因为投资供应者不可能永远增长下去，策划者可能希望不付钱给最后的，同时也是最大规模的一轮投资者，然后逃离法律的制裁（如果幸运的话，他可能发现更好的投资机会，从而挽救整个骗局）。

推动下形成的房地产泡沫，则得益于当时人们的一个普遍印象：纵观历史，独户住房一直有着较高的实际资本所得。而实际上，上个世纪以来，这种利得一般来说只是名义上的，是虚幻的。[①]金融资产价格高涨、“金融泡沫”形成的结果，就是金融服务业及其紧密相关的所谓“现代服务业”等虚拟产业的迅速膨胀，最终，导致第三次产业在GDP中的比重非常迅速地提高，甚至导致三次产业比例关系的严重失衡乃至极度扭曲。

——统计口径。产业发展规律的传统理论是建立在特定的经验统计分析基础上的，而后者又建立在特定的产业分类标准的统计口径之上。就三次产业分类法的统计口径而言，至少在以下几个方面需要加以修正乃至根本性的修正：第一，必须考量科技进步，特别是当今第四次工业革命浪潮兴起中产业发展信息化、网络化、数字化、智能化和生物化所带来的各次产业自身科技含量的明显变化乃至根本性变化对以往传统的产业统计分类标准的影响。比如第一次产业已经不是简单地依赖土地等其他各种自然条件进行生产，从科技育种到科技种植、养殖和加工，再到利用生物工程方法进行病、虫、害防治，复又到信息化、网络化、数字化、智能化赋能，还有利用高端生物科技对土壤进行改良，再到外空进行种子选育和生物成长环境改造等科技实验，等等，这一切已经打破了以往传统统计口径所划定的农业及其次生产业门类；又如，现代科学技术运用的结果，是第二、三次产业的融合发展，信息化、网络化、数字化、智能化赋能的结果，不仅是农业与第二、三次产业相互之间，而且包括第二、三次产业及其次生产业

① ［美］罗伯特·J. 希勒著，李心丹、俞红海、陈颖、岑咏华译：《非理性繁荣》，北京：中国人民大学出版社，2016年版，第136、379-380页。

相互之间的融合发展，生产性服务业或制造服务业、服务业制造化等等，就说明了以往传统的第二、三次产业及其次生产业的统计口径也已经难以有实际上的划分边界了。第二，必须考量科技进步所推动的新型产业门类的迅速崛起和大规模发展对以往传统的产业统计口径的颠覆性影响。特别是第四次工业革命浪潮兴起中出现的高科技含量、高智能含量、高附加值主导的众多科技产业及其次生产业门类，呈现越来越成为整个国民经济发展支柱产业的发展趋势，其中特别是数字产业和数字经济、生物工程和生物产业、智慧产业等，甚至正在彻底颠覆着传统的产业门类统计口径，行将出现第四次、第五次乃至 N 多次从根本上突破以往传统产业及其次生产门类划分标准的崭新统计口径。第三，传统的三次产业划分统计口径的一个重要缺陷是明显忽略了产生在经济系统与生态系统有机统一的生态经济系统中的生态产业的统计划分。人类对生态经济系统生产、服务价值的分析研究尚处于很不成熟的时代，产业门类划分的统计口径更是因为绿色统计核算方法的不够成熟、不尽完善、不够科学等因素而尚处于艰难探索之中。

——量化方法。产业发展是建立在产业发展规模的扩大和产业经济增长的基础之上的。而在产业发展规模扩大和产业经济增长定量分析中，生产函数理论分析及其应用则依然是现代主流经济学家的主要选择。加上现代统计资料和大数据的迅速积累，使得市场经济发达国家主流经济学界乃至新兴市场经济体或发展中国家和地区的学者们日益重视产业经济增长的生产函数分析方法，对于取向全要素生产率增长的产业经济增长的长期动态有效分析，特别是同时关注第四次工业革命浪潮兴起、可持续发展以及环境变化等崭新变量对产业经济长期高效增长影响的定量分析研究来说，更是如此。但是，由于产业发展影响因素的复杂多样性和产业发展规律实现条件约束的多种多样，故而建立在现有包括生产函数理论及其应用方法基础上的关于产业经济增长定量分析的方法存在着许多缺陷。以下，以建立在厂商、生产者、企业或公司等供给行为理论基础上的生产函数理论，其对于产业经济增长长期动态有效性微观数量分析为例说明这一点。该定量分析的基本思路是：市场经济条件下，微观经济主体或生产单位（厂商、生产者、企业或公司）的生产技术是一组用来对生产要素进行加工以生产商品和服务的竞争性方法的集合。设 $y=(y_1, y_2, \cdots, y_m)$ 是利用向量 $x=(x_1, x_2, \cdots, x_n)$ 给出的 n 个生产要素组合起来后生产出的 m 个产品的向量，则生产可能集为：

$$P=\{(x, y) \mid x\geqslant 0, y\geqslant 0, x\text{可用来生产}y\} \subset R_{+}^{m+n} \tag{5.1}$$

生产可能集满足下述条件中的某些或全部特点：①本性，没有产出是可能的，但不能从无到有。②闭性，是一个闭集。③有限多个生产要素给出有限多个产品（有界集）。④对生产要素的自由处置，即生产者可以无成本地丢掉多余的生产要素。⑤对成品的自由处置，即生产者可以无成本地丢掉部分或全部产品。⑥凸性，即两个技术上可行的生产的任意凸线性组合（平均）依然还是技术上可行的。

对于一个给定的生产要素向量 x，生产向量 $y^* \in Y(x)$ 在技术上是高效的，若不存在关于 x 可实现的高于 y^* 的生产水平。亦即，$\forall y \in Y(x)$，$y>y^*$ 且 $(x, y^*) \in P \Rightarrow (x, y) \notin P$。可以用多种形式表述这一技术上的高效点，但在只有一种产品的情形时，就可以给出生产函数的定义：

$$f(x) = \max\{y \mid y \in Y(x), (x, y) \in P\} \quad (5.2)$$

生产可能集的性质会影响生产函数的性质。过于一般的模型在进行经济数据分析时，很难仅凭经验来处理，所以还要从理论上对生产函数的结构进行齐次性和位似函数、可分离性等的分析和处理以减少生产要素向量的维数，集中分析实践中资本、土地、劳动力、能源等几个有限的生产要素组合所带来的产出。①

生产函数的性质和结构与三种弹性紧密相关：产出弹性，即在一定技术条件下，某种要素投入的相对变化所引起的产量的相对变化；生产力弹性，即在一定技术条件下，当全部生产要素都以同一相对改变量变动时所引起的产量的相对变动；替代弹性，即在一定条件下，两种生产要素的边际技术替代率的相对变动将引起两种投入量之比的相对变动。此外，与生产函数性质和结构紧密相关的还有规模报酬，当所有生产要素均以同一的相对改变量变化时，产出作出相对改变的反应。

查尔斯·柯布（Cobb，C.）和保罗·道格拉斯（Douglas，P.）首创的无约束形式的柯布—道格拉斯生产函数在实践中得以广泛应用。这一函数可以写为：

$$Q_1 = T_t K_t^{\alpha} L_t^{\beta} \quad (5.3)$$

式中，Q_t 是 t 时的实际产出，T_t 是技术指数，即“总”生产率指数或全要素生产率；K_t 是以不变价格计算的资本存量指数或资本服务指数；L_t 是劳动投入指数或人时指数；α 是资本的产出偏

① 关于生产函数概念的分析参见［法］克洛德·热叙阿、克里斯蒂昂·拉布鲁斯、达尼埃尔·斯特里、达米安·戈蒙主编，李玉平、郭庆岚等译，史忠义、任君治等审校：《经济学词典》（修订版），北京：社会科学文献出版社，2013 年版，第 480-485 页。

弹性（假定劳动不变），β 是劳动的产出偏弹性（假定资本不变）。

假设技术变化是外生的，与要素投入无关；技术进步对生产要素集约度的影响是希克斯中性的，即假定劳动与资本的比例不变，技术进步使边际产品的比例不变，亦即技术进步就是新生产函数与旧生产函数平行。应用这一公式时，常常假定 $\alpha+\beta=1$，即假设规模报酬不变。但是，这一模型的局限性在于：不能区分技术进步带来的函数移动和要素集约化变化带来的沿着曲线移动，除非假定技术进步是中性的；假定技术进步与投入要素无关；无论要素集约性如何，要素间的替代弹性都固定为1；将如此多的异质项加总在一起的函数，其意义含混。另一方面，也要看到理论上的这些担忧在实践中难以确定，至少在发达国家应用这一模型获得了一些成功。

特别应当指出，上述技术进步实际上是包括劳动质量提高、规模经济、知识进步、资本和劳动的合理组织、资源有效配置、计算误差等在内的一系列不包括投入要素贡献的广义的技术进步或者叫“无知的系数”。[①] 这也正是在考虑体制、文化和环境等外部性影响因素内生化时也同样常常选择这一生产函数的主要原因。

就工业化过程中的所谓产业发展规律而言，实际上包括了以上各种各样的影响因素以及需要具备上述传统产业发展经验统计规律实现的一系列条件。但是，显然传统理论并没有对这些复杂因素和种种实现条件给予足够关注。亚历山大·格申克龙（Gerschenkron，A.）在对19世纪主要欧洲工业化国家工业发展问题进行研究时提出了一种一般性假说：工业化过程所表现出来的十分

① ［英］瑟尔沃著，郭熙保译：《增长与发展》，北京：中国财政经济出版社，2001年版，第116-133页。

重要的跨地区差异，从机能上说是与相关国家在它们工业增长的“大爆发”前夕所具有的经济落后的程度相联系的。通过这种方式，欧洲的工业史就被视为一种统一的、然而却是渐进的模式。因此，他认为，当一个落后国家最终发起工业化时，其工业化进程与更先进国家相比将显示出相当大的不同。这不仅体现在发展的速度（工业增长率）上，而且还体现在从这些进程中产生的工业生产结构与组织结构方面。不仅如此，在工业发展的速度与特征方面的这些差别，在相当大的程度上还是采用各种制度性手段的结果，而这些手段在已经实现工业化的国家则很少或者根本就没有类似的存在。此外，工业化进程所处的文化氛围，即它的“精神”或“意识形态”，在先进国家与落后国家之间也有显著的不同。他认为罗斯托关于主导产业部门体系依次更替规律的理论过于简单了。他指出：试图将工业化过程视为一个图解式的阶段性过程的做法，在本质上与各种“制定阶段”的努力是不相同的，它们的共同特征是假定所有经济在沿着经济进步的道路前进时都将规则地通过同样的单个阶段。这种规则性可以被直接地表现为一种经济发展不可避免的“规律”。另一方面，这种必然性的要素又在某种程度上被关于社会所面对的选择所作的尽管含义丰富、然而却是毫无意义的评论伪装起来了。不过，所有这些计划都受到了统一性概念的支配。故而，罗斯托便煞费苦心地断言，工业化过程从沿着它的五音阶诗的格律隆隆行进地从一个国家到另一个国家，不断地重复着它自身。[①] 威廉·J. 鲍莫尔（Baumol，William J.）在《服务业之谜：激增的成本，持续的需求》一文中提

① ［美］亚历山大·格申克龙著，张凤林译：《经济落后的历史透视》，北京：商务印书馆，2009年版，第4-5、10-11、430-431页。

出了所谓的“成本病模型”，并认为：随着人均实际收入上升，在实际意义上，服务业占 GDP 的份额大体保持不变，在名义意义上，服务在总支出中的份额显著增加。这个结果表明，所谓美国与其他富裕国家正在变成“服务经济”在很大程度上是一种幻觉。[①] 戴尔·乔根森（Jorgenson，D. W.）等人分析了计量方法不同对跨行业劳动生产率或全要素生产率增长的长期波动，进而分析了产业经济增长对经济总产出增长的贡献份额的影响：在 1977—2000 年的美国，劳动生产率增长具有普遍变动特点，既在劳动力方面又在全要素生产率方面，既跨产业又跨时间。全要素生产率增长在很长一段时间内表现为典型的正值，在我们的样本中大约一半的产业表现为劳动生产率既有正值又有负值。这种跨产业劳动生产率增长的模式显示出与全要素生产率负增长完全是由于测量误差造成的观点不一致。然而，当产业既反映特定行业又反映宏观经济的变动时，总生产率的负增长似乎也反映了真实的变化情况。当然，这不是说所有测量问题都已经解决了，而是说，按照我们所定义的，某些时期全要素劳动生产率负增长将可能是一种实际现象。中间投入对于理解美国各行业生产过程具有重要意义。在我们测量的产业中，超过 70%的产业里中间投入成为主要投入，因此增加值概念忽略了中间投入，它的使用严重误导了有关增长来源的观点。而对生产的增加值的测量仍然是十分普遍的，而且具有易处理的优点，因此，我们认为生产分析者应该尽可能关注

---

① ［荷］腾·拉加、［德］罗纳德·谢科特主编，李勇坚译：《服务业的增长——成本激增与持续需求之间的悖论》，上海：世纪出版集团格致出版社、上海人民出版社，2012 年版，第 14 页。

总产出的测量。[1]

4. 产业结构的高级化和合理化规律。通过以上关于产业发展规律复杂影响因素和多种实现条件的解析，大致上可以看出产业发展还是遵循着一定的规律而在不断地向着高级化、合理化的方向演进的，而不管不同国家和地区、不同产业体系、不同时代的具体经验统计表现形式如何，作出这一有关产业发展规律的综合性判断，主要是基于与产业发展有序性相关的以下理由：第一，产业发展是在充分发挥各种优势的前提下进行的，而不是杂乱无章地生长和衰落着。大致上讲，都有按照要素禀赋优势、比较优势和竞争优势等内在要求向前演进的态势。第二，都充分体现了供给和需求两方面动态平衡的要求。这既在一定程度上体现了人类理性、也在一定发展水平上充分遵循着人与自然、人与社会和人与人之间内在的联系要求。第三，在具有深厚人类文明积淀、特别是在既传承了优秀传统文化又能大胆进行开放性创新的文化基础之上所建构的先进经济社会体制安排下，产业发展中长期规划，更能有效克服自由市场经济体制安排下的随机性、唯利性、随机性、盲目性等一系列市场失效所导致的先天性缺陷，产生良好的系统效应和集成效应，进而取得产业发展的有序性演进绩效。深入思考产业发展充分体现发挥各种优势、实现供需动态平衡、获取系统集成效应的制度安排等决定有序性演进的根源，不难看出正是作为人类文明、经济社会发展之有序进行之本质的信息演进的结果。产业发展有序性进行，又可以按照传统产业发展理论

① ［美］戴尔·乔根森、何民成、凯文·斯德尔著，荆林波、冯永晟译：《生产率——信息技术与美国经济复苏》，上海：世纪出版集团格致出版社、上海人民出版社，2012 年版，第 265 页。

的说法分解为高级化和合理化发展两个基本维度。所谓产业发展的高级化，是指通过要素重新组合、科技进步、制度创新、管理创新、对外开放等途径，创新生产函数，提高全要素生产率，产业结构在纵向上不断朝着其等级系列中的新阶段演进；通过产业组织创新，充分发挥市场机制对资源配置和调节的有效作用与充分发挥有为政府的良好作用有机结合，达到市场结构合理、市场绩效良好，产业组织不断朝着与产业结构相应的高级化方向演进，等等，亦即产业发展在时间维度上的不断升级换代。所谓产业发展的合理化，是指产业及其内部次生产业之间的内在联系和数量比例关系的协调程度不断提高、趋于合理、动态平衡，按照现有三次产业划分的产业结构的增加值结构或总产值结构与劳动力或人力资源结构之间的偏离或偏差程度趋于下降；能源、交通、基础原材料、信息等基础产业与除此之外的农业、工业和服务业，轻工业与重工业，主导产业、支柱产业、战略新兴产业相互之间的内在联系和数量比例关系的协调程度不断提高、趋于合理、动态平衡，等等，亦即从横向上看的同一时间区间上不同产业及其内部次生产业相互之间的内在联系及其数量比例关系的协调程度，在整个产业发展的长期历史进程中趋于提高。

第六章　产业发展遵循的基本规律

从经济哲学的视角出发，影响产业发展的最直接的决定性因素，如各种自然资源性、物质性生产要素及其组合以及作为这些因素的综合的产业发展规律的实现条件，都可以抽象和更一般地归结为社会生产力的有规律的发展。这是产业发展所应当遵循的基本规律之一。其次，影响产业发展的文化、制度和其他人类行为选择的各种社会性、精神性因素及其组合以及作为这些因素的综合的产业发展规律的实现条件，都可以抽象和更一般地归结为社会生产关系的有规律的发展。再次，从人类社会发展的整个历史过程和内在逻辑看，社会生产力发展从根本上决定着社会生产关系的发展，社会生产关系应当不断地适应社会生产力的发展；但是，社会生产关系确实不是被动地适应社会生产力的发展，而应当对社会生产力有主动、积极和及时的反作用，不断主动地适应、解放和发展生产力。这也是产业发展所应当遵循的基本规律之一。

1. 社会生产力发展的一般规律。社会生产力发展的基本规律是“社会生产力以科学技术为基础、以升级换代为形式的不断智能化规律”①。社会生产力发展规律是经过不同时代背景而充分实现的。而且是其构成的基本维度如劳动者、劳动手段（包括生产工具）和劳动资料及其组合等，协调演进的社会历史过程。劳动者智力水平不断提高→劳动工具科技含量不断提高→劳动资料加工制造程度越来越高，等等，这就是迄今为止伴随人类文明演进的社会生产力发展趋势。例如，经过17世纪科学革命的长期积累，出现了煤铁、炼钢等主导性技术发明，诞生了先进的珍妮纺车等工具机以及蒸汽机和内燃机等动力机。机械作业代替手工劳动，引致手工作业专业化，使得生产组织向大规模使用大机器的社会化方向变革，大大提高了生产效率，加上新动能对公众文化普及的迅速推动，人类文明发生巨大变化，对化石能源、自然资源的利用、对地球环境的影响大大超过了以往任何时代。19世纪以热力学、电磁学、化学、生物学、地质学的突破性进展为代表的科学革命，极大地促进了电力、化工和钢铁业的技术创新和产业组织变革和规模扩张，人类对化石能源的大规模开发与利用从煤炭为主的“蒸汽时代”走向煤炭、石油并重的“电气时代”。资本主义从自由资本主义转变为垄断资本主义。20世纪初叶相对论和量子力学把19世纪科学革命推到高峰；20世纪50到60年代空间科学、核物理、电子学、地球科学、生物学和医学等有了诸多新的发现；20世纪60年代以后，系统论、控制论、信息论、仿生学、环境科学、计算机科学技术等助推科学综合化和整体化、科学与技术融合化发展，科学革命和技术革命交织进行，越来越具有科

① 薛永应、张德霖、李晓帆：《生产力经济论》，北京：人民出版社，1995年版，第101页。张卫国主编：《知识经济与未来发展》，青岛：青岛海洋大学出版社，1998年版，第3页。

学技术革命，而不是比较单纯的科学革命或技术革命的特征。20世纪科学技术革命极大地驱动了人类经济社会发展，世界经济、人口均高速增长，50年代至70年代初还呈现出加速趋势；人类对化石能源的利用从煤炭、石油主导转变为煤炭、石油、天然气并重，且广泛利用核能。“人类中心主义”的文明演进特征非常突出，人类在地球上的生态足迹达到了空前的规模、广度和深度，世界进入了“人类世”。20世纪后期物理学、生物学、材料科学、数字技术、互联网技术、人工智能等科学技术的突破性发展，使得第四次工业革命呈现出高度数字化、信息化、智能化和生物化的显著特征。人类已经开始以数字神经系统管理组织、治理国家和运行社会，数字化生存已经成为我们生活的常态，万物互联时代已经到来，可持续发展理念深入人心。

作为社会生产力最具主观能动性的劳动者，伴随人类社会的整个文明演进过程，其智力水平不断提高。在顺应自然、利用自然、与自然和谐相处的漫长历史中，人的智力水平得以不断提高，人处理与自然关系的能力和智慧不断提升。一句话，人的智力水平不断提高。而这一切，又都是人作为劳动者创造物质财富和精神财富的过程和结果。例如，原始人没有用于顺畅交流的语言工具，大脑发育低下、智慧有限，只能打磨石器作为猎捕实物的工具，利用天然火种或简单技术生火，主要是体力劳动。人类创造语言后可以顺畅交流，成为智人以后大脑发育成熟、智慧大大增加；发明了青铜器、铁器等劳动工具则有了更多可以互相交流与学习的集体活动，生产率水平大大提高，创造的财富也越来越多；有了剩余劳动产品后开始进行贸易，产权、阶级、国家等形成，管理职能分化出来，专业化分工成为常态，劳动者才有了体力和脑力之分、通才与专才之分。

再进一步，经过几次科学技术革命，特别是近代科学技术革命以后，人类掌握了更加丰富的语言工具，具有了更加便捷的通信工具，科学技术知识应用普及、创新创造发明等水平大大提高，并开始走向智能化、信息化、网络化和生物化，在更加广阔的宇宙空间开展科学技术研究，运用科学技术，获取科学技术成果，乃至发明创造人工智能，实现智人成神的奇异变化。伴随人类文明演进的整个历史过程，劳动者的演进过程经历了体力劳动者→文化劳动者→科技劳动者→智能劳动者的序列之变。人类以科学技术为基础，以升级换代为形式的不断智能化，还在于对大自然的认知态度发生了从开发利用、“征服”到“顺应”、与之和谐相处的历史转变；在处理人与人、人与社会、人与自我关系的认知态度上，则越来越倡导和谐相处、和平共生以及命运共同体的理念，战争、敌视、敌对的野蛮行为越来越为人不齿、唾弃和反对。人类正确处理与自然、与社会、与他人、与自己关系的智慧越来越多，能力越来越强。

作为社会生产力根本力量的劳动工具，伴随人类社会的整个文明演进过程，其科技含量不断提高。从原始社会使用自己的手足、石器、天然植物枝干等获取食物、取火，到发明制造和使用青铜、铁器、动物骨器制造产品、获取能源和原材料；从简陋的器械、效率低下的动力机、传动机和工作机到复杂器械、效率倍增的动力、传动和工作机器；从没有自动化操控的普通大机器工业体系到自动化水平越来越高的自动化大机器制造体系；从制造—服务一体化的现代制造—工作机器体系到人工智能机器人，劳动工具演进过程经历了手工器械—体力技术体系→机器—蒸汽—电力技术体系→自动化机器—新能源—电子技术体系→智能机器—绿色能源—数字化、信息化、网络化、生物化技术体系的序列之变。作为人脑和四肢的延伸，还在于劳动工具的无形化。由于人类智慧、智力和智能水平的不断提升，人类创造的机器人可以自我学习，自动产生不需要人类操控的劳动功能；万物互联的数字化、信息化、生物化网络，无形延伸了人类的体力劳动和脑力劳动空间，一部连接网络的移动手机、一台电脑就可以成为一个办公场所、一处制造平台、一部直接产出商品的工作机。无纸办公、无形工厂、无人车间等已经存在，人类正在数字化生存，人类的大脑和四肢正成为神器，无处不在、无所不能、无限延伸。

作为社会生产力有机组成部分的劳动对象，伴随人类社会的整个文明演进过程，其加工制造程度越来越高。原始社会，人类吃的是天然食物，如野生陆生或海洋动物肉、野生植物及其种子；穿的是野生植物枝叶、野生动物皮毛或者其简单手工编织物；住的是天然洞穴或者经简单构筑的遮蔽场所；用的是天然物品和经简单加工的劳动工具；靠步行迁徙或变换生活和生产空间；天然取火或钻木取火照明或烧煮食物。伴随科学技术进步，特别是工业革命以来，大规模食物来源已由靠体力种植和养殖的动植物，变成通过煤炭、石油、天然气、电力作为能源的机器加工的营养丰富的各类精细熟食品；穿戴品已不仅是天然植物、动物皮毛或者未经加工的人工栽培植物和人工驯养动物皮毛为原料，而且包括大量经过机器加工的纺织材料、化学合成材料；住的是由各种高档、高品质、有益健康的原材料建成的高科技含量、高舒适度以及美观于一体的住宅；使用的生活用品和生产工具则最广泛、最集中、最丰富地采用了科学技术乃至高科技含量极高的原材料加工制造而成；无论在生活、生产或工作中，交通工具主要是由电力、成品油、天然气或新能源驱动的便捷、高效、舒适和耐用的各类混合材料制成的车辆、航空工具、船舶。再如，人类已经可以通过太空实验将足可以与人工染制的彩色布料相媲美的天然彩色棉花加工品作为高档纺织面料；各种功能材料的出现，极大丰富了地球上乃至在其他星球、星外广阔宇宙空间生活、生产和工作所需要的原材料及其制品。特别是，生态环保、绿色、高科技含量的原材物料及其制成品，为生活和生产服务的产品和服务的大规模发明和出现，使得劳动对象越来越符合可持持续发展的时代要求。作为劳动对象的原材料演进过程经历了天然材料和粗加工金属材料→精细加工金属材料和化学材料→分子设计型新材料和新发现的功能材料的序列之变。

作为社会生产力重要构成部分的能源，是社会生产力的动力源泉；伴随人类社会的整个文明演进过程，其结构正朝向有机智能的绿色低碳主导的方向演进。原始社会，人类生活靠天然火种作为能源，而生产则依靠自身体力驱动。手工作坊或手工工场时代，人类生活靠木材、天然或人工种植的植物枝叶燃烧取能，生产主要靠人力、畜力、风力、水力等供给能量。机器大工业时代，生活和生产已经先后主要靠蒸汽、煤炭、石油、天然气、电力等高碳化石能源主导的能源结构支撑供给。随着第四次工业革命到来，人类生活和生产将逐步由主要依靠煤炭、石油和天然气等高碳化石能源变为主要依靠太阳能、核能、风能、海洋能、生物质能、氢能等低碳绿色能源、清洁能源、新能源。即使在继续使用化石能源的场合，也会随着发电等能源制造技术、能源使用技术等的进步，提高能源使用效率和减排降耗，加强能源生产和使用的管理，倡导绿色出行等低碳绿色生活方式，使得碳排放水平尽可能降低到对环境的影响最小化。特别是，随着能源互联网、分布式能源的开发利用，能源的集约式利用、节能生活和生产、高效生态绿色能源体系的形成时代将会到来，如今，欧洲发达国家、美国、日本、中国等都在朝着这一新能源时代迈进。能源的演进过程经历了人力、畜力、简单自然力→蒸汽和高碳化石能源发电→高效生态低碳绿色能源的序列之变。

作为社会生产力重要构成部分的信息，是社会生产力发展的本质；伴随人类社会整个文明演进过程，其对整个经济社会发展的高度人工智能化的系统功能正变得越来越强大。这里所谓信息是指无意义的有规则的物理秩序，与有意义的作为具象化的信息的统一体。后者是指包括语言、知识、技术以及各种作为具象化的信息的集合。很显然，由于知识经济、信息经济、数字经济时代已经向我们走来，人类对信息在经济社会生活中的作用越来越重视，特别在经济增长与发展领域，人类已经开始重视信息流在沟通和统摄人流、物流、能量流中的决定性作用，出现了“信息为王”“数字化生存”等表征第四次工业革命浪潮兴起特征的概念、范畴和词汇。信息首先是经济增长的实体要素。没有人类语言，不仅难以进行社会交流，人类大脑发育和智力水平的提升将大大迟滞，也难以成为地球上的中心者；知识的普及和学习、科学体系建构、技术发明和创新创造等都将难以进行，劳动工具、劳动对象等的智能化也不可能出现；在生产函数理论和模型中解析出的增长“余值”也不会产生。其次，信息是沟通和统摄其他经济增长和发展要素的有形或无形的决定性因素或根本因素。这一点，随着人类文明的演进，变得越来越重要。“信息度不对称”导致市场失灵，进而制约经济增长或发展可持续的问题，已经被信息经济学理论所清晰解释。问题还在于，普通语境下、特殊环境下、营造新的社会文化氛围，都要通过筛选的特定信息进行统摄——既要从特定物理秩序的角度对信息进行筛选，也要从具象化的层面进行筛选，以便使得经济增长或发展能够在由此引导、组合、系统化的语境、环境和氛围中持续进行。在这里，信息的统摄机制就像一只“无形的手”，比市场机制等其他“无形的手”的组织更有机、更复杂、更有力，因而也更具决定性作用。第三，信息是经济可持续增长与发展的根本因素。现代经济增长理论在解析经济增长与发展的诸种因素时，已经可以通过生产函数模型把经济产出或经济总量增长解析为资本、劳动、技术、管理、文化、教育、制度等一系列要素，但无论怎样拉长这一要素链条，经济可持续增长与发展最终还是要归结为作为增长的本质因素的信息。这一点，普里高津、伊达尔戈等人综合物理学、生物学、社会学、经济学等所提出的耗散结构理论、增长的本质论理论还是最有说服力的；在我们反思新古典经济学等主流经济学对当今时代经济增长和发展可持续问题的解释所存在的明显不足时，就更加确信不疑了。

作为社会生产力重要构成部分的交通，是社会生产力进行动态空间组合的基础手段；其伴随人类社会整个文明演进过程的高度智能化的网络交通强大功能对生产和生活带来了空前未有的便捷化、高效化、人性化等一系列巨大变革。原始社会，人类生活和生产空间因为主要靠自身行走而十分有限，借助自然提供的未经加工的交通工具，如树木干枝等水上漂流工具等对于满足生活和生产活动的各种需要十分有限。农业社会，出现了畜力拉动的木车等交通工具后，人类社会活动范围明显增加，交流机会也明显增加，加上语言的开发和丰富，知识、技能乃至科学知识迅速得以积累和发展，世界也更加信息化了。工业革命以后，海陆空交通四通八达，而且已经拥有到地球以外宇宙空间的交通工具，大大拓展了人类的活动空间；各类交通工具从低速到中速、再到高速，复又到超高速、超音速，使得人类生活和生产的快节奏达到了空前的程度；立体综合交通网络、特别是数字化现代交通网络的形成，从有形与无形两方面，极大地拓展了人类活动空间。这种在科学技术革命和进步基础上发展起来的数字化现代交通网络，极大地解放了人类的四肢和体力，人类在绝大多数场合不需要靠步行完成往返活动，靠肩扛人抬手提运输货物，在漫长时间区间完成旅途等等；极大地提高了生活质量和生产效率，旅游出行、会亲访友、参加各种日常生活、就医休养等变得便捷，异地工作、参加社会活动、接受教育培训等不再受远涉和往返耗时的困扰，无人驾驶飞机、汽车、轮船等交通工具的出现则可以完成无须人亲身往返出发地—目的地之间的多种需要。

作为社会生产力重要构成部分的教育，是劳动者智力水平不断提高和智能再生产的基础；伴随人类社会整个文明演进过程，其日益成为数字化、信息化、网络化、智能化、人性化的现代开放系统。从人类文明不断演进的持续过程看，教育发展既是科学技术进步的基础，又是科学技术进步的结果。伴随科学技术发展，教育内容从简单的德育到德、智、体、美、劳全面教育；教育方式从家长传授孩子的言传身教式到私塾教育、师傅传帮带徒弟的作坊式，再到现代学校教育；教育机构从分门别类的文化型、科学技术型、职业型到综合型；教育阶段从学前到小学，再到中学，复又到大学，在这一过程中，人的知识水平不断提高，科学技术含量越来越高，德、智、体、美、劳的综合素质越来越高。在今天，成长于数字化、信息化、网络化和智能化时代的劳动者，已经成为曾被作为梦想的现代智神，真可以“下五洋捉鳖，上九天揽月”了。这里，特别要指出的是，在运用现代经济增长生产函数模型所解析出的各种提高全要素生产率的要素中，教育既是直接要素变量，也是对丰富作为根本要素的信息的所有其他影响因素产生影响的首要因素。这里，有三方面的现代教育问题需要引起高度重视，因为这既是科学技术飞速发展的必然要求，也是教育先行以推进科学技术进步的题中应有之义。一是加快教育变革，实现教育现代化。目前，世界教育方式主要是适应机器大工业产品“批量生产”模式的学生“批量教育”模式，学科、专业设置雷同，所授知识高度重叠，学生素质没有特色，缺乏人性化，结果是难以适应千变万化的社会需求，跟不上科学技术的飞速发展，特别是难以适应当今第四次工业革命浪潮兴起的要求。这导致大学生毕业后改修技工学校课程、改学其他专业的“回炉再造”，乃至改行从事学业水平并不高的其他职业等等；另一方面，社会急需的高水平研发人才，特别是高端人才却十分缺乏。我们必须努力实现从“批量生产”的工业3.0、“批量教育”的教育3.0方式向定制、柔性生产的工业4.0和定制、特色的教育4.0方式的转变。二是充分利用数字化、智能化、生物化、网络化、信息化技术等高科技技术，实现教育高质量发展。要充分运用数字化教学设施、数字化教材、可视化教学辅导手段，充分发挥人工智能、智能机器人、智能教育手段等在课堂、实习现场、实验室等场合的作用，加强生物工程与数字化技术有机结合的题材教育，深化教育的网络化和信息化以拓展教育空间、提高教育开放度、实现教育信息共享。三是探索“产学研政金服用”融合发展的规律，构建高水平教育发展开放平台。现代教育发展的规律之一就是产业、学界、研发机构、政府、金融、教育服务单位、包括毕业生在内的教育成果使用者的多方有机融合发展，形成包括教育成果质量优、应用效率高在内的合作各方投入产出效果好的共赢。只有构建起这样的平台，才能使教育适应新的时代要求，成为能够对快速变化的社会需求作出实时、适机反应和变化的现代开放系统。

作为社会生产力重要构成部分的科技，是社会生产力发展的第一驱动力量；伴随人类社会的整个文明演进过程，其在经济和社会发展中的根本性变革力量正得以越来越充分地发挥。科学是关于自然、社会和人类思维运动形式和发展规律的知识体系，而技术则是人类依据科学原理或实践经验创造的与自然之间进行物质转换和能量传递的各种活动手段。古代社会，科学与技术处于认识的“混沌”状态，彼此没有明确分界，人类只有对自然界、社会、思维现象的简单认识，没有形成对自然、社会、思维运动形式和发展规律的深入认识，更没有相应的系统性的知识体系。古代火药、指南针、造纸、印刷术等的发明既是科学的也是技术的，因为表征这些发明的知识体系依然简单，也难以有系统性的明确分界。近代科学革命以后，科学作为完整的知识体系已经清晰可辨，作为整体的技术体系也已经形成；科学革命→技术革命→工业革命→社会革命的变化次序、阶段特征和划分标准都已形成共识，不再“混沌”不清。第四次工业革命浪潮兴起，数字化、信息化、网络化、智能化和生物化的结果，使得科学技术化、技术科学化、科学技术一体化变革的速度越来越快，似乎又将科学与技术“混沌”了。但是，这种“混沌”是在人类已经能够深刻认识自然、社会、思维运动形式和发展规律，由于科学和技术变化周期缩短、变革加速、形式复杂基础上的暂时“混沌”或者形式上的"混沌"，科学和技术内在联系及其发展规律还是各自清晰可辨的。在现代经济增长理论生产函数模型中，科技进步是作为根本决定因素的信息演进的具象化的直接产物，它还是决定其他信息具象化影响因素的要素。索洛"余值"法解析出的影响全要素生产率增长的直接要素就是科技进步。当今时代，科学与技术在经历了"混沌"—分离—整合的历史演进过程以后，显示出越来越系统、越来越复杂、越来越一体化的大趋势，甚至研究宇宏观、宏观、中观、微观、微微观的科学方法，以及相应的应用技术方法都越来越具有普适性、共性和边界的模糊性。伴随第四次工业革命到来科学技术的换代升级速度越来越快，形式更加复杂多样。如今，科学技术是生产力，而且是第一生产力的认识已经深入人心。

作为社会生产力重要构成部分的管理，是社会生产力系统有机化的无形控制力量；伴随人类社会整个文明演进过程，其高度智慧化的全生命周期管理的系统功能正在无限放大。管理也是生产力，科学合理的管理有助于产生 1+1>2 的集体力或系统合力，从而提高生产或工作效率，促进社会文明演进过程。人类是社会动物，生活、生产、工作和各种活动，都离不开作为秩序稳定和信息增长的自觉控制的一定的社会管理。在手工工具时代，管理在家庭或手工作坊里进行，主要是劳动管理，而且管理的方式和手段也是比较粗鲁乃至野蛮的，比如强迫、恐吓、威逼、体罚等；普通机器时代，管理在工厂中进行，管理的内容除劳动管理以外，还包括机器设备、劳动材料、资金财务、生产布局等，管理方式和手段也更加文明和科学了，更加注重人性化管理和运用科学手段；现代管理，则越来越注重以人为本，注重运用系统科学技术手段，管理内容和对象更加复杂，除传统的人、财、物、产、供、销等生产经营全过程、全方位的管理对象以外，还涉及产前影响因素预测、产后延伸服务，对人、财、物的全生命周期管理，越来越注重生产经营的预测与决策管理。推而广之，社会管理则更加注重以人为本，更加注重管理体制机制的现代化，例如建立在充分发挥市场机制决定性作用与更好发挥政府作用的市场经济管理取向，由管理向治理理念的转型、治理能力和治理体系的现代化。无论生产经营管理、工作管理、社会管理、家庭管理、国内治理，抑或参与国际治理，都越来越注重合作共赢的正和博弈思维，越来越注重高科技手段和工具。这一切经济社会管理的不断换代升级，极大拓展了经济社会发展空间，极大推进了人类的文明进步。

作为社会生产力有机整体的生产力要素组合，是社会生产力诸要素内在联系及其实现形式的集成；伴随人类社会整个文明演进过程，其社会生产力的智能化本质得以越来越充分地体现。生产力要素受自然、社会、经济、技术等因素的影响，客观上存在着物质属性、品质规格、数量比例、时间顺序、空间并存等维度上的内在联系和表现形式，从而能够形成生产力组合及其有机整体，产生特定结构，获得整合功能。从人类文明演进历史看，生产力组合及其有机整体以科学技术为基础，以升级换代为形式的不断智能化演进趋势就更加清晰。原始社会，生产力要素组合主要限于人类个体和家庭或部落，基本没有社会分工和协作，多为靠体力和手工获取的自然产品，生产力结构化水平低下，原始社会生产力要素组合及其整体功能十分有限；农业革命以后至工业革命以前，人类生活、生产主要限于农业领域，在家庭、部落、社区或部落之间出现了简单的社会分工和协作，在农业技术技能形成发展的基础上，农业生产力结构化逐渐形成，已经形成了一定的产品结构、产业结构、产业技术结构，农业生产力整体社会功能较之以前明显提升了；工业经济时代，在近代以来科学体系形成、技术体系发达基础上，建立起了精细化的社会分工和协作体系，生产力结构化达到前所未有的水平，产品结构、行业结构、产业结构、产业技术结构的合理化、高级化和有机化水平，支撑着整个社会生产力要素组合及其整体功能的日益强大，社会生产力要素组合及其整体已经系统化了，产生出 1+1>2 的系统力或整合功能；进入后工业经济、服务经济、新经济、知识经济、科技经济或智能经济等这些不同称谓的当今时代，数字化、信息化、网络化、智能化、生物化的结果，使得社会联系跨社区、跨行业、跨区域、跨国家，人类社会联系更加便捷、广泛、畅通、紧密，更具有人类命运共同体的历史特征，社会分工与协作更加精细、更加深化、更加有机，生产力结构化正使得现代智人变成现代智神，产品结构、行业结构、产业结构、产业技术结构换代升级速度空前高、空前快、超极速，社会生产力要素组合及其整体所产生的系统力、系统功能愈益强大。

2. 社会生产关系发展的一般规律。即以社会利益最大化为取向的不断协调化。从抽象和概括的一般意义上讲，社会生产关系是指人们在物质资料生产过程中形成的社会关系，它是由社会生产力这一物质资料谋得方式与社会生产关系这一社会经济活动方式二者能动统一所构成的社会生产方式的社会形式。社会生产关系的内容又包括生产资料所有制的形式，人们在生产中的地位和相互关系，产品分配的形式等；其中，生产资料所有制的形式是最基本和起决定作用的。也可以说，社会生产关系是人们在社会生产和再生产、经济发展和产业发展过程中结成的社会关系，包括由生产资料所有制形式所直接和根本决定的生产、交换、分配和消费关系等。社会生产关系发展规律是产业发展所必然遵循的基本规律，因为产业发展是包括社会生产力发展、社会生产关系发展以及二者有机统一的历史过程；一定社会生产力的发展总是在一定的社会生产关系框架或体系中进行的，而且是社会生产力与社会生产关系内在必然联系及其动态演进的必然结果，产业发展必须遵循社会生产力发展的基本规律，也就决定了其必然遵循社会生产关系发展的基本规律。从人类社会发展的历史看，社会生产关系发展规律大致上可以总结为以社会利益最大化为取向的不断协调化，这也就是产业发展所应当遵循的社会生产关系发展的一般规律。

——生产资料所有制形式的演进及其取向。生产资料所有制是包括生产资料的所有、占有、支配和使用的多元有机统一关系。生产资料所有制形式通过三个基本层面决定着社会生产和再生产、经济发展和产业发展的直接生产或具体生产过程：一是生产资料与劳动者的结合方式，例如，谁来生产？如何生产？生产什么？生产多少？二是产品的直接分配形式，例如，再生产投入与用于消费的比例关系，产品的物质形态与价值形态的比例关系；三是剩余产品在不同生产过程参与者之间的占有比例关系等。就生产资料与劳动者的结合方式而言，在生产资料所有者与劳动者是同一主体的古代社会，劳动工具是自身肢体或天然动植物枝干、石器和其他天然工具，生产资料中的劳动对象就是天然可食用陆生或水生动物肌肉，器官乃至整体，植物果实、枝叶乃至整体等，基本的生活资料往往都难以满足，没有足够的产品剩余再投入生产。随着人类活动范围不断扩大，劳动技能和劳动强度不断提高，特别伴随人类语言和基本计算能力的形成和发展，社会生产出现了专业化和分工，在基本满足生存需求的基础上，劳动产品剩余产生并不断积累，进而可以有一定产品剩余投入再生产，生产资料私有制逐步形成，生产资料所有者和劳动者可以分离，也就出现了不必亲自参加劳动的纯粹的生产资料所有者和除了拥有劳动力以外其他一无所有的纯粹劳动者。于是，生产资料所有者与劳动结合的具体形式就有二者同一、二者分离、二者部分分离等。再到后来，随着人类在文明演进过程中的信息生产、储存、加工、传播等的水平越来越高，计算能力越来越强大，社会生产和再生产规模越来越大，社会生产专业化和分工程度越来越高，生产资料所有者与一般劳动力的结合形式更加复杂多样：生产资料已经可以划分为不变与可变、固定与流动、有形与无形、物质与智能等；劳动力既可以是大规模物质性生产资料的所有者，同时也可以是主要依靠自身体力，尤其是智力劳动的智力主导型劳动者或人力资本拥有者，既可以在物质性生产资料上一无所有、仅拥有高端智能所创造的无形知识产权而参与再生产投资，也可以自身并不从事需要一般劳动的具体、直接的生产过程，等等；由此，导致生产资料与劳动结合的种种不同方式。总起来看，生产资料与劳动者的结合方式在社会生产和再生产、经济发展和产业发展过程中，经历了原始同一到高度分离，高度分离到部分同一，再到有机结合的演进过程，伴随信息化、网络化、数字化、智能化、生物化为特征的第四次工业革命浪潮的兴起，人类语言和计算能力的超常提高，可以通过自我学习成为“智能机器人”的人工智能技术所造就的生产资料所有者与劳动者浑然一体的产品或产物的诞生，特别是，人类本身语言、计算能力和智能水平的不断提高，人—机合一的智能有机体的产生，将使生产资料与劳动者有机结合的方式达到前所未有的高水平。就产品的直接分配形式而言，包括再生产投入与用于消费的比例关系或者积累与消费的比例关系，全部投入、中间性投入与消费的比例关系；产品的物质形态与价值形态的比例关系，产品物质形态内部比例关系，产品内部价值形态比例关系等。随着生产资料与劳动者结合方式的有机化，这一结合的社会属性更加系统化、整体化，由此所决定的社会分工和专业化程度也越来越高，以求通过这一程度提高所带来的系统效果或整体绩效最大化，进而满足或基本满足大多数人的需要，也只有通过为了大多数人需要的社会生产和再生产规模的不断扩大，做大可以分配的蛋糕，才能最大限度地缩小收入分配的绝对差距和相对差距，而这一差距缩小的前提是有足够的扩大生产的总投入或中间投入。从社会生产和再生产、经济发展、产业发展的历程看，社会再生产规模呈现越来越大的趋势，这意味着再生产的总投入规模、作为有效提高产出水平的中间投入规模越来越大，同时，也要求积累与消费之间的比例关系，总投入、中间投入与消费之间的比例关系协调或合理化；在商品货币和市场经济条件下，还必须保证产品物质形态及其内部次生产品之间的比例关系、产品货币形态及其内部次生产品之间的比例关系、产品及其内部次生产品物质形态与货币形态之间的比例关系协调或合理化。就剩余产品在不同生产过程参与者之间的占有比例关系而言，生产资料所有者、劳动者或二者身份兼而有之的生产主体，由于参与生产过程的方式、能力和对产出贡献的不同，会具有很不相同的剩余产品索取权，而且这种权利也因为产品剩余最终所有权的制度规范、特别是法律规范不同而大不同。从社会再生产和扩大再生产、经济发展和产业发展的历程看，产品剩余最终索取权的演进趋势是，越来越朝着有利于激励大多数人的方向进行，也就是必须越来越朝着克服由于产品剩余最终索取权所带来的收入差距极端化所带来的激励不相容的方向演进。从对生产资料所有制形式通过三个基本层面决定着社会生产和再生产、经济发展和产业发展的直接生产或具体生产过程的分析可见：生产资料与劳动者的结合方式在社会生产和再生产、经济发展和产业发展过程中，经历了原始同一到高度分离，高度分离到部分同一，再到有机结合的演进过程；为了满足或基本满足大多数人的需求，无论从产品及其内部次生产品的物质形态还是货币形态上看，积累与消费之间的比例关系，总投入、中间投入与消费之间的比例关系都趋于协调或合理化；产品剩余最终索取权的演进趋势是，越来越朝着有利于激励大多数人的方向进行。

因为生产资料所有制是包括生产资料的所有、占有、支配和使用的多元有机统一的内在联系及其法律实现形式，所以，生产资料所有权作为法律规定的权利是包括生产资料的所有、占有、支配和使用等有机联系的一组权力或权力组合。但是，在西方产权经济学话语体系中，所有权、财产所有权或简称产权的含义却与所有制关系在法律意义上的规定有一定区别。哈罗德·德姆塞茨（Demsetz，H.）指出：产权是一种社会工具，其重要性就在于事实上它们能帮助一个人形成他与其他人进行交易时的合理预期。这些预期通过社会的法律、习俗和道德得到表达。产权的所有者拥有他的同事同意他以特定的方式行事的权利。一个所有者期望共同体能阻止其他人对他的行动的干扰，假定在他的权利的界定中这些行动是不受禁止的。要注意的很重要的一点是，产权包括一个人或其他人受益或受损的权利。产权是界定人们如何受益及如何受损，因而谁必须向谁提供补偿以使他修正人们所采取的行动。这一认识很容易地导致产权和外部性之间的密切关系。[①] 西方经济学中的财产所有权或产权是指人们对其所交易的东西的所有权，即人们在交易活动中使自己或他人在经济上收益或受损的权利，而且这一权利往往由契约或其他非法律规范加以规定。就根据契约或其他非法律规范规定的交易活动中受益或损益的所有权、财产所有权或产权定义而言，除了通常意义上的物权以外，诸如股权、债权、专利权、商标权、名誉权、清新空气的享用权等也都能成为产权的形式；而且，产权还可以指人们是否有权利用自己的财产去损害他人的权益，例如在放牧或捕鱼所引致的“公地悲剧”、生产经营引致的跨区域生态环境变化等场合，相关交易各方收益或受损的权益以及权益关系格局。虽然有上述所有权、财产所有权或简称产权的含义区别，但不难看出生产资料所有制实现形式依然从根本上决定着社会生产和再生产、经济发展和产业发展的直接生产或具体生产过程，生产资料所有制实现形式的演进趋势也就从根本上规定着伴随这一过程的人们的社会关系的演进取向。

——社会直接生产关系的演进及其取向。社会生产和再生产、经济发展、产业发展最直接和最具体的生产关系在现代文明社会

① ［美］R. 科思、A. 阿尔钦、D. 诺斯等著：《财产权利与制度变迁——产权学派与新制度学派译文集》，上海：生活·读书·新知三联书店上海分店、上海人民出版社，1994年版，第97页。

文明条件下，首先体现在企业某一特定生产过程中，由于不同工序之间的生产劳动的所谓“个别分工”所产生的人与人之间的生产关系；其次体现在经济发展过程中的不同行业或产业之间的所谓生产劳动的“一般分工”所产生的人与人之间的生产关系；第三，体现在产业或行业发展过程中的产业内部或行业内部次生产业之间的所谓生产劳动的“特殊分工”所产生的人与人之间的生产关系。而最初，所有这些生产劳动分工或社会分工则体现在原始社会早期仅仅根据人们性别和年龄的差别，在纯生理的基础上所进行的所谓生产劳动的“自然分工”所产生的人与人之间的生产关系。史实充分证明，社会生产和再生产、经济发展、产业发展最直接和最具体的生产关系是伴随人类文明程度的不断提高，与社会生产和再生产、经济发展、产业发展的复杂程度、现代化程度、系统程度、有机程度的不断提高而不断演进的，其历史逻辑可以归结为社会生产的专业化水平和协作程度不断提高的必然结果。亚当·斯密早就指出：劳动生产力上最大的增进，以及运用劳动所表现的更大的熟练、技巧和判断力，似乎都是分工的结果。没有成千上万的人的帮助和合作，一个文明国家里的卑不足道的人，即便按照他一般适应的舒服简单的方式也不能够取得其日用品的供给的。人们天赋才能的差异，实际上并不像我们所感觉的那么大。人们壮年时在不同职业上表现出来的极不相同的才能，在多数场合，与其说是分工的原因，倒不如说是分工的结果。分工受交换能力大小和市场范围的限制，所以，分工还应当是有大规模的商业的国际性或世界性的。[①] 根据亚当·斯密的主张，包

① [英] 亚当·斯密著，郭大力、王亚南译：《国民财富的性质和原因的研究》（上卷），北京：商务印书馆，1972 年版，第 5、12、15、16、19 页。

括对外开放条件下的社会生产的专业化水平与协作程度的不断提高，正是社会生产和再生产、经济发展、产业发展最直接和最具体的生产关系不断演进的历史逻辑起点。

——社会交换关系的演进及其取向。在社会生产和再生产、经济发展、产业发展中的交换关系可以发生在生产要素之间，如劳动者基于专业分工所进行的包括具体活动和能力的交换及其所体现的人们之间的内在联系；同一生产过程中的产品之间，如各道生产工序之间的原材料和半成品的交换及其所体现的人们之间的内在联系；不同生产组织单位之间的产品之间的交换及其所体现的人们之间的内在联系等。像社会直接、具体生产关系一样，社会交换关系也是由社会生产劳动的专业化分工、协作所根本决定的，而且为社会直接、具体生产关系所直接决定；但是，社会交换关系所体现的交换能力或交换范围也对社会直接、具体生产关系有一定的能动作用，例如体现交换关系的具体交换的能力和交换范围会直接对直接、具体生产关系产生促进或限制作用。伴随人类文明的长期演进过程，社会交换已经由最初的物与物的直接交换演进为商品货币交换，而且出现了如今的数字货币；由个别生产劳动者之间的互通有无的单一产品、数量极少、交换频率很低的简单交换演进为大规模、品种繁多、交换频率极高的社会生产经营单位之间的交换；由受狭窄地域限制、市场机制尚未确立的小规模范围的交易到国际水平、市场机制成熟的极大规模的交易。如今，社会交换关系已使得全人类在社会生产和再生产、经济发展、产业发展过程中人与人之间的相互关系越来越密切，进而，人类命运共同体的社会主流意识应运而生。不仅如此，因为市场机制调节作用的有效发挥，使得市场交易中所体现的平等竞争、公平获益的社会预期达到极大化；加上现代政府的好的宏观调控作用的充分发挥，市场唯利性、随机性和盲目性等先天性缺陷所导致的市场失效情况下的社会损益、垄断行为、外部不经济等问题得以最大程度的克服。所以，社会交换关系的演进正按照越来越有利于公众所预期的社会效果最大化的方向不断进行。

——社会分配关系的演进及其取向。社会生产和再生产、经济发展、产业发展中的分配关系是指直接生产过程中生产要素及其组合以及社会总产品在不同社会成员、经济组织、社会单位等之间分配的内在联系及其表现形式。在直接生产过程中的生产要素分配包括资本、劳动、技术、中间投入品以及其他生产资料及其组合在参与生产过程的人员之间的分配，以及生产资料与劳动者的结合方式所决定的此一分配的内在联系和数量比例关系。生产要素及其组合的分配关系，决定了就业规模和结构，进而决定了收入分配的水平和比例关系，也就决定了生产和再生产规模和产出规模和产品结构；同时，也就决定了消费规模和消费结构；更进一步，对各种生产要素投入的回报和激励决定了生产和再生产、经济发展、产业发展绩效的社会认同和可持续能力，还将通过二次、三次乃至更多次的社会总产品分配对整个经济社会发展的可持续发展产生长远的根本性影响。从人类文明演进史实不难看出，社会生产和再生产、经济发展、产业发展过程中生产要素及其组合分配关系的发展趋势是，生产要素及其组合方式在直接生产过程参与者之间分配的内在联系越来越复杂多样、有机化、符合生产力发展一般规律和社会化大生产的客观要求；而比例关系也越来越合理、协调和动态平衡。社会生产和再生产、经济发展、产业发展中社会总产品的分配，包括第一次分配，即在直接参与生产过程或物质生产部门的社会成员、经济单位等中间的分配；第二次分配，即在第一次分配基础上，国民收入在非直接参与生产过程或非物质生产部门，如通过税收、社保、转移支付等手段对文化、教育、卫生、国家机关、军事部门等部门的分配，包括各部门所需要的费用以及支付给工作人员的工资等；如今，相对于市场根据要素贡献进行的第一次分配或初次分配和政府体现国家意志进行的第二次分配或再分配，又进一步出现了所谓的第三次分配，即社会主体自主自愿通过募集、自愿捐赠和自主等慈善公益方式对社会资源和社会财富进行的分派所导致的财富流动。第三次分配主要是对前两种分配的补充，通过弥补市场失灵和政府失灵两方面的作用以缩小社会差距，实现更合理的收入分配和公平。例如，在弥补市场失灵方面，提供慈善培训增强低收入群体技能，补给其技术要素；为低收入群体提供创业资本，补给其资本要素，进而从根本上提高低收入者收入水平，调节社会成员之间的个人收入差距，创造社会激励的增量机制以提高市场效率，增加社会整体财富。在弥补政府失灵方面，可以弥补因税收制度设计不够科学合理所造成的收入显著差距，高收入者的无偿捐赠将会直接减少其所占的收入比重；可以弥补因转移支付规模不够大和结构不够合理所造成的显著收入差距，慈善基金等在希望工程等教育领域投入方面发挥着较大作用，是一种智力救困举措，因为它不仅直接减轻了低收入群体的教育负担，也为家庭成员获得更好的发展提供物质保障，此外，这也是对政府社会保障的有力补充，有助于缩小个人收入差距。需要指出，社会总产品是社会在一定时期内所生产的物质产品的总和，其中生产资料部分只能用于生产消费：一部分用来补偿生产中消耗了的生产资料，另一部分用于满足扩大再生产的需要；消费资料部分则用来满足社会成员的生活消费需要：一部分用于个人消费，另一部分用于社会消费。社会总产品的价值中新增加的价值是国民收入。在直接生产过程中的第一次或初次分配，是社会总产品的分配，也是社会总产品价值形态的全部分配；第二次、第三次分配是国民收入的分配和再分配，是新增加的价值的分配，不包括生产资料及其折旧的价值部分。从人类文明演进史实可见，在社会生产和再生产、经济发展、产业发展过程中的第二次、第三次分配关系的演进趋势，也像第一次分配关系的演进趋势一样，分配的内在联系越来越复杂多样、有机化、符合生产力发展一般规律和社会化大生产的客观要求；而比例关系也越来越合理、协调和动态平衡。

——社会消费关系的演进及其取向。在社会生产和再生产、经济发展、产业发展过程中，为了满足物质、文化和精神等生活的需要对物品和服务等的消耗和花费而存在的人与人之间的内在社会关系及其具体数量比例关系，就是所谓的消费关系。根据不同的划分标准，消费关系具体又可以分为个人消费与集体消费之间的关系，居民消费与政府消费之间的关系，商品性消费与服务性消费之间的关系，即期消费与跨期消费之间的关系，生活必需品消费与奢侈品消费之间的关系，城市消费与农村消费之间的关系，发达地区消费与欠发达地区消费之间的关系，人群中不同年龄组之间的消费关系，国内消费与国外消费之间的关系等。消费关系是由生产关系所决定的，因为生产关系中生产资料所有制形式和生产成果及其分配不仅决定了不同社会阶层的人们的收入水平，进而决定了人们的不同的消费能力和消费水平；而且决定着人们的消费品种和消费结构。就消费能力和消费水平而言，显然，人们的收入水平不同，所具有的消费能力就不同，也就有不同的消费水平。当然，在商品货币市场条件下，物价水平和比价关系也会对人们的实际消费购买能力、消费水平产生影响。就消费品种和消费结构而言，生产和服务的供给结构决定着消费物品和服务需求的结构。但是，消费关系也对生产关系产生能动作用，主要在于消费需求规模和结构对生产规模和生产结构都会产生显著影响：促进或限制再生产规模，促进或限制产品结构的更新或创造。更为重要的是，消费关系的演进过程实质上是一个信息演进过程，不断提高的消费能力和不断更新的消费结构，提供了以往所没有的对改变供给能力和改变供给结构的反馈影响，特别是提供了有助于企业或行业改进供给能力和改善供给结构的技术、工艺、管理、文化、理念、创意乃至整个生产经营流程的反馈信息，而这也正是当今生产经营和产业发展已经大规模定制化演进的原因；再而，这一大规模定制生产演进模式又会对未来消费时尚、消费模式、消费潮流产生更加久远的影响……从人类文明演进史实来看，在社会生产和再生产、经济发展、产业发展过程中的消费关系的演进趋势同样是，消费的内在联系越来越复杂多样、有机化、符合生产力发展一般规律和社会化大生产的客观要求；而比例关系也越来越合理、协调和动态平衡。

——社会生产关系系统演进及其取向。仅就人类社会系统而言，社会生产和再生产、经济发展、产业发展过程中的社会生产关系是构成社会经济系统的一个子系统，同时，它也构成整个自然界物质系统、特别是整个人类社会系统的系统单元；它的演进同样应当遵循自调节、自更新、自组织，从简单到复杂、从无序到有序的自然界物质系统的一般演化规律。在生产和再生产、经济发展、产业发展过程中，从生产资料所有制形式的演进开始，到建立在生产资料所制形式这一起着根本性基础作用之上的直接的、具体的生产关系，再到交换关系、分配关系、消费关系的各个环节的演进，大致上都体现着自调节、自更新、自组织，从简单到复杂、从无序到有序的演化规律。从前述社会生产关系的各个有机联系的环节的演进趋势看，如果将这些解析结果合成起来看，则其最大化的合成矢量也同样可以归结为，是以自调节、自更新、自组织，从简单到复杂、从无序到有序的方向动态演进的：在社会生产和再生产、经济发展、产业发展过程中，生产资料所有制形式的演进趋势可以通过三个基本层面决定着社会生产和再生产、经济发展和产业发展的直接生产或具体生产过程而得以体现。一是生产资料与劳动者的结合方式在社会生产和再生产、经济发展和产业发展过程中，经历了原始同一到高度分离，高度分离到部分同一，再到有机结合的演进过程；二是为了满足或基本满足大多数人的需求，无论从产品及其内部次生产品的物质形态还是货币形态上看，积累与消费之间的比例关系，总投入、中间投入与消费之间的比例关系都趋于协调或合理化；三是产品剩余最终索取权的演进趋势是，越来越朝着有利于激励大多数人的方向进行。在社会生产和再生产、经济发展、产业发展过程中，最直接和最具体的生产关系是伴随人类文明程度的不断提高，与社会生产和再生产、经济发展、产业发展的复杂程度、现代化程度、系统程度、有机程度的不断提高而不断演进的，其历史逻辑可以归结为社会生产的专业化水平和协作程度不断提高的必然结果。在社会生产和再生产、经济发展、产业发展过程中，伴随人类文明程度的不断提高，社会交换已经由最初的物与物的直接交换演进为商品货币交换，而且出现了如今的数字货币；由个别生产劳动者之间的互通有无的单一产品、数量极少、交换频率很低的简单交换演进为大规模、品种繁多、交换频率极高的社会生产经营单位之间的交换；由受狭窄地域限制、市场机制尚未确立的小规模范围的交易到国际水平、市场机制成熟的极大规模的交易。如今，社会交换关系已使得全人类在社会生产和再生产、经济发展、产业发展过程中人与人之间的相互关系越来越密切，进而，人类命运共同体的社会主流意识应运而生。社会交换关系的演进正按照越来越有利于公众所预期的社会效果最大化的方向不断进行。从人类文明演进史实可见，在社会生产和再生产、经济发展、产业发展过程中的第一次、二次、三次分配关系的演进趋势同样是，分配的内在联系越来越复杂多样、有机化、符合生产力发展一般规律和社会化大生产的客观要求；而比例关系也越来越合理、协调和动态平衡。从人类文明演进史实看，在社会生产和再生产、经济发展、产业发展过程中的消费关系的演进趋势也是，消费的内在联系越来越复杂多样、有机化、符合生产力发展一般规律和社会化大生产的客观要求；而比例关系也越来越合理、协调和动态平衡。综合起来，社会生产关系演进的一般规律可以归结为：以社会利益最大化为取向的不断协调化。在社会生产和再生产、经济发展、产业发展过程中，直接、具体的生产关系决定着交换关系、分配关系和消费关系，而交换关系、分配关系和消费关系又对直接、具体的生产关系起着能动的作用。这恰恰是因为社会生产关系是一个有机系统，生产、交换、分配和消费关系相互作用，并根据自然物质系统的客观要求而同方向演进的动态演化系统。

从科学技术进步的角度看，作为人类文明演进、整个经济社会发展、社会生产和再生产、经济发展、产业发展第一驱动力的科学技术进步，包括科学文化、科学知识、科学理论、科学技术等的一系列进步乃至科学技术革命，既是人类语言之诞生方便和扩大了包括各种经济活动在内的人类劳动及其社会分工范围的结果，又是伴随语言体系之不断完善和创新而不断完善和创新的科学技术体系不断推动人类社会经济活动、社会生产和再生产、经济发展、产业发展从主体单一到多元，从分工简单到复杂，从组织无序到有序，从关系松散到紧密，从小范围到大范围，从小规模到大规模，从而进入到在这一过程中人们的社会联系越来越广泛、越来越紧密、越来越有组织、越来越有机、越来越系统，最终，必须越来越注重社会公众或大多数人的关切，向着命运共同体方向演进的社会文明过程。

从信息演进的角度看，人类社会系统是一个开放性的非稳态系统，它需要不断从自然界吸收自然能量和自然信息，才能维持自身自调节、自更新、自组织能力的不断强化。特别是，人类社会系统必须通过不断吸收自然界的能量和信息以维持自我催化机制的不断更新和强化，才能不断形成和积累社会信息，克服高熵化的消极作用，并不断提升自身物质计算能力，推进整个社会文明、经济社会发展、经济发展、产业发展朝着越来越有利于自身的方向发展。而人类要不断从自然界吸收自然能量和自然信息，就必须齐心协力，共同尊重、适应、充分利用自然，与自然和谐相处，乃至形成人与自然和谐共生的生命共同体。显然，这一演进过程的取向又必须以人类社会自身朝着命运共同体方向演进为前提。

3. 社会生产关系适应生产力发展的规律。在社会生产和再生产、经济发展、产业发展过程中，无论从历史事实还是从理论逻辑上看，社会生产力发展的一般规律都从根本上决定着社会生产关系演进的起点、过程和方向；社会生产关系演进过程是、也只能是社会生产力规律实现条件的演进过程。

——在社会生产和再生产、经济发展、产业发展的漫长过程中，无论从史实还是从逻辑上看，社会生产力发展的一般规律都是决定社会生产关系演进过程的决定性因素。从古代原始简单生产力要素及其组合以及相应的松散的生产关系，到工业革命后促进社会化大生产不断发展的复杂生产力要素及其组合以及相应的联系紧密的生产关系，再到如今新工业革命浪潮兴起后推动整个经济社会在广阔空间和纵深领域发展的社会生产力要素及其组合以及相应的系统化、有机化和网络化的社会生产关系这一演进过程，都充分证明了这一点。

——社会生产力的不断进步要求社会生产关系作出相应的调整和变化，否则，社会生产力就会受到束缚乃至压抑；进而，这又进一步制约着社会生产关系的演进。从国际经验看，欠发达或发展中国家和地区生产力水平，以及由此所根本决定的经济社会发展、经济发展、产业发展的低水平，其基本原因或者直接原因就是落后的社会生产关系以及作为其具体实现形式的体制机制的落后乃至陈旧。显然，与自给自足的小农生产经济体系水平低下的社会生产力相适应的社会生产关系，从所有制形式到直接、具体的生产关系、交换关系、分配关系和消费关系，都很难适应乃至极力束缚先进的商品市场经济体系中推动社会化大生产发展的先进社会生产力发展的需要。所以，一般来说，欠发达国家或地区体制机制改革创新的直接目的就是改善和优化生产关系以适应社会生产力发展的需要。

——社会生产关系可以对社会生产力发展产生能动作用，但社会生产力的调整和优化不能超出生产力发展水平的客观要求，从根本上说，社会生产关系的演进过程不能超越社会生产力一般发展规律的客观要求或满足其实现条件的客观要求。例如，在苏联和 1978 年改革开放之前的中国，都一度实行高度集中的社会主义计划经济体制，这一体制作为当时社会生产关系的具体实现形式实际上超越了尚处于社会主义初级阶段，从小农经济社会刚刚转变到社会化大生产体系还尚未形成、工业化初期阶段水平比较低下的社会主义社会的生产力发展的客观要求。结果，原苏联和中国都必须进行经济体制的转型和创新。1978 年以后的中国改革开放就是从生产关系的调整和优化上直接解放生产力、发展生产力，使生产关系演进规律适应社会生产力发展一般规律要求的经济社会转型与创新过程。

——社会生产力发展有其相对独立性，这也是由社会生产力发展的一般规律或其实现条件所决定的；社会生产关系的调整和变化必须依据这一变化来进行。这是因为，社会生产力发展过程是一个人类尊重自然、适应自然、利用自然，及至与自然成为生命共同体的社会历史过程，也是一个大自然物质发展规律不断得以实现的过程。这样的过程，当然不会受制于社会生产关系调整和变化的根本束缚。所以，曾经有过的“人定胜天”的发展理念，以及恣意按照人的主观愿望设计社会生产关系及其具体实现形式以及由此所决定的社会意识形态、知识体系、科学文化乃至社会法则，甚至不顾自然界对生态环境、非可再生能源、山水林田湖草沙等开发利用的可持续性的要求，一味按照“人类中心主义”的主观要求，片面追求GDP等经济发展指标的高水平，以此设计一整套所谓符合“经济理性假说”，自由、盲目、唯利性特征明显的自由市场经济体制机制，作为社会关系具体实现形式的制度性安排，到头来只能扭曲社会生产力发展规律的客观要求及其实现条件。当今人类文明的可持续演进，当今世界经济社会发展、经济发展、产业发展面临着一系列空前未有的问题和挑战，如以气候变化为突出特征的生态环境严重恶化问题，以极端暴恐为突出特征的非对称安全问题，以极端贫困人口为数巨大与极少数财富巨鳄大亨同时并存为突出特征的欠发达或发展中国家和地区与发达国家和地区的发展水平显著差别的问题，复杂多样的种族歧视、宗教异端、民族争端、民粹主义等问题对国际秩序的挑战，核武竞争和军备竞赛的挑战，在新冠病毒等全球性迅速流行蔓延的重大疾病的防治面前国际公共卫生体系的供给明显缺失的挑战等，深入分析这些问题和挑战的成因，不难看出，都是发达国家和地区为代表的许多国家和地区社会生产关系设计、经济社会体制机制安排等难以适应当今社会生产力发展规律的客观要求所致。简单说，一个国家和地区社会生产关系的演进，如果不能遵循社会利益最大化为取向的不断协调化的一般规律，则就必然制约和阻碍社会生产力发展以升级换代为形式的不断智能化的演进规律的实现条件的要求，并引致上述一系列前所未有的严重问题和极端挑战。

第七章　产业发展呈现的崭新趋势

伴随第四次工业革命浪潮的兴起，当今世界产业发展已经发生了前所未有的崭新乃至颠覆性变化。主要体现在产业结构、产业组织、产业政策的演变所呈现出的崭新乃至颠覆性态势特征等方面。

1. 产业结构演变的崭新趋势。世界范围内产业结构变化的崭新态势特征是，产业结构演进的数字化、信息化、网络化、智能化、生物化。

——产业结构的数字化。无论第一次产业及其内部次生产业，还是第二次、第三次产业及其内部次生产业，无不朝着数字化方向演进，同时，数字产业的比重越来越高；伴随“数字+”等产业融合发展，产业数字化发展态势日趋强劲。2016 年二十国集团（G20）杭州峰会通过的《二十国集团创新增长蓝图》指出：数字经济是指以信息和知识的数字化为关键生产要素，以现代信息网络为重要载体、以有效利用信息通信技术为提升效率和优化经济结构重要动力的广泛经济活动。产业发展是经济发展的本质和核心。根据 G20 关于数字经济的定义，我们可以把产业数字化定义为：产业以信息和知识的数字化为关键生产要素，以现代信息网络为重要载体、以有效利用信息通信技术为提升效率和优化产业结构重要动力的发展进程。《2016年世界银行发展报告》指出：数字经济通过创新发展、效率提高和包容性服务等数字技术运用在大幅降低经济社会交易成本方面的优越性，产生了促进经济增长、社会就业和政府公共服务等方面的数字投资收益——数字红利，数字变革也就成为必然。与之前历次技术革新相比，这一次互联网及相关技术普及到发展中国家的速度要快得多。蒸汽轮船发明160年后，印度尼西亚才享受到其便利；电力产生60年后，肯尼亚才通上电；而计算机出现15年后，就在越南得到应用。手机和互联网只用了几年时间就出现在发展中国家。发展中国家拥有手机的家庭比有电或具备良好卫生条件的家庭还多。[①] 我们无法否定数字化时代的存在，也无法阻止数字化时代的前进，就像我们无法对抗大自然的力量一样。数字化生存有四个强有力的特质，将会为其带来最后的胜利：分散权力、全球化、追求和谐和赋予权力。[②] 在第四次工业革命的进程中，软件技术驱动的数字互联将会彻底改变整个社会。其影响范围之广、变革速度之快，使得这场变革有别于人类历史上的任何一次工业革命。[③] 中国产业数字化发展走在了世界前列，已成为中国经济中最具活力的组成部分之一。2021年5月，中国正式发布《数字经济及其核心产业统计分类（2021）》。在这份统计标准中，国家统计局从数字产业化和产业数字化两方面，具体确定了经济社会发展和数字产业化发展各个

---

① 世界银行著，胡光宇等译：《2016年世界发展报告》，北京：清华大学出版社，2017年版，第7–8页。

② ［美］尼古拉·尼葛洛庞帝著，胡泳、范海燕译：《数字化生存》，海口：海南出版社，1997年版，第269页。

③ ［德］克劳斯·施瓦布著，世界经济论坛北京代表处、李菁译：《第四次工业革命》，北京：中信出版社，2016年版，第123页。

领域的数字经济及其核心产业的基本统计范围，包括数字产品制造业、数字产品服务业、数字技术应用业、数字要素驱动业、数字化效率提升业等五大类。其中，前四大类为数字产业化部分，是数字经济的核心产业，包括为产业数字化发展提供数字技术、产品、服务、基础设施和解决方案，以及完全依赖于数字技术、数据要素的各类经济活动，是数字经济发展的基础；第五大类产业数字化部分，是应用数字技术和数据资源为传统产业带来的产出增加和效率提升，体现数字技术与实体经济的融合，包括智慧农业、智能制造、智能交通、智慧物流、数字金融、数字商贸、数字社会、数字政府等数字化应用场景。这一统计标准的确定，将极大地推进中国数字产业发展的步伐和经济社会发展各领域的数字化转型步伐，进一步提高中国在世界产业数字化发展中的竞争力和综合实力；进而，更加有力地加快世界产业发展数字化的历史进程。

——产业结构的信息化。第一、二、三次产业及其内部次生产业在发展数字化，同时，数字产业比重越来越高；伴随“信息+”等产业融合发展，产业信息化发展态势日趋强劲。从信息演进的视角看，信息产业发展是人类社会文明演进、经济社会发展、产业发展的本质，信息产业发展实际上经过了一个漫长的历史进程。从最早的烟火信号到鼓点、旗语，再到文字语言系统，这表明人类社会的信号沟通一直不断，同时，人类经济社会活动的内容也越来越丰富、形式也越来越多样；不过信息产业发展的突破性进展还是在克劳德·香农于1948年创立了信息论以后。继而，只有到了所谓的“后工业社会”，信息产业突飞猛进的发展速度才引起越来越多的主流经济学、社会学、政治学、文化学等学者的高度关注，信息业也才进入经济社会发展、经济发展、产业发展的独立统计范围。丹尼尔·贝尔指出：在工业时代，发动机是一切机器的驱动力，而在后工业时代或信息时代，微处理器是核心的控制装置。后工业社会新的基础结构促成了“质的变化”。电缆、宽带、数字电视、光导纤维、传真、电子邮件、综合业务数字网（ISDN），以及最有意义的互联网等纷纷出现，以往的通信技术进步从来不曾这么快速地渗透到公众意识并获得公众接受。① 比尔·盖茨（Gates，William H.）指出：信息高速公路是为我们的后代服务的。② 增长核算方法显示，1995—2014 年，信息通信技术资本的积累对全球增长的贡献接近 20%。由于更广泛的使用，数字技术在高收入国家的总增长中作出了较大的贡献。在高收入国家，数字通信技术资本的累积在 1995 年至 2014 年期间对总增长的贡献比率平均为 27%；在发展中国家，该比率平均为 14%，这与它们较低的信息通信技术使用率是一致的。③ 在中国，“十三五”以来新一代信息基础设施建设加快，信息技术创新能力逐步提升。在市场规模方面，根据工信部的统计，以数字化、网络化、智能化为核心内容的新一代信息技术产业销售收入持续高速增长，2014 年约为 14 万亿元，2015 年产业销售收入达到 15.4 万亿元，同比增长 10.4%。2017 年，新一代信息技术产业销售收入增长至约 18.4 万亿元。2016—2018 年，信息技术行业企业定增融资 502.49 亿元，融资规模为各行业之首，2018 年销售收入达到 20 万亿元左

① ［美］丹尼尔·贝尔著，高铦、王宏周、魏章玲译：《后工业社会的来临》，南昌：江西人民出版社，2018 年版，第 41 页。

② ［美］比尔·盖茨等著，辜正坤主译：《未来之路》，北京：北京大学出版社，1996 年版，第 321 页。

③ 世界银行著，胡光宇等译：《2016 年世界发展报告》，北京：清华大学出版社，2017 年版，第 58-59 页。

右，2019 年产业销售收入约为 21.7 万亿元。截至 2020 年 3 月，中国网民规模为 9.04 亿人，互联网普及率达 64.5%。电子信息制造业、软件和信息技术服务业、通信业、大数据产业等也保持了较快增长。[①] 此外，近十几年来中国“信息+”农业及其内部次生产业、“信息+”工业及其内部次生产业、“信息+”服务业及其内部次生产业的深度融合发展，进一步推进了中国产业发展越来越信息化的趋势。

——产业结构的网络化。第一、二、三次产业及其内部次生产业发展网络化，同时，网络化产业发展的比重越来越高；伴随“互联网+”等产业融合发展，产业网络化发展态势日趋强劲。从信息演进的视角看，网络作为事物联系的实现形式，在自然界早已存在。所以，自然网络与自然信息一样，也大大先于人类社会网络和社会信息的形成与发展。但是，人类社会网络演进却是伴随社会生产力、生产关系和生产方式的发展和变化而不断演进的历史过程。在古代社会低下的社会生产力、生产关系和生产方式下，社会联系形式非常简单、范围十分有限、频率极其低下，社会网络联系几近不存在。在发达的社会生产力、生产关系和生产方式已经形成的今天，社会网络联系形式已经变得四通八达，范围遍布世界各地、频率之高前所未有，特别是作为网络之网络的互联网或因特网（internet）的产生与发展，更是极大拓展了人类社会网络联系的空间，并推进形成了所谓“万物互联”时代的到来，极大地提高了人类社会网络联系的速度和频率，使得人类社会生存与发展进入到所谓“信息高速公路”的快车道。詹姆斯·

① 中国社会科学院工业经济研究所：《中国工业发展报告·2020》，北京：经济管理出版社，2020 年版，第 508-509 页。

格雷克（James，G.）指出：《世界大脑》的作者 H. G. 威尔斯（Wells，H. G.）曾设想用一个覆盖人类的所谓“世界大脑”这一知识网络形态统治全球，现在我们知道，真正造就大脑的并不是知识量，甚至也不是知识的分布，而是其中的互联通性。当初威尔斯在使用“网络”一词时，它还保留着其原始的、实物的意义，就像由电线和电缆构成的错综复杂的网络一样，但对于我们来说，这种感觉几乎已经没有了；现如今，网络被视为一种抽象事物，其涵盖的是信息。① 毫无疑问，不管采取何种形式，因特网在未来信息高速公路的发展中都将扮演重要角色。一旦我们将因特网看作是开发创建未来高速公路所需的先进技术的实验室，它将为我们作出巨大的贡献。② 互联网通过各种方式推动社会发展：促进包容，解决信息不对称问题降低交易成本，甚至可以为小公司和自由职业者创造市场机会；提高效率，使交易更加便利，并强化现有要素的生产力；推动创新，引致搜索引擎、电商平台、数字支付系统、电子图书、流媒体音乐以及社交媒体，开辟“新经济”模式；扩大贸易，各种产品可以出口到更多市场；提高资本利用效率，优化库存与供应链管理，减少固定设备的停机时间，并且降低风险；促进竞争，互联网公司只需相对较少的人手或资本投资就能建立并迅速发展起来，线上线下竞争催生的创新有利于消费者；创造就业，网店和相关服务创造新的就业机会和开辟新的就业空间；提高劳动生产率，把常规重复性工作交给技术完成，劳动者能够专注于价值更高的活动；提高消费者盈余，市场上有

---

① ［美］詹姆斯·格雷克著，高博译，楼伟珊、高学栋、李松峰校：《信息简史》，北京：人民邮电出版社，2013 年版，第 410-412 页。

② 尼古拉斯·巴任著，於丹、李振译：《透视信息高速公路革命》，海口：海南出版社，1998 年版，第 85-86 页。

了新数字产品和服务，即便是穷人进入市场获得服务的概率也有所提高；扩大参与，数字身份证促进边缘化或弱势群体更好地融入社会；加强公共部门能力，提高自动化、基于数据的管理可以服务能力；增加话语权，利用数据分析、数字平台优势致力于实现更快速、更明智、更全面的政策决策，为参与式民主开辟新途径，等等。[①] 在中国，2016 年国务院发布《关于深化制造业与互联网融合发展的指导意见》，提出了 2018 年和 2025 年两个目标节点，形成了工业互联网发展的基本思路和目标；2017 年国务院审核并通过了《关于深化“互联网+先进制造业”发展工业互联网的指导意见》，将工业互联网建设目标进一步明确为“三步走”战略，使工业互联网的发展具有了核心指导性文件。根据中国信息通信研究院发布的《工业互联网产业发展报告（2020）》，2017—2019 年，中国工业数字化装备产业存量由 658 亿元增长至 1045 亿元，工业互联网自动化产业存量由 829 亿元增长至 1152 亿元，工业互联网网络产业存量由 381 亿元增长至 651 亿元，工业互联网平台与软件产业存量由 1490 亿元增长至 2486 亿元。[②]

——产业结构的智能化。第一、二、三次产业及其内部次生产业发展智能化，同时，智能化产业发展的比重越来越高；伴随生产力发展的不断智能化，智能产业成为引领整个产业体系发展的主导产业。产业智能化发展是伴随社会生产力以升级换代为形式不断智能化发展的必然历史过程。新一代信息技术通过数据驱动、实时在线、智能主导等赋能推动产业发展向智能化方向演进，

① 世界银行著，胡光宇等译：《数字红利》，北京：清华大学出版社，2017 年版，第 11-21 页。

② 中国社会科学院工业经济研究所：《中国工业发展报告 · 2020》，北京：经济管理出版社，2020 年版，第 162 页。

如今的生产设备和服务设施乃至产品本身，越来越具有包括自我感知、自我学习、自我决策和自我执行、自我适应等在内的一整套有机的自我行动能力。世界银行列举了实现数字发展所值得关注的六种技术，它们无不与产业智能化发展紧密相关：第五代手机网络（5G），是新一代智能手机网络，将使应用智能手机的传输能力大幅度提高；人工智能（AI），使通常需要人的智力才能完成的如视觉识别和语言识别、决策以及语言翻译等由电脑来完成，更快的计算速度、大数据以及更好的算法已经帮助人们在人工智能方面获得突破性进展；机器人技术，能够自动处理工作任务的机器或机械系统，可以凭借它们的运算能力、准确性、力量和感知能力使人们获益；自动驾驶，如自动汽车（AV）或无人驾驶汽车、无人机等，改善交通安全、减少碳排放、跨越地理障碍、快速且便捷；物联网，如可穿戴设备、智能家居、智慧城市、环境传感器以及商业应用，作为互联网发展的新阶段，具有彻底改变人们生活、工作、沟通和学习方式的巨大潜力；3D 打印，使得实体物品变成数字信息，这些数字信息可以重组、重置、改进和分享。[①] 在中国，“十三五”时期智能制造总体布局基本形成，作为经济高质量发展的重要途径，智能化成为先进制造发展的主攻方向；产业体系及示范项目开始逐步建设；重点行业领域的应用成效逐渐显现。“十三五”时期，国务院及其相关部门陆续出台了《智能制造发展规划（2016—2020 年）》《智能制造工程实施指南（2016—2020）》《国家智能制造标准体系建设指南（2015 年版）》《机器人产业发展规划（2016—2020 年）》《新一代人工智能发展

① 世界银行著，胡光宇等译：《数字红利》，北京：清华大学出版社，2017 年版，第 338-342 页。

规划》等多个政策文件，提出了到 2025 年中国智能制造发展的“两步走”战略，初步形成了以《中国制造 2025》为统领、智能制造相关政策为指引、智能制造工程为抓手的智能制造产业顶层设计。根据智能化改造前后企业数据的初步对比分析，制造业生产效率平均提高 32.9%，能源利用率提高 11.3%，运营成本降低 19.3%，产品研制周期缩短 30.8%，产品不良品率降低 26.3%。“十四五”时期，促进新一代信息技术向实体经济全面渗透和融合应用，发展智能制造成为重点任务。随着新技术越来越成熟，应用场景越来越完美，真正实现数字化、网络化、智能化的交织演进，真正实现联网、联物、联数的迭代升级，推动以“万物互联、泛在智能”为特征的数字经济正在健康、深入发展。①

——产业结构的生物化。第一、二、三次产业及其内部次生产业发展生物化，同时，生物化产业发展的比重越来越高；伴随生产力发展的不断智能化和生物工程技术的日臻成熟，生物化产业发展将引致经济社会越来越深刻的创新和变革。从信息演进的视角看，信息不断演进的结果，必然是自然界演化、人类文明演进、经济社会发展、产业发展不断在地球空间以外的宇宏观范围和包括人类生命机理在内的微微观多维度纵向拓展的演进过程；从生产力以升级换代为形式的不断智能化的发展规律的视角看，产业发展的生物化也是必然的历史过程。克劳斯·施瓦布把全面反映第四次工业革命背后的技术驱动力归为三类，即物理类、数字类和生物类。他进一步指出：生物领域尤其是基因方面的创新近年来取得了巨大的进步，从一开始降低基因测序成本和难度到

① 中国社会科学院工业经济研究所：《中国工业发展报告·2020》，北京：经济管理出版社，2020 年版，第 152-154 页。

最近的基因激活与基因编辑，再到下一步合成生物学的发展，通过编写 DNA（脱氧核糖核酸）合成生物学将赋予我们定制有机体的能力。这些技术进步不论是对医药、农业还是对生物燃料的生产，都将产生深远而直接的影响。例如，3D 制造将会与基因编辑相结合，用于制造活体组织，以实现组织的修复和再生。我们将这一工艺称为生物打印，该技术已经用于制作皮肤、骨骼、心脏和血管组织。最终，打印出来的肝细胞将用于制作移植器官。在形成社会规范、制定合适的法规这个问题上，生物领域面临的挑战无疑是最大的。究竟如何应对最新基因技术所带来的现实和后果，我们仍未做好准备。这些技术给社会、医学、伦理和心理带来了巨大的挑战。①

——产业结构的绿色化。第一、二、三次产业及其内部次生产业发展绿色化，同时，绿色化产业发展的比重越来越高；伴随生产力发展的不断智能化和可持续发展的深化，绿色化产业发展将越来越有助于促进人和自然生命共同体的形成。从目前人们的认知而言，可以认为绿色发展本质上就是可持续发展，是在可持续发展理论与实践的引进过程中对其赋予更加丰富多彩的时代意义的一种形象比喻。1987 年世界环境与发展委员会在其出版的《我们共同的未来》报告中，将可持续发展定义为“既能满足当代人的需要，又不对后代人满足其需要的能力构成危害的发展”。这一可持续发展概念，迄今为止得到广泛使用。按照这一概念，当今世界的可持续发展所面临的最严峻挑战莫过于气候变化问题了，而这一点也为越来越多的国家和地区所认同。2010 年世界银行发

① ［德］克劳斯·施瓦布著，世界经济论坛北京代表处、李菁译：《第四次工业革命》，北京：中信出版社，2016 年版，第 16、22-25 页。

展报告指出：如果气候变化以当前的速度继续的话，将使发展面临越来越严峻的挑战。到本世纪末，气温可能比工业化之前的时期升高5℃，甚至更多。进入工业化时期以来，地球的平均气温已经升高近1℃。在80万年间，全球大气中的二氧化碳（最主要的温室气体）浓度一直在200 ppm～300 ppm之间，但仅在过去150年里，就猛增至约387ppm。导致浓度升高的原因主要是化石燃料的燃烧，另外，有农业和土地利用方式的变化等。空气和海水平均温度的升高、冰雪的大面积融化和海平面的上升已使我们看到了气候变化带来的影响：大冷天以及霜冻天气出现的频率降低，而热浪则变得更常见；全球降水量总体出现增长；大雨和洪涝灾害变得更为常见，风暴和热带气旋造成的危害——可能包括其强度——都有所增长。气候变化威胁所有国家，但对发展中国家的威胁尤为严重。据估计，气候变化所造成的损害其代价大部分——约为75%～80%——将由发展中国家承担。气候系统表现出巨大的滞后效应：大气中的二氧化碳已经存在了几十万年到几百万年，排放量降低需要持续较长时间才能对浓度产生影响；浓度稳定下来以后，气温上升仍将持续几个世纪；气温上升引起的海洋热膨胀将持续1000年或更长，而融冰导致的海平面上升则可能持续数千年。如果气温升幅稳定在接近2℃（约450 ppm二氧化碳当量），将需要全球排放量立即开始以每年1.5%的速度减少；如果拖延5年，则必须采取更快的速度；如果拖延更长时间，则将无法达标；如果拖延10年时间，很可能会导致无法再将气温升幅控制在2℃以内。因此，全世界必须立即行动、共同行动、以创新的方式行动，建构应对气候变化的“气候智能型社会”。[①] 可持续发展、产业发展绿色化，正是建构“气候智能型社会”的题中应有之义和最主要的选择途径。特别是，要实现能源结构从以往高碳化石能源主导向低碳绿色能源为主导的彻底转变；同时，实现整个产业结构从高耗能、高污染、高消耗原材料的结构形态向能源资源节约、环境友好和低温室气体排放方向根本转变，并最终建构起资源节约型、环境友好型社会。产业发展绿色化源于应对人类解决可持续发展所面临的极端困境和严峻挑战，从根本上依赖于发展理念创新、科技创新、体制机制创新和政策体系创新等，以及由这一系列创新引致的商业模式创新、产业发展标准创新、产业发展流程再造、产业链条重塑等。如今，产业绿色发展不仅越来越成为人类共识，而且在包括发达和不发达在内的世界各个国家和地区都已经见诸切实可行的社会实践活动，全球范围内生产、生活和生态的绿色化正不断走深、走实。特别是在由以往高碳化石能源为主导的能源结构和产业结构向低碳绿色能源为主导的能源结构和产业结构转型方面，人类已迈出了前所未有的一步；而且，因为产业绿色增长和发展技术的开发与应用、产业绿色发展的体制机制等的不断创新、产业绿色发展投入力度的不断加大、产业绿色发展的国际合作越来越紧密和频繁等诸多有利因素，这一能源结构和产业结构的绿色转型步伐越来越快，转型国家和地区越来越多，转型影响亦越来越深远。目前，全球已有 66 国表态 2050 年实现碳“净零排放”。英国和丹麦已立法确认 2050 年实现“净零排放”。欧盟委员会主席冯德莱恩将应对气候变化作为欧盟

① 世界银行著，胡光宇等译：《2010 年世界发展报告：发展与气候变化》，北京：清华大学出版社，2010 年版，第 1、4、6、10-11 页。

重大政策议题，上任即发布“绿色新政”。“欧盟排放交易体系（ETS）创新资金”将向低碳技术投资100多亿欧元。为支持低碳技术发展、重振本土电池产业和支撑未来汽车产业，欧盟批准了32亿欧元的电池技术研发项目。德国出台《能源效率战略2050》《气候保护计划2030》《电池生产研究顶层计划》，计划加快发展电动汽车产业，2030年前将建100万个充电桩。氢气经济前景看好。二十国集团（G20）能源与环境部长级会议肯定了氢能经济地位，达成了美日欧氢能与燃料电池技术合作联盟框架纲要。为主导氢经济发展，日本宣布《氢燃料电池技术发展战略》，发布2040年燃料电池技术目标计划。韩国把氢能产业定为三大战略投资领域之一，发布了《氢能经济发展路线图》和《微型燃料电池动力系统国际标准》。澳大利亚发布了《国家氢能战略》和《国家氢能战略目标》。美、加、日、欧等多个清洁能源部长级会议（CEM）成员宣布启动新的氢能倡议，“氢能源部长会议”提出未来10年在全球普及1000万辆氢燃料电池车。[①] 在中国，中共十八大报告首次提出建设“美丽中国”的奋斗目标，并将生态文明建设纳入中国特色社会主义事业“五位一体”总体布局。绿色发展是中国共产党十八届五中全会提出的“五大发展理念”之一，是生态文明建设在发展理念上的具体表现。《中共中央关于制定国民经济和社会发展第十三个五年规划的建议》还指出：绿色是永续发展的必要条件和人民对美好生活追求的重要体现。必须坚持节约资源和保护环境的基本国策，坚持可持续发展，坚定走生产发展、生活富裕、生态良好的文明发展道路；积极承担国际责任和义务，

---

① 中华人民共和国科学技术部著：《国际科学技术发展报告·2020》，北京：科学技术文献出版社，2020年版，第7页。

积极参与应对全球气候变化谈判，落实减排承诺，主动参与2030年可持续发展议程等。[①] 在中共十九大报告中，中共中央总书记习近平指出："加快建立绿色生产和消费的法律制度和政策导向，建立健全绿色低碳循环发展的经济体系。"[②]根据美国航天局卫星数据，2000—2017年全球新增绿化面积约1/4来自中国。中国引领全球气候变化谈判进程，积极推动《巴黎协定》的签署、生效、实施。2020年9月，国家主席习近平在第七十五届联合国大会一般性辩论上，代表中国宣布了二氧化碳排放2030年前实现达到峰值、2060年前实现碳中和的目标承诺。中国生态文明建设，包括产业绿色发展取得的成就，已得到国际社会的广泛肯定。

2. 产业组织演变的崭新趋势。世界范围内产业组织变化的崭新态势特征是，垄断竞争成为产业组织演进的常态。

竞争与垄断的关系及其实现形式是主流经济学关于产业组织理论研究的主要对象，这一关系因为与制度文化、市场经济体制机制、市场竞争主体行为、产业份额占有比例或所谓市场规模结构、市场对资源配置和调节的绩效等密切相关而表现出不同的类型，在理论上则抽象为所谓市场的完全竞争、完全垄断、寡头垄断、垄断竞争等。但是，现实中市场的完全竞争和完全垄断都是不存在的，根本原因是影响市场结构、产业、经济、经济社会的因素非常复杂，包括自然、社会和人类行为等多种多样的影响因素。况且，竞争与垄断这两个概念只是对市场交易活动实际的某

① 《党的十八届五中全会〈建议〉学习辅导百问》编写组著《党的十八届五中全会〈建议〉学习辅导百问》，北京：党建读物出版社、学习出版社，2015年版，第7、26页。

② 习近平：《决胜全面建成小康社会 夺取新时代中国特色社会主义伟大胜利——在中国共产党第十九次全国代表大会上的报告》，载《党的十九大报告学习辅导百问》编写组著：《党的十九大报告学习辅导百问》，北京：党建读物出版社、学习出版社，2017年版，第40页。

种理论抽象，包括主流经济学家在内的社会大众对其理解还是多有歧义。乔治·施蒂格勒（Stigler，G.）认为：竞争系个人或集团或国家间的角逐，凡两方或多方力图取得并非各方均能获得的某些东西时就会有竞争。竞争至少与人类历史同样悠久，所以达尔文（Darwin）从经济学家马尔萨斯（Malthus）那里借用了这个概念，并像经济学家用于人的行为那样，将它应用于自然物种。古典经济学家感到没有必要对竞争作精确定义，因为他们认为垄断是非常罕见的。在 19 世纪的后 30 多年间，竞争概念成了深入研究的对象，因为包括铁路、公用事业及制造业在内的大型企业的增加，使简单的竞争概念不再适合于英国之类的工业经济了。在理论经济学中，完全竞争的概念仍一如既往盛行不衰。作为构成“产业组织”领域的更为实际的市场与产业研究的最初结合，这一概念也同样广为流行。但是，它在论述持久与不能完全预见的变化上有着局限性，在经济学拿出一套论述变化的理论之前这种局限性将无法消除。即便在静态经济背景下，垄断竞争概念也正在被数理经济学家不断净化。与此同时，竞争的核心因素——交易者可自由地按其意愿使用资源，以及自由地按其希望的价格交换资源——将继续在企业经济的经济学中扮演重要角色。[①] 垄断竞争问题及理论的提出，源于实践和理论两方面的主要原因：一方面，20 世纪初，大企业的行为越来越引起关注，引致要求反垄断立法的呼声越来越高；另一方面，1933 年琼·罗宾逊（Robinson，J.）和爱德华·H. 张伯伦（Chamberlin，Edward H.）几乎同时出版了论垄断竞争的著作，提供了市场形态分析的新观点。此后，计量

① ［英］约翰·伊特韦尔、默里·米尔盖特、彼得·纽曼编：《新帕尔格罗夫经济学大辞典》第一卷：A–D，北京：经济科学出版社，1996 年版，第 577–581 页。

垄断程度的定性与定量分析越来越多地出现了。为了寻找一个适当的"垄断程度"指标而进行的概念上和统计上的各种尝试对更好地了解有关问题作出了贡献。虽然大多数尝试都有助于认识垄断问题，但是这个问题过于复杂，并且是多方面的，以至于不能压缩成一个单独指标，也不能用纯数量术语进行充分的描述。[①] 现在，我们知道作为介于完全竞争和完全垄断之间的一种市场结构，垄断竞争或"垄断程度"的影响因素至少包括：市场上企业的数量及各自的行为选择、产品之间的差别及其替代性、企业现实和潜在的市场势力大小、企业进出市场的体制机制以及是否存在障碍等。现实是，伴随经济社会发展、产业发展、市场演进等一系列发展过程，特别是伴随第四次工业革命浪潮兴起，垄断竞争已经成为产业组织演进常态。

——大规模定制产业发展及其产业组织特征。斯坦·戴维斯（Davis，Stanley M.）在1987年出版的《未来理想》一书中，对大规模定制（Mass Customization，MC）进行了描述和命名。人类历经手工生产方式、大规模生产方式，至今又出现了所谓的大规模定制这一生产方式，同时也伴随着相应的产业组织形态的演进和变化。所谓大规模定制生产方式，按照《大规模定制》一书的作者约瑟夫·派恩（Pine，J.）的说法，就是个性化定制产品和服务的大规模生产。大规模定制是两个长期竞争的管理模式的综合：个性化定制产品和服务的大规模生产。作为企业竞争的新前沿，大规模定制能够以大规模生产（Mass Production）的价格实现产品

① ［英］约翰·伊特韦尔、默里·米尔盖特、彼得·纽曼编：《新帕尔格罗夫经济学大辞典》第一卷：A-D，北京：经济科学出版社，1996年版，第829-831页。

多样化甚至个性化的定制。[①] 或者，我们还可以说，大规模定制就是以大批量生产的低成本、高质量和高效率提供定制产品和服务以满足客户个性化需求的生产方式。这一生产方式所引致的产业组织形态的变革和演进特征，既不像手工生产方式下的那种纯粹靠个人技巧、技艺或技术赢得市场竞争优势或带来赢利能力的类型，也不像主要依靠同一厂家同一产品的大规模生产或者再加上专业化分工基础上的有知识、掌握一定技术的技能型劳动者的共同努力，所形成的在同一市场上的不同厂家同一产品的性能、质量和成本差异等所带来的市场竞争力、价格竞争力或由规模经济所带来的赢利能力的类型，而是面向市场需求的多样化乃至个性化需求所带来的市场竞争力、价格竞争力或主要由范围经济所带来的赢利能力的类型。派恩指出：在大规模生产中，低成本主要是通过规模经济实现的——通过高产量和生产过程的高效率降低产品和服务的单位成本。在大规模定制中，低成本主要是通过范围经济实现的——应用单个工艺过程便可更便宜、更迅速地生产多种产品和服务。公司常常两者兼顾，用标准化零部件实现规模经济，零部件按多种方式进行组合，形成多种最终产品，从而实现了范围经济。[②] 作为企业竞争的新前沿，大规模定制将带来产业组合结构的革新，包括：以个性化客户为中心，作为服务中介要先服务内部客户，再去服务它们的客户，面向个性化和时间加速的过程重组，推动多样化和定制化的包络，集成价值链，授权于

---

① ［美］B. 约瑟夫·派恩著，徐锡华等校，操云甫等译：《大规模定制》，北京：中国人民大学出版社，2000 年版，第 45 页。

② ［美］B. 约瑟夫·派恩著，徐锡华等校，操云甫等译：《大规模定制》，北京：中国人民大学出版社，2000 年版，第 45-46 页。

人和团队，创造额外知识，从层次组织转向网状组织，分解价值链等。① 大规模定制模式确实是一个企业竞争的新前沿，而且它在演进过程中会面临许多限制条件或市场扰动因素的挑战，包括产品和过程技术的冲击、客户合并的冲击、信息过载、开发周期的限制、生命周期的限制等。明显的教训是：环境扰动性高，潜在的收入和利润就会不稳定地升降。但是，企业竞争的基本原理没有停止发展。在大规模生产模式下，产品和过程生命周期的结合是一个主要的优势缔造者；而在大规模定制模式下，产品和生命周期的分离则是优势的主要缔造者。企业竞争的下一步很可能是企业的大规模定制，或者冠以“虚拟企业”：专为完成某一特定任务而拼凑起来的功能交叉的跨公司团队，一旦市场机遇逐渐消失，团队也就解散了，每一个企业可以通过下一个虚拟企业为下一个任务重新安排其能力和资源。从为适应单个客户需求而提供总体解决方案，到开发一个可以由千千万万客户大规模定制的新产品或服务，再到创造一个可以动态提供产品和服务流的新过程，这些都是企业的任务。进一步地，如果法律允许，还可以形成一种能够常规地形成虚拟企业的能力——这一所谓“敏捷制造企业”的一种最有力的竞争武器——企业集成网（EINet，Enterprise Integration Network）。该网络使整个企业之间能够共享商业信息和服务，最终使全世界的企业可以共享。下一个逻辑进程将是大规模定制能力和资源的开发，它使形成虚拟企业成为可能。这大概可以通过即时教育、开发协同的交叉学科技能、专家系统技术和计算机合作环境等方法来实现。时代已经到了向大规模定制模式这

① ［美］B. 约瑟夫·派恩著，徐锡华等校，操云甫等译：《大规模定制》，北京：中国人民大学出版社，2000 年版，第 211-228 页。

一企业竞争的新前沿转变的时候了。[①] 工业互联网是大规模定制的基础，目前它在不少国家已上升到国家战略高度。以美国、德国为主导的“两极+两强”的竞争格局基本形成。美国提出“国家制造创新网络计划”等，利用自身的领先优势，主导成立了国际工业互联网联盟（IIC）。IIC 汇聚了 31 个国家和地区的成员，已经成为全球最重要的工业互联网推广组织。德国提出“工业 4.0”计划，着力生产制造智能化、数字化和自动化改造升级，打造工业新生态体系。德国也是 IIC 的重要领导成员。除美国和德国“两极”以外，日本、韩国、法国等新的强力竞争者不断涌现，工业互联网已成为全球制造业竞争的制高点。在中国，海尔 COSMOPlat 搭建了一个以用户为中心的社群经济下的工业新生态，从设计一直到售后服务全流程，“用户价值第一”，以用户体验为中心，为企业提供智能制造转型升级的大规模定制整体解决方案。[②] 体验经济（The Experience Economy）则通过协作定制化、适应性定制化、装饰定制化、透明的定制化等，有计划地消除了顾客所蒙受的不同损失。[③]

——分享产业发展及其产业组织特征。分享经济（Sharing Economy）是指将包括物品、资金、知识专长等闲置社会资源，通过互联网平台等以极低的费用实现效率与公平在更高经济形态上的统一，进而实现价值和社会价值创新的经济模式。相应地，支

① ［美］B. 约瑟夫·派恩著，徐锡华等校，操云甫等译：《大规模定制》，北京：中国人民大学出版社，2000 年版，第 229-250 页。

② 中国社会科学院工业经济研究所：《中国工业发展报告·2020》，北京：经济管理出版社，2020 年版，162-169 页。

③ ［美］B. 约瑟夫·派恩、詹姆斯·H. 吉尔莫著，夏业良、鲁炜等译：《体验经济》，北京：机械工业出版社，2002 年版，第 91-98 页。

撑分享经济的产业或产业体系就可以称之为分享产业。需要指出，若从理论上具体分析，则以汉语表达的“分享经济”与所谓的“共享经济”这两种经济模式会有所不同。分享经济的本质是以租代买，资源的支配权与使用权分离；而共享经济是指以获得一定报酬为主要目的，物品使用权暂时转移。目前，已有从政治经济学角度研究分享经济新模式的新视角：在政治经济学中内生了技术，综合了技术经济学方法；政治经济学本身综合了垄断竞争理论，形成垄断竞争政治经济学。分享经济实质上是网络经济的利益层面，而研究分享经济的利益关系时，分享经济学从新古典经济学那里借鉴了它以均衡理论为标志的大局观与全局观，但克服了其外生利益相互作用分析的缺点；从政治经济学和新制度经济学那里吸收了把利益相互作用分析置于经济分析中心的优点，但克服了它们在均衡分析上的短板，尤其是在均衡价格分析上难以兼顾资源配置与利益相互作用分析的弱点。最终在广义均衡框架下，以垄断竞争的双层规划模型实现古典经济学与新古典经济学这两大水火不相容的体系的充分融合。① 从产业组织特征来看，分享产业本质上是垄断竞争型的，是垄断竞争型产业组织演进中的一种崭新形态。在中国，发展分享经济是“十三五”规划确定的目标之一。近年来，各类分享产业迅速崛起，发展势头强劲，分享经济已经深入我们生活。

——零工产业发展及其组织特征。零工产业是零工经济（gig economy）的支撑产业。所谓零工经济是指那些能够支撑以往被称为临时性工作（contingent work）的部分的“零工”这一独立工作

① 姜奇平著：《分享经济：垄断竞争政治经济学》，北京：清华大学出版社，2017 年版，“前言”第 10 页，第 394-395 页。

形式的公司或商业体系。零工经济的经济价值来源于不断增长的、人们开始从事工作时间不定的工作，这有别于以工作时间固定不变为特征的传统工作。目前，零工经济、按需经济与共享经济常常被广泛地交叉使用，因为三者都是相互之间有一定交集的新经济模式。所以，有必要指出：按需经济（on-demand economy）是零工经济的一个子集，它是指在需求触发下提供产品或服务的数字市场的经济活动，或者说它是指产生于数字市场的一种能够满足客户“即时”获得商品或服务需求的经济活动。因此，按需经济与零工经济的区别关键在于需求的即时性，而即时性取决于零工所需的技能水平和持续时间。共享经济则是一种点对点交易的经济活动，它所提供的产品或服务都与实物资产有关。共享经济和按需经济的实现都需要技术平台的支持，同时技术平台也能够处理金融结算的交易。[1] 根据零工经济以及相应的零工产业的概念，零工产业市场上的卖方与买方的行为选择、占有的市场份额、对供需价格的影响以及所导致的市场绩效等，一定是多种多样的，更何况零工经济和零工产业还与按需经济和按需产业、共享经济和共享产业等相互之间存在着一定的交集；但零工产业市场结构一定是介于完全竞争与完全垄断之间的一种垄断竞争形态；同时，由于零工经济和零工产业的发展越来越依赖于数字网络平台的支撑，所以零工产业市场结构还是一种新型的垄断竞争市场结构形态。玛丽昂·麦戈文（McGovern，M.）指出：独立工作趋势将在全球范围内兴起。麦肯锡全球研究所的研究表明，未来自由劳动力市场将以18%的速度增长。MBO Partners 的研究表明，到 2021

---

① ［美］玛丽昂·麦戈文著，邱默楠译：《零工经济——在新工作时代学会积累财富和参与竞争》，北京：中信出版社，2017 年版，第 11-28 页。

年，美国自由工作者的人数将增长 16.4%，占美国非农业劳动力人口的 41%。国际猎头巨头任仕达（Randstad）的预测认为，2025 年超过 50%的劳动力将是非传统工作者，或者说是灵活就业者。不仅在美国，在大多数欧洲国家，至少 1/4 的人口以某些方式参与了这种非传统工作，参与率甚至比研究者预计的要高得多。非传统工作者涵盖了各个领域，从中国的共享出行服务滴滴快车到澳大利亚的 Expert360 咨询平台，还有大量提供专业资源金字塔上不同等级服务的数字平台。此外，Fiverr 等许多美国平台都拥有全球化的工作者网络。这种世界性的增长缘于科技、人口趋势和劳动力赋权等一系列因素。[①] 在中国，目前零工产业正在蓬勃发展。“实施就业优先战略”，“建立促进创业带动就业、多渠道灵活就业机制”等内容，已列入《中华人民共和国国民经济和社会发展第十四个五年规划和 2035 年远景目标纲要》中。国务院还专门出台了《国务院办公厅关于支持多渠道灵活就业的意见》（国办发〔2020〕27 号）等文件，对多渠道灵活就业作出政策扶持规定。

3. 产业政策演变的崭新趋势。世界范围内产业政策演进的崭新态势特征是，产业政策的绩效越来越显著。

产业政策演变是整个产业发展的有机组成部分。这一演变过程首先是由产业政策的有效性所决定的；同时从根本上看，这又是产业遵循其发展基本规律的必然结果。其基本规律包括产业发展必然遵循的社会生产力发展的一般规律、社会生产关系发展的一般规律、社会生产关系适应生产力发展的规律等。为适应世界范围内第四次工业革命浪潮而兴起的产业政策演变，呈现出产业

① ［美］玛丽昂·麦戈文著，邱默楠译：《零工经济——在新工作时代学会积累财富和参与竞争》，北京：中信出版社，2017 年版，第 209-210 页。

政策绩效越来越显著的趋势特征。

——产业政策有效性所决定的产业政策演变。产业政策演变的历史伴随着对产业政策有效性的不同认识而发展。虽然伴随产业发展的历史进程，产业政策是有效的这一点越来越得到学术界的认同，但在产业政策有效性问题上的学术争论却一直未断，时常出现围绕产业政策有效性的新的争论，进而影响着产业政策的进一步应用。从理论上看，产业政策有效性问题主要源于对市场失灵（Market failure）和政府失灵（Government failure）的不同认识，目前比较一致的是产业政策之所以有效就在于它能够解决经济资源配置和调节中的市场失灵问题；同时，产业政策的有效程度也因为经济资源配置和调节中政府失灵问题的存在而受到内在制约。所谓市场失灵，在微观层面是指由于垄断或不完全竞争、外部性、公共物品、不完全信息、社会公平等原因造成的完全竞争的市场不存在，进而导致市场机制不能实现经济资源的最优配置和调节问题。新古典经济学认为，完全竞争的市场机制能够达到经济资源的帕累托最优配置，但现实中的市场却常常因为垄断的存在而使价格和生产规模偏离自由竞争均衡，进而导致经济运行的无效率和不公平问题。由于市场主体的典型行为特征是关注私人成本和收益，不关心社会成本和收益，所以其对经济资源的配置和调节往往就造成边际私人成本与边际社会成本、边际私人收益与边际社会收益的不对等，进而导致经济资源配置和调节的外部性问题。公共产品的享用具有非排他性等特点，这使得未对公共产品的提供作出贡献或未提供成本的市场主体也可能获得公共产品，产生所谓“搭便车”或“公地困境”问题，而这一问题的解决又不能依靠市场主体自我解决。不完全信息或信息不对称，是指各市场主体彼此之间所掌握的市场信息有多有少，这可能是市场主体的自身能力有限所致，也可能是信息传播途径受阻所致，还可能是市场机制本身不能够产生足够的信息并未有效加以配置和调节所致。包括新古典经济学家在内的众多主流经济学家都已经注意到市场机制并不能很好地解决社会公平问题。市场失灵在宏观层面的存在，是因为凯恩斯主义经济学家所谓的导致消费需求不足的三大基本心理规律，即消费倾向递减规律、资本边际效率或预期利润率递减规律、流动偏好规律使然，其中消费倾向递减规律解释了消费需求不足的问题；资本边际效率递减规律或预期利润率递减规律、流动偏好规律一并解释了投资需求不足的问题。消费倾向递减规律的基本内容是，消费支出取决于收入，由于人们天生爱好储蓄，所以当收入增加时，就倾向于将更多的钱储蓄起来，导致消费的增加不如收入增加得快。资本边际效率或预期利润率递减规律的基本内容是，投资决定就业，投资决策受企业家对未来市场前景预期的影响，而企业家对未来资本收益的预期是以非理性的预期为基础，对不确定的未来所作出的决策易发生突然而剧烈的变动，资本边际效率或预期利润率在短期内波动不定。此外，伴随投资增加的资本资产供给价格也会增加，故而资本边际效率在长期中有下降的趋势。流动偏好规律的基本内容是，流动性是指资产在不损害其原有价值的条件下变成现金的难易程度。在所有资产形式中现金本身的流动性最大，因而人们在心理上对现金有一种特别的偏好，即喜欢以现金形式保存自己的一部分资产，要让一个人放弃这种偏好，把现金贷给别人，就必须向他支付利息，以弥补其放弃流动偏好的损失，利息是放弃流动偏好的报酬。而人们之所以喜欢以现金形式保存财富则是源于交易、谨慎和投机三个动机，即需要现金做个人或业务上交易之用、保障一部分资产在未来的现金价值或应付不时之需、利用现金谋利。斯蒂格利茨等进一步指出：发达国家和欠发达国家之间的差异不仅仅在于资源差异，也在于知识水平的差异。发展政策的核心关注点应该是缩小差距，这就意味着发展中国家要强化学习。现代产业政策的核心目标之一，就是去发展具有更大学习能力和对其他产业有更多溢出效应的特定产业和技术。（产业政策最初的目标是支持工业部门，今天这一名词的使用更为广泛，包含了一整套政策用以鼓励特定产业或技术，因此促进农业部门、研究部门和服务部门发展的政策也被纳入产业政策中。）任何阻碍学习的政策，包括想要限制产业政策的政策，长期来看都会降低社会福利水平。许多传统发展政策的观点和立场都是错误的，"华盛顿共识"就是一个例子，虽然精心设计的贸易限制、补贴和汇率干预被"华盛顿共识"政策所摈弃，但这却能在促进学习中起到重要作用。更好地促进学习，包括实现最优平衡快速学习带来的动态收益和政府干预带来的短期（静态）成本，以及最好地设计政府干预措施。应该更多地讨论政府干预的形式，而非是否应该进行政府干预。① 从广义上看，产业发展的政策是包括从有关产业发展的法律、法规、法令到财政、金融、就业、科技、教育、对外合作等，以及具体的产业发展战略、规划和计划、投资和消费指南，乃至作为软政策的习惯行为规范等一整套制度—政策安排，这是因为经济发展、产业发展过程中的人类行为会受到经济、政治、社会、文化等诸多因素影响，在对外开放条件下，还要受到

① ［美］约瑟夫·斯蒂格利茨、［美］布鲁斯·格林沃尔德著，陈宇欣译：《增长的方法：学习型社会与经济增长的新引擎》，北京：中信出版社，2017年版，第18-20页。

各个国家和地区有关产业发展政策的直接或间接影响。从狭义上看，政府产业政策主要包括财政、金融、就业、科技、教育、对外合作，以及与产业发展紧密相关的产业发展战略、规划和计划、投资和消费指南等。产业政策的有效性不断得到经济发展和产业发展实践的证实。1929—1933 年世界性经济危机爆发，凯恩斯主义经济学应运而生。第二次世界大战以后，西方国家广泛采用凯恩斯主义经济学倡导的干预政策，在一定程度上纠正了市场失灵。国家干预政策从此成了西方国家重要经济和产业政策，用来克服市场失灵，实现社会福利最大化。所谓兼采市场机制与政府调控机制优长的“混合经济”已成为世界各个国家和地区经济运行的常态。世界银行的研究结果表明：在 1965—1990 年间，东亚 23 个国家和地区的经济增长速度高于世界其他地区。这种成绩的取得主要归功于其中 8 个经济实体近乎奇迹般的增长。日本、“四小龙”——中国香港、韩国、新加坡、中国台湾，以及东南亚的 3 个新兴工业化国家，即印度尼西亚、马来西亚和泰国。“东亚奇迹”产生的原因，除了地理和文化等重要因素以外，主要是鼓励宏观经济稳定等基本经济原则和包括轻度金融抑制、有选择的产业扶植等在内的选择性干预政策。[①] 然而，政府也可能失灵，包括由于政府决策过程中没有充分发挥民主、信息缺失、方法不科学、政策生效时滞等造成的干预过度或干预不足；由于政府规模膨胀、浪费和滥用资源、巨额财政赤字等造成的纳税人负担过重、政策实施成本偏高；由于监管考核缺失或民众的“搭便车”行为和利益集团的操纵、诚信缺失或民众—政府委托代理或多重代理中存

① 世界银行工作人员编，财政部世界银行业务司译：《东亚奇迹：经济增长与公共政策》，北京：中国财政经济出版社，1995 年版，第 1、6-7 页。

在的道德风险、寻租等造成的交易成本增大，等等，这一切进而导致经济效率和社会福利的损失。此外，跨国污染和外溢经济效果等外部性问题、国际经济贸易投资等的纠纷问题、各个国家和地区产业政策取向不协调等问题，也都会造成实施结果可能偏离公众目标，进而导致一定的经济效率和社会福利损失。为了最大限度地解决政府失效问题，多年来世界银行在其年度发展报告中，提出了一系列有关改善和变革产业政策的主张：更大限度地开放和国际一体化有许多好处，但也会增加风险。为了管理这些风险，东亚国家（地区）需要在各自国内、本地区和国际三个层面采取行动。东亚国内政策的记录相当好，危机引发了一系列改革，如果能够将这些改革坚决贯彻下去，东亚的国内政策会更好。但是，全球化更要求各国在地区和国际层面协调政策和制度，以便充分实现与世界经济的整合，并从中获益。[①] 环境和社会压力反映出制度在管理和提供公共货物、纠正溢出效应以及评价各种不同利益方面的失败。溢出效应的空间范围因问题的不同而不同，从地方到国家再到全球各个层面都需要有合适的制度。要达到社会可以接受的结果，就需要制度能够分清谁该承担对社会和环境麻木不仁的责任，而谁该得到实惠以及谁又能在社会范围内平衡这些形形色色的利益。[②] 国际经验证明，在市场一体化条件下，资本和劳动的配置效率提高，集约化程度和区域专业化程度提高，这些因素都有助于 GDP 增长。特别应该指出的是，市场一体化推动了经济从农业向制造业、服务业转移，并降低了土地肥沃程度和资源

---

① ［美］约瑟夫·E. 斯蒂格里茨、沙希德·尤素福编，王玉清、朱文晖等译，黄卫平校：《东亚奇迹的反思》，北京：中国人民大学出版社，2003 年版，第 24 页。

② 世界银行《世界发展报告》编写组著，本报告翻译组译：《2003 年世界发展报告》，北京：中国财政经济出版社，2003 年版，第 10 页。

禀赋对于各地区经济发展和收入水平的影响力。在一个一体化程度高的市场内，如果交通运输和通信网络较好，相对生产成本（而不是地理位置）就会成为生产制造业和远距离服务业选址的决定因素。制造业在地域上越来越集中，特别是集中于那些容易进入大市场的地方。[①] 改善投资环境要求法规和政策的变革，而这又需要政府应对好相互联系的四项挑战，即限制寻租行为、建立公信力、增强公众信任和合法性、确保政策适应当地的情况。[②] 宏观政策的动荡既是潜在的社会不公和与之相关的制度的缺陷导致的结果，也是这两者产生的原因；并且会阻碍社会发展和社会公平的实现。具体政策的设计、责任管理机制和社会冲突管理机制的补充有助于解决这些问题。实现更高程度世界性公平需要改善禀赋、解决市场不完善问题的全球政策，以及更具代表性的全球化体制。[③] 政府可以通过良好的政策促进经济生产集中地区和落后地区的经济一体化，政策一体化的政策工具包括公共制度、基础设施和干预措施。[④] 40 多年来，中国的经济越来越多地融入全球经济体系中，与此同时，中国经济以两位数的增长率迅速增长，使 7 亿多人口脱离了贫困，这一经济增长的成功纪录举世闻名。问责机制和集体领导权的重大变革促进了适应性的政策决策产生并提升了国家能力，而这恰恰是中国经济成功的力量所在。中国经验凸

---

① 世界银行著：《中国：推动公平的经济增长》，北京：清华大学出版社，2004 年版，第 44 页。

② 世界银行著，中国科学院-清华大学国情研究中心译：《2005 年世界发展报告 改善投资环境，促使人人受益》，北京：清华大学出版社，第 6 页。

③ 世界银行著，中国科学院-清华大学国情研究中心译：《2006 年世界发展报告：公平与发展》，北京：清华大学出版社，第 201-202 页、207 页。

④ 世界银行著，胡光宇等译：《2009 年世界发展报告：重塑世界经济地理》，北京：清华大学出版社，2009 年版，第 37-38 页。

显了更多地关注制度的职能而非制度的形式的必要性。①

——产业发展遵循产业发展基本规律的必然结果。一是充分发挥市场机制的调节作用与更好发挥政府调控作用的有机结合。现实中并不存在理论上的所谓完全竞争市场并形成广泛共识，政府干预在很大程度上是必要的；只有充分发挥市场机制对于资源配置和调节的有效作用，更好发挥政府在经济发展、产业发展中的有效调控作用，即将有效市场与有为政府的作用有机结合，才能最大限度地同时克服“市场失效”与“政府失效”，这如今已得到世界许多国家和地区越来越普遍的认同。充分实现有效市场和有为政府作用的有机结合，内在机理还是在于协调处理好解放和发展社会生产力、协调处理好社会生产关系、完善和变革社会生产关系以适应社会生产力发展的客观要求。因为只有充分发挥包括竞争、供求、竞争、价格等市场机制的作用，才能最大限度地对社会生产力因素及其组合进行激励，进而取得社会生产力发展应有的物质和精神条件、发展规模和速度、发展质量和效益，最大限度地提供社会生产力发展应有的时空条件和稳定持续过程，最大限度地保持社会生产力的创新、创造活力。只有通过同时充分发挥市场机制与政府调控二者的有效作用，进而协调处理好人们在经济社会发展、社会生产和再生产、产业发展中的各种社会关系，才能实现社会公众利益与私人利益、局部利益与全局利益、短期利益与长期利益等的协调和有机统一，进而才能建立起适应社会生产力发展所需要的社会生产关系。只有在社会生产力获得长足发展并且发生阶段性特征明显变化的条件下，及时变革和进

① 世界银行著，胡光宇等译：《2017 年世界发展报告：治理与法律》，北京：清华大学出版社，2018 年版，第 3 页。

一步完善社会生产关系，才能保证社会生产力继续朝着更高阶段、更高水平、更有生机和活力的方向迈进。

二是社会总供需动态平衡得以越来越充分地体现。从根本上看，社会生产力不断向智能化迈进的过程，必然伴随着社会生产关系的不断相应调整，而且这种调整又必然伴随着社会生产和再生产、经济发展、产业发展中各种社会利益格局的新变化和调整；特别是，在社会生产力发生阶段性跃进的情况下各种社会生产关系还必须作出深刻变革和创新，以更好地适应社会生产力的阶段性变化和调整，否则，就必然会成为社会生产力进一步发展的束缚，乃至严重桎梏。在社会生产和再生产、经济发展和产业发展过程中，社会生产力发展规律、社会生产关系发展规律、社会生产关系适应社会生产力发展规律的客观要求，在实现形式上主要表现为社会总供给与社会总需求，经济发展、产业发展的近期目标任务与远期目标任务，经济发展、产业发展的国内战略布局与国外战略布局之间关系的相互协调。这是因为微观经济领域内的企业生产经营，中观经济领域内的地方、局部区域、行业、部门等的资源配置与调整，主要限于与本企业、单位、地方、行业和部门等有紧密物质利益关系的经济发展、产业发展的近期、局部目标任务的实现；而在宏观经济领域，国家对各种经济资源的配置与调节则必须充分满足社会利益需求，充分考量关系全局、长远利益的经济发展目标任务的实现。在对外开放条件下，无论是微观经济领域、中观经济领域，还是宏观经济领域经济发展、产业发展目标任务的实现，都必须充分统筹考虑经济资源在国内与国外两个市场空间的配置与调节的协调问题。消费品价格指数（CPI）是社会总供给和总需求平衡状况的综合反映和主要显示指标。据统计①，2013—2018年六年中居民消费价格指数年均增长率中国、日本、韩国、新加坡、美国、法国、德国、意大利和英国分别是1.9%、0.9%、1.3%、0.6%、1.5%、0.7%、1.1%、0.6%、1.7%，其中，最大增长率也在2%以内。与此同时，这些国家的经济总量（GDP）却都保持了稳定的正增长。这说明，与历史上频繁出现的经济总量增长大起大落的现象和问题相比，现如今世界各个主要国家保持经济中长期增长的政策调控能力的水平较高，世界经济发展、产业发展的长期稳定性和动态有效性趋于提高。仅就创造了“东亚奇迹”的东亚经济体而言，世界银行在对其深入研究后指出：稳定的环境和低通货膨胀率的好处是不容置疑的。适度的通货膨胀率未必对经济增长和储蓄有害，但商业信心以及与之相关的投资包括外商直接投资，在政治环境和经济稳定下才最为兴旺。“东亚奇迹”的关键之一是各主要经济体都能够就长期规划作出值得信赖的承诺，规划体系功能的发挥在相当程度上独立于政治压力，进而促成最大的产出和就业，不太可能迁就那些往往是近视的政治需求，而偏离对长远目标的追求。② 在中国，总结整个经济社会发展、社会总供给和总需求关系演进的历史经验教训，基于中国经济新常态、第四次工业革命发展浪潮、西方供给学派及其理论成效等时代背景，以习近平同志为核心的党中央作出了推进供给侧结构性改革的目标任务，这既是习近平新时代中国特色社会主义政治经济学的重要组成部分，也是以习近平同志为核心的党中央领导中国贯彻新发展理念，建设现代化经济体

① 国家统计局编：《国际统计年鉴—2019》，北京：中国统计出版社，2020年版，第218页。

② ［美］约瑟夫·E.斯蒂格里茨、［美］沙希德·尤素福编，王玉清、朱文晖等译，黄卫平校：《东亚奇迹的反思》，北京：中国人民大学出版社，2003年版，第5-6页。

系的重大战略部署。习近平同志最先科学阐释了供给侧结构性改革的概念。2016年1月18日，习近平同志在省部级主要领导干部学习贯彻党的十八届五中全会精神专题研讨班上的讲话中指出："供给侧结构性改革，重点是解放和发展生产力，用改革的办法推进结构调整，减少无效和低端供给，扩大有效和中高端供给，增强供给结构对需求变化的适应性和灵活性，提高全要素生产率。"①他还进一步指出了供给侧结构性改革与西方供给学派有本质上的区别：供给侧结构性改革要通过推动科技创新、发展实体经济、保障和改善人民生活的政策举措来解决我国经济供给侧存在的问题；既强调供给又关注需求，既突出发展社会生产力又注重完善生产关系，既发挥市场在资源配置中的决定性作用又更好地发挥政府作用，既着眼当前又立足长远。从政治经济学的角度看，供给侧结构性改革的根本，是使我国供给能力更好满足广大人民日益增长、不断升级和个性化的物质文化和生态环境需要，从而实现社会主义生产目的。而西方供给学派强调的重点是减税，过分突出税率的作用；只注重供给而忽视需求；只注重市场功能而忽视政府作用。②《中华人民共和国国民经济和社会发展第十三个五年规划纲要》把"以供给侧结构性改革为主线"列入"十三五"时期经济社会发展的指导思想之中；而《中华人民共和国国民经济和社会发展第十四个五年规划和2035年远景目标纲要》则又把"以深化供给侧结构性改革为主线"列入"十四五"时期经济社会发展的指导思想之中。

---

① 习近平：《在省部级主要领导干部学习贯彻党的十八届五中全会精神专题研讨班上的讲话》，北京：人民出版社，2016年版，第29-30页。

② 张卫国等著：《深化供给侧结构性改革问题研究》，济南：山东人民出版社，2017年版，第1-6页。

三是包容性制度—政策安排得到各个国家和地区越来越多的关注。包容的英语动词或词组可以有 tolerate（宽容）、pardon（原谅）、forgive（饶恕）、bear with（忍受）、condone（宽恕）、contain（包含）、hold（拥有）等多种表达。包容性增长（inclusive growth）由亚洲开发银行在 2007 年首次提出，基本含义是指机会均等地参与经济增长过程并公平合理地分享经济增长的成果；也是指一种经济和社会协调发展、可持续发展的增长方式。2006 年世界银行经深入研究指出：以公平作为发展的中心，是对过去 10—20 年围绕市场、人类发展、治理和赋权的发展思想要点的提升和整合。在发展中国家的政治和经济中追求更为公平的竞争环境的诉求，可以整合世界银行建立有利于投资的制度环境和赋权于穷人这两大目标。通过确保所有人（包括目前被排斥在外者在内）的个人权利、政治权利和财产权利得到制度上的保障，国家将能够吸引远远超过以往数量的投资者和创新者，并且大大提高为全体公民提供服务方面的有效性。从长期看，增加公平是提高经济增长速度的根本。提高全球领域的公正性，国际社会履行在蒙特雷[①]所作的承诺就是其中的重要一环，这有助于全人类增加公平。加速贫困国家的经济增长和人类发展，对减少全球不公平和实现“千年发展目标”具有至关重要的意义。[②] 为实现包容性增长所作的包容性制度—政策安排，同样从根本上决定于社会生产力发展规律、社会生产关系发展规律，以及社会生产关系发展适应社会生产力

① 蒙特雷（西班牙文：Monterrey）是墨西哥第三大城市，2002 年联合国发展筹资国际会议在此达成《蒙特雷共识》，即所谓“蒙特雷承诺”：携手一道迎接世界各地，尤其是发展中国家的发展筹资挑战；目标是随着迈向各方充分参与的、公平的全球经济制度的同时，设法消除贫穷、实现持续增长以及促进可持续发展。——作者注。

② 世界银行著，中国科学院-清华大学国情研究中心译：《2006 年世界发展报告：公平与发展》，北京：清华大学出版社，2006 年版，第 17 页。

发展的规律。因为只有包容性增长，才能使得生产力发展遵循人与自然和谐相处的必然要求，这就必然要求人们在经济社会发展、社会生产和再生产、产业发展过程中，适应自然、尊重自然和科学利用自然；特别是要通过充分发挥人的智慧，创新创造性努力，并且运用智能型劳动资料生产和提供技术、信息、智能密集物质产品和服务需求。还因为只有包容性增长，才能使得社会生产关系发展遵循以社会利益最大化为取向的不断协调化的必然要求，这就必然要求协调好经济社会发展，社会生产和再生产，产业发展过程中人与人、人与组织、人与社会，国家与国家、地区与地区（国际性的或一国之内的）之间的各种物质利益、经济利益关系，包括生产资料所有制占有、支配和使用的关系，生产、交换、分配和消费关系，抑或经济、政治、社会、生态、投资、消费、贸易、财政、税收、金融、科技、教育、文化等一系列关系；也只有包容性增长，才能在社会生产力发展遵循人与自然和谐相处基础上的不断智能化规律，社会生产关系发展遵循以社会利益最大化为取向的不断协调化规律的基础上，使得经济社会发展、社会生产和再生产、产业发展过程中社会生产关系发展适应社会生产力发展规律的前提和实现条件不断得以满足。

联合国千年目标（Millennium Development Goals，简称 MDGs）是一项有助于包容性增长的最权威的全球性制度—政策安排。2000 年 9 月，在联合国首脑会议上由 189 个国家签署通过的《联合国千年宣言》提出了旨在将全球贫困水平在 2015 年之前降低一半（以 1990 年的水平为标准）的行动计划。2005 年 9 月，第 60 届联合国大会对此进行了更新。修订过的千年发展目标主要是检测消除极端贫困与饥饿，实现普及初等教育，促进两性平等并赋予女性权利，减少儿童死亡率，提高孕产妇健康水平，防治 HIV/AIDS、疟疾和其他疾病，确保环境的可持续发展，为发展而建立全球伙伴关系等八个方面的具体检测进展的目标，并提交给了第 62 届联合国大会，2007 年 11 月 14 日第 12 次会议上相关机构和专家组提供了有关千年发展目标指标的新数据。[①] 据世界银行提供的 2009 年世界发展指标：在消除贫困和改善生活方面，1991—2007 年初等教育毕业率全世界、低收入和中等高收入国家分别由 79%上升到 86%、78%上升到 85%；在产出的增长方面，1990—2000 年国内生产总值（GDP）年均增长全世界、低收入国家、低收入和中等收入国家、高收入国家分别是 2.9%、3.4%、3.9%、2.7%，低收入、低收入和中等收入国家明显高于全世界平均水平，更高于高收入国家水平；在消费和投资的增长方面，1990—2000 年家庭最终消费支出的年均增长百分比全世界、低收入国家、低收入和中等收入国家、高收入国家分别是 3.0%、3.5%、4.0%、2.8%，低收入国家、低收入和中等收入国家同样明显高于全世界平均水平，更高于高收入国家水平；1990—2000 年资本形成总额年均增长百分比全世界、低收入国家、低收入和中等收入国家、高收入国家分别是 3.3%、5.2%、2.9%、3.4%，低收入国家的水平明显高于全世界平均水平，也明显高于高收入国家水平。更为值得关注的是，在推动发展的信息与通讯技术（ICT）方面，信息与通讯技术的迅猛发展把全世界的人、企业与政府相互联系在一起，使知识可以在不同的文化与国家之间分享。发展中经济体对 ICT 的创造性利用正在改变着人民的生活，为他们提供了新的机会。如银行服

① 世界银行著，中国财政经济出版社组织翻译：《2009 年世界发展指标》，北京：中国财政经济出版社，2009 年版，第 12-13 页。

务和找工作的信息就可以通过移动电话和便携设备提供的短信服务来传递。农民和渔民也可以使用这些技术来跟踪市场价格与需求。[①] 据世界银行提供的2014年世界发展指标，在消除极端贫困方面，到2015年，世界范围内的极端贫困并不能被完全消灭，但是“千年发展目标”中将其减半的目标将得以实现。发展中国家（1990年被划分为中、低收入的国家）每日生活费用不足1.25美元的人口比例已从1990年的43.1%下降到2010年的20.6%，全部6个发展中国家和地区（撒哈拉以南非洲地区、南亚、东亚和太平洋地区、拉丁美洲和加勒比地区、中东和北非、欧洲和中亚）中有5个都达到了新的低点。除了南亚和撒哈拉以南非洲地区，该目标于2010年在地区层面上完成。在实现普及初等教育方面，2009年发展中国家的初等教育普及率接近90%，最贫困的国家2000年以来进步很快，尤其是南亚和撒哈拉以南非洲地区成效显著。在确保环境的可持续发展方面，千年目标要求到2015年，将无法获得卫生设施和改善水源的人口比例减半。1990年，有将近13亿人缺乏便捷、卫生的饮用水源。到2012年这一数字降低了41%，为7.52亿人。在发展中国家，能够获得改善水源的人口比例由1990年的70%上升到2012年的87%。1990年，中、低收入经济体中只有35%的人口拥有水厕及其他的卫生设施。2012年，这一比例上升到57%。在为发展而建立全球伙伴关系方面，自2000年以来，发展中经济体每100人中的互联网用户年均增长率达28%。[②] 2015年联合国千年发展目标已圆满达成。为延续千年目标的宝贵成果，

---

① 世界银行著，中国财政经济出版社组织翻译：《2009年世界发展指标》，北京：中国财政经济出版社，2009年版，第20、206、238、265页。

② 世界银行著，王喆等译：《2014年世界发展指标》，北京：中国财政经济出版社，2014年版，第2-3、8-9页。

继续发展包容性经济、包容性社会，确保生态环境可持续发展，2015 年 9 月 25 日，联合国可持续发展峰会在纽约总部召开。150 多位国家元首和政府首脑集聚联大会堂，通过了一份推动世界和平与繁荣、促进人类可持续发展的新议程，即“改变我们的世界——2030 年可持续发展议程”。这项协议由联合国 193 个会员国共同达成，涵盖 17 项可持续发展目标（SDGs），用于指导 2015—2030 年期间的全球发展。在中国，2015 年 7 月下旬外交部与联合国驻华系统共同发布的《中国实施千年发展目标报告》指出，中国提前完成了多个千年发展目标，受到联合国的肯定。中国是世界上最大的发展中人口、经济总量国家，对全球目标的实现有较大的影响，在推进实施联合国千年发展目标过程中，中国已从各个方面作出了艰巨努力并取得了显著成绩，得到世界各个国家和地区越来越广泛的赞许。

四是适应第四次工业革命浪潮兴起的制度—政策演进特征越来越明显。伴随以数字化、信息化、网络化、智能化和生物化为特征的第四次工业革命浪潮的兴起，世界各个国家和地区纷纷采取以数字、智慧、网络等赋能的经济社会发展举措，包括以数据革命为显著特征的数字发展，投资智慧城市建设；建立在数字技术基础上的互联网发展以及相应的所谓网络社会的建构等重大政策举措纷纷出台。在推进数据革命以促进数字发展方面，联合国发布的一份名为“真实的世界”报告称，“数据是决策的血液，是问责制的原材料。没有高质量的数据在正确的时间提供正确的信息做正确的事，设计、监督和评估有效的政策几乎是无法实现的”。世界正在经历前所未有的数据大爆炸。数字数据在 1998 年左右超过了模拟数据，并在 2013 年达到 460 亿兆字节。相当于 460

兆页纸所承载的信息，这些纸全部摞起来可以从地球到达冥王星。尽管高收入国家和低收入国家之间的绝对差距在扩大，但低收入国家的增速已经在 2008 年超过了高收入国家。为了利用这次数据大爆炸促进发展，人们将关注点放在两项重叠的创新上：“大数据”和开放数据。[①] 在投资智慧城市建设方面，创新型城市领袖们已开始将数据流实时应用在城市的状态和运行中，从而实现具有前瞻性视野的“智慧城市”，即城市利用最新的技术和连接性作出更好的决策并实现居民的城市梦想。具体来讲，智慧城市会通过特定工具收集很多数据，通过融合的方式将这些数据组合起来，对这些融合数据进行分析，然后得出如何改善城市服务和生活质量的结论。智慧城市利用这三步法解决从缓解交通堵塞到打击犯罪、再到改善空气质量的所有问题。各地政府正在向智慧城市项目投入巨额资金，包括很多发展中国家。据报道，中国启动了 700 亿美元的“智慧城市”信贷额度和 80 亿美元的相关投资基金。印度正在寻求利用自己的信息技术产业建设 100 个智慧城市，其中第一年的预算超过 12 亿美元。巴西里约热内卢实施了开创性的智慧运营中心，汇聚了 30 多个机构和服务中心，比如美国国家航空和宇宙航天局（NASA）。即使是一些资源受限的非洲城市也搭上了智慧城市的快车，比如肯尼亚首都内罗毕附近的 Konza Techno 市。古老和年轻的城市都已经开始将智慧技术应用于现有的城市中心网络中，从而提高城市的运行率；提供覆盖整个城市的创新平台；并且通过提高问责制度、公民权利和智慧决策的方式加强社会包

① 世界银行著，胡光宇等译：《2016 年世界发展报告：数字红利》，北京：清华大学出版社，2017 年版，第 253 页。

容性。[①] 在建立在数字技术基础上的互联网发展以及相应的所谓网络社会的建构方面，也正如世界银行所指出的：互联网是真正的国际网络。各国协作可以更好地管理互联网，互联网也可以作为一个强大的平台，促进全球合作。三个重点领域是：互联网治理、建立全球数字市场、提供全球公共产品——包括促进减贫和环境可持续性的产品。互联网20世纪70年代诞生于美国政府的研究项目，后来发展壮大成为全球众网之网，其治理结构一直在演变。今天，互联网由政府、行业、技术专家和公民社会组成的国际联盟管理，称为多利益攸关方模式。随着发展中国家（尤其是东亚地区）的用户迅猛增长，现在美国用户仅占互联网用户总量的一小部分。许多国家要求在有关互联网治理的讨论中获得更有实质意义的代表权。[②]

伴随以数字化、信息化、网络化、智能化和生物化为特征的第四次工业革命浪潮的兴起，世界各个国家和地区纷纷出台重大举措，包括出台建构社会教育体系，进行教育改革，自觉学习行动计划贯穿发展过程——促进学习内生化等一系列政策措施，以促进建构学习型社会。在出台建构社会教育体系方面，正如世界银行所指出的：学习（不仅仅是学校教育）至关重要。在23个经济合作与发展组织（OECD）国家及其他许多国家中，除了人们所受教育年限长短的影响，培养人们计算能力和阅读能力等基本技能的简单措施也对其每小时的收入产生了影响。这些影响甚至延

① 世界银行著，胡光宇等译：《2016年世界发展报告：数字红利》，北京：清华大学出版社，2017年版，第250页。

② 世界银行著，胡光宇等译：《2016年世界发展报告：数字红利》，北京：清华大学出版社，2017年版，第38-39页。

续到劳动力市场之外。人的大脑适应环境、学习和获得技能的能力贯穿整个生命周期。世界上包括发达和欠发达国家和地区在内的许多国家和地区目前在应对导致教育体系失调问题的技术和政治限制因素方面已经开始在三条战线上采取有效行动：投资改善关于学习的信息体系，组织促进学习的联盟，采用重复性、适应性更强的改革方法。在进行教育改革方面，为了成功地实现千年发展目标（MDGs），许多国家进行了增加公民受教育机会的改革。可持续发展目标（SDG）指标将包括一系列可进行比较的学习标准，通过推动各国从重视学校教育转向重视促进学习，可持续发展目标（SDG）能够发挥类似的作用。① 在自觉学习行动计划贯穿发展过程——促进学习内生化方面，斯蒂格利茨指出：经济政策的重要目标之一，就是制定能够促进学习和学习溢出效应的经济策略和经济结构。创建一个学习型的社会，这样才能够在更高层面上提高整体社会的生活水平，而不仅仅是短暂地一次性提高经济效率，或者靠牺牲今天的消费来提升资本率。这一点对于发展中国家来说尤为重要。发展中国家和发达国家的人均国民收入水平差异主要来自知识水平的差异。制定将经济和社会转型为“学习型”的政策，将有助于发展中国家缩小这一知识水平差异，并带来显著的收入提升。发展，意味着学习如何去学习。西方国家从1800年左右开始向“学习型社会”转型，亚洲诸国近年来也开始了这一进程。向“学习型社会”转型的进程对人类福祉的影响要远远大于改善资源配置效率或资源累积带来的效果。②

---

① 世界银行著，胡光宇、赵冰译：《2018年世界发展报告：学习实现教育的愿景》，北京：清华大学出版社，2019年版，第58-60、82、227、241页。

② ［美］约瑟夫·斯蒂格利茨、［美］布鲁斯·格林沃尔德著，陈宇欣译：《增长的方法：学习型社会与经济增长的新引擎》，北京：中信出版社，2017年版，第8、12页。

伴随以数字化、信息化、网络化、智能化和生物化为特征的第四次工业革命浪潮的兴起，世界各个国家和地区纷纷出台重大举措，践行绿色简约生活。正如世界银行在深入研究后所指出的：人类是深度社会化的动物。我们的信念、欲望和行为受到社会偏好、人际关系以及人类赖以生存并作出决策的社会环境的影响。我们是“思维群体化的个体”，我们从社会的视角也从个体的视角来看待我们的世界；我们理解别人的思维，我们的行动常常显示我们的大脑似乎与他人的大脑联网了。政策可以挖掘人们相互联系并作为群体成员活动的社会倾向来推动社会变革。民主规则和法律能够促进有条件合作。借助社会规范能够降低能源消费量。建立在有条件合作之上的策略改变有助于创建节约的社会新规范。[①] 也就是说，社会思维、社会变革、有条件合作等，会有助于我们保护环境、节约能源，以及绿色出行等。正因如此，如今世界各个国家和地区越来越重视制定一系列配套的社会规范，包括法律、法规、条例、政策、战略、规划等来有效规范、约束和激励人们的行为选择，使之朝着绿色简约的生活方式或生活模式演进。

——产业政策的实施绩效越来越显著的国际经验。无论从已经崛起的世界经济强国美国、德国、日本等国家，还是从正在崛起的世界经济大国中国的产业发展的历史经验看，抑或是从全世界看，产业政策在推进包括产业结构转型、产业组织创新等的整个产业发展过程中，总体上呈现出绩效越来越好的演进态势。美国在经济崛起和崛起以后的全过程中，一直都在富有成效地制定和实施着产业政策。在与老牌经济强国英国等的产业发展竞争以

① 世界银行著，胡光宇、赵冰等译：《2015 年世界发展报告：思维、社会与行为》，北京：清华大学出版社，2015 年版，第 49、185-186、194 页。

及成为超级大国强国的过程中，美国所制定的鼓励创新、创造、创业，具有特色的混合经济模式、反垄断政策，以需求管理为主导、间或采取一定供给管理的宏观经济综合调控范式等，都曾在历史上发挥过卓有成效的作用。自20世纪中后期至今，美国则在包括信息产业、汽车制造业等的发展过程中出台和实施了世界上最有成就的政策举措。美国在1993年出台“信息高速公路”计划，1994年倡议建立“全球信息基础设施”，2000年推出“面向21世纪的信息技术计划”，2009年公布“美国创新战略”，2010年实施“国家宽带计划”。这些计划顺应了技术和产业发展的世界发展趋势，极大地推动了信息产业的发展，奠定了美国在电子信息产业领域的长期霸主地位。近几年，美国又提出“先进制造伙伴计划”和“先进制造业国家战略计划”，“重新占领能源科学和工程前沿”计划，制定新能源、特别是一系列新能源汽车产业发展战略规划，对电动汽车发展的战略目标、发展路线、发展举措等作了具体安排，并从立法、财政和人才等各方面加以落实等。为抢抓第四次工业革命机遇，美国宣称进入“第二次科技进取时代”，提出发展并引领未来产业。德国是已经崛起的欧洲乃至世界强国，历史上曾制定出赶超英国等老牌崛起经济大国、强国的一系列有效的产业发展政策。近些年来，德国所发布、推进和落实的“关于实施工业4.0战略的建议”，以及有关新能源产业发展的一系列法律、法令、政策和战略规划等，对其产业技术乃至整个产业体系的创新发挥了令世人侧目的推动作用。例如，德国电动汽车发展目标瞄准的是为实现能源和气候目标作贡献，成为全球电动汽车的领先市场，不断通过创新提升竞争力，营造新型交通体系；发展路线图是，坚持技术领先以保持长期处于世界领先地位，《国家电动汽车发展计划》就强调了这一战略路线。为形成引导全球市场的技术优势，电动汽车技术研发的重点领域包括：作为关键领域的电池与蓄电装置；此外，还有电动车辆技术、基础设施技术与系统网络集成等。同时，强调普及电动汽车，获取更大的全球电动汽车市场。为抢抓第四次工业革命机遇，德国还发布了《国家工业战略 2030》。日本是东亚经济乃至世界经济强国，更是一个在崛起和崛起以后至今都一直积极运用产业政策并取得了优良绩效的国家。20 世纪 50 年代初期日本实行以经济复兴为核心的产业政策，50 年代中后期至 70 年代初期实行以重化工业化发展为核心的产业政策，70—80 年代实行以发展资本和技术密集型产业以推动产业转型升级为核心的产业政策，20 世纪 90 年代至今实行以适应全球化发展、推进技术立国为核心的产业政策。日本曾一度是世界汽车制造业大国和强国。近些年来，日本实行“日本新一代汽车战略”和“日本机器人新战略”。日本高度重视新能源汽车的开发，2006 年制定了“新国家能源战略”，混合动力车已经实现产业化。为攻克电池方面的关键技术，日本建立了开发高性能电动汽车动力蓄电池的最大新能源汽车产业联盟。日本是在制定和实施产业发展战略、规划和具体政策过程中最注重产学研政协同平台建设的国家。从 2009 年底开始，经济产业省协同各大汽车企业、学术团体共同召开“新一代汽车战略研究会”。2010 年正式公布《日本新一代汽车战略 2010》，该战略包括“整体战略”“电池战略”“资源战略”“基础设施建设战略”“系统战略”和“国际标准化战略”等六部分。为抢抓第四次工业革命机遇，日本还发布了《2019 年科学技术创新综合战略》，并加紧谋划《第六期科学技术基本计划》（2012—2025）。新中国自成立以来，一直是一个非常注重、贯彻落实、不断强化产业发展政策的发展中经济大国，特别是高度重视产业发展的中长期计划规划，从已经正式颁布的国民经济和社会发展的十四个中长期发展规划（计划）可以充分看出：中国经济社会发展、社会生产和再生产、产业发展的绩效越来越好，正是得益于我们长期以来制定的科学、合理、行之有效的战略规划；中国已经创造出的经济长期快速增长、社会秩序长期稳定的双重“世界奇迹”的根本原因之一，就是所制定的中长期规划（计划）是在中国共产党的正确领导下，紧密结合国情实际，顺应时代发展要求，进行科学决策、民主决策、依法决策的成果，是越来越充分地发挥产业政策有效作用的结果。

第三编

产业结构演进论

自新中国成立以来，中国产业结构演进总体上呈现出高级化、合理化的演进规律，这是遵循社会生产力发展的一般规律、社会生产关系发展的一般规律，以及社会生产关系发展适应社会生产力发展一般规律的必然结果。但是，中国产业结构演进过程中还存在着结构效益总体上不够高的问题，产生这些问题的根本原因还是为产业结构演进所应遵循的产业发展的基本规律创造实现条件不充分的问题，直接表现在产业结构迈向中高端水平尚有较大差距，而产业结构的合理化水平也比较低。立足中国现实国情，促进产业结构按照基本规律内在要求迈向高端化和更高水平合理化的根本选择是，贯彻新发展理念，建构智能制造为主导的现代产业体系。

第八章　产业结构演进现状

1. 产业结构演进总体上呈现高级化、合理化的状态，结构演进绩效越来越好。

新中国成立以来，中国产业体系由原来的落后的小农经济为主体变成第一、二、三次产业发展越来越体系化，并且产业整体的有机化程度越来越高。这是整个产业朝着产业结构高级化、合理化方向演进的成果。新中国成立之初，中国产业体系呈现出明显的农业为主导的三次产业结构特征，但随着整个经济社会发展，产业体系和产业结构演进的整体性得以越来越充分的体现。据统计，1952 年第一、二、三次产业增加值占国内生产总值（GDP）的比重分别为 50.5%、20.8%、28.7%；而至 1978 年，中国三次产业增加值结构（即上述三次产业增加值占 GDP 的百分比之比，本文其他处均相同）已经演变为 27.7%、47.7%、24.6%。1978 年改革开放以后，伴随工业化、信息化、城镇化、市场化、国际化的整个现代化进程，中国产业体系、产业结构的整体性和有机性程度越来越高。至中共十八大召开的 2012 年，中国三次产业增加值结构已经演变为 9.1%、45.4%、45.5%；而至新中国成立 70 周年的 2019 年，中国三次产业增加值结构则已经演变成 7.1%、39.0%、53.9%。产业结构变动指数（表 8.1 至表 8.4）的国际比较更加充分地说明，相对于世界主要发达国家，中国产业结构呈现出朝着高级化、合理化方向以较快速度演进的良好态势。

表 8.1 2000—2005 年国际三次产业结构变化指数比较

国家	三次产业增加值结构									
	S_{io}（2000 年）			S_{it}（2005 年）			$\sum S_{io}S_{it}$	$\sum S_{io}{}^2$	$\sum S_{it}{}^2$	θ
	i=1	i=2	i=3	i=1	i=2	i=3				
中国	14.7	45.5	39.8	13.1①	46.2①	40.7①	3914.53	3870.38	3962.54	0.0291
日本	1.5	32.8	65.9	1.3②	30.5②	68.2②	5496.73	5420.9	5583.18	0.0414
韩国	3.9	34.8	51.6	3.7①	40.8①	55.5①	4298.07	3888.81	4758.58	0.0415
新加坡	0.1	32.5	60.7	0.1①	33.7①	66.1①	5107.53	4740.75	5504.91	0.0201
美国	1.2	22.5	72.8	1.2②	22.3②	76.5②	6072.39	5807.53	6350.98	0.0161
法国	2.1	21.3	66.3	2.5①	21.7①	75.8①	5493	4853.79	6222.78	0.0321
德国	1.0	27.7	61.5	1.1①	29.1①	69.8①	5099.87	4550.54	5720.06	0.0282
英国	0.9	23.1	65.7	1.0①	26.3①	72.7①	5384.82	4850.91	5977.98	0.0090

注：①2004 年数据。②2003 年数据

数据来源：国家统计局. 国际统计年鉴 [J]. 北京：中国统计出版社，2020 年版，第 42 页；国家统计局. 国际统计年鉴 [J]. 北京：中国统计出版社，2006-2007 年版，第 67 页。

表 1 中，产业结构变化指数 $\theta=\arccos(\sum SioSit)/(\sum Sio^2\sum Sit^2)^{1/2}$，其中 θ 为结构变化指数，Sio、Sit 分别为报告基期和报告末期的 i 部门增加值占 GDP 的比重。当两个不同时期的所有产业部门比重都无任何变化时，即 Sit=Sio，指标值 θ=0；一般情况下，0<θ<90，结构变化越大，θ 值越大。

表 8.2 2005—2010 年国际三次产业结构变化指数比较

国家	三次产业增加值结构									
	S_{io}（2005 年）			S_{it}（2010 年）			$\sum S_{io}S_{it}$	$\sum S_{io}{}^2$	$\sum S_{it}{}^2$	θ
	i=1	i=2	i=3	i=1	i=2	i=3				
中国	13.1③	46.2③	40.7③	9.5	44.6	45.9	4053.1	3962.54	4186.22	0.0985
日本	1.3④	30.5④	68.2④	1.5①	28.0①	70.5①	5664.05	5583.18	5756.5	0.0425
韩国	3.7③	40.8③	55.5③	2.6②	36.4②	61.0②	4880.24	4758.58	5052.72	0.0973
新加坡	0.1③	33.7③	66.1③	0.1	28.3	71.7	5693.09	5504.91	5941.79	0.0956
美国	1.2④	22.3④	76.5④	1.2①	21.4①	77.4①	6399.76	6350.98	6450.16	0.0139
法国	2.5③	21.7③	75.8③	1.8②	19.0②	79.2②	6420.16	6222.78	6636.88	0.0444
德国	1.1③	29.1③	69.8③	0.8②	26.5②	72.7②	5846.49	5720.06	5988.18	0.0456
英国	1.0③	26.3③	72.7③	0.7②	21.1②	78.2②	6240.77	5977.98	6560.94	0.0837

注：①2008 年数据；②2009 年数据；③2004 年数据；④2003 年数据

数据来源：国家统计局. 国际统计年鉴 [J]. 北京：中国统计出版社，2006-2007 年版，第 67 页；国家统计局. 国际统计年鉴 [J]. 北京：中国统计出版社，2012 年版，第 44 页。

表中，产业结构变化指数 $\theta=\arccos(\sum SioSit)/(\sum Sio^2\sum Sit^2)^{1/2}$，其中 θ 为结构变化指数，Sio、Sit 分别为报告基期和报告末期的 i 部门增加值占 GDP 的比重。当两个不同时期的所有产业部门比重都无任何变化时，即 Sit=Sio，指标值 θ=0；一般情况下，0<θ<90，结构变化越大，θ 值越大。

表 8.3 2010—2015 年国际三次产业结构变化指数比较

国家	三次产业增加值结构									
	S_{io}（2010 年）			S_{it}（2015 年）			$\sum S_{io}S_{it}$	$\sum S_{io}^{2}$	$\sum S_{it}^{2}$	θ
	i=1	i=2	i=3	i=1	i=2	i=3				
中国	9.5	44.6	45.9	9.0	40.5	50.5	4209.75	4186.22	4271.5	0.0946
日本	1.5①	28.0①	70.5①	1.2③	26.9③	72.0③	5831	5756.5	5909.05	0.0209
韩国	2.6②	36.4②	61.0②	2.3	38.0	59.7	5030.88	5052.72	5013.38	0.0291
新加坡	0.1	28.3	71.7	0.1③	24.9③	75.0③	6082.18	5941.79	6245.02	0.0554
美国	1.2①	21.4①	77.4①	1.3③	20.7③	78.0③	6481.74	6450.16	6514.18	0.0104
法国	1.8②	19.0②	79.2②	1.7	19.5	78.8	6614.52	6636.88	6592.58	0.0072
德国	0.8②	26.5②	72.7②	0.5	30.4	69	5822.3	5988.18	5685.41	0.0656
英国	0.7②	21.1②	78.2②	0.7	20.2	79.2	6620.15	6560.94	6681.17	0.0138

注：①2008 年数据；②2009 年数据；③2014 年数据

数据来源：国家统计局. 国际统计年鉴［J］. 北京：中国统计出版社，2012 年版，第 44 页；国家统计局. 国际统计年鉴［J］. 北京：中国统计出版社，2016 年版，第 42 页

表中，产业结构变化指数 $\theta=\arccos\ (\sum SioSit)\ /\ (\sum Sio^{2}\sum Sit^{2})^{1-2}$，其中 θ 为结构变化指数，Sio、Sit 分别为报告基期和报告末期的 i 部门增加值占 GDP 的比重。当两个不同时期的所有产业部门比重都无任何变化时，即 Sit=Sio，指标值 θ=0；一般情况下，0<θ<90，结构变化越大，θ 值越大。

表 8.4 2015—2019 年国际三次产业结构变化指数比较

国家	三次产业增加值结构									
	S_{io}（2015 年）			S_{it}（2019 年）			$\sum S_{io}S_{it}$	$\sum S_{io}^{2}$	$\sum S_{it}^{2}$	θ
	i=1	i=2	i=3	i=1	i=2	i=3				
中国	9.0	40.5	50.5	7.1	39.0	53.9	4365.35	4271.5	4476.62	0.0586
日本	1.2③	26.9③	72.0③	1.2①	29.1①	69.3①	5773.83	5909.05	5650.74	0.04
韩国	2.3	38.0	59.7	1.7	33.0	56.8	4648.87	5013.38	4318.13	0.041
新加坡	0.1③	24.9③	75.0③	0	24.5	70.4	5890.05	6245.02	5556.41	0.0144
美国	1.3③	20.7③	78.0③	0.9②	18.2②	77.4②	6415.11	6514.18	6322.81	0.0289
法国	1.7	19.5	78.8	1.6	17.1	70.2	5867.93	6592.58	5223.01	0.0038
德国	0.5	30.4	69.0	0.8	26.8	62.4	5120.72	5685.41	4612.64	0.0107
英国	0.7	20.2	79.2	0.6	17.4	71.3	5998.86	6681.17	5386.81	0.0104

注：①2018 年数据；②2017 年数据；③2014 年数据

数据来源：国家统计局. 国际统计年鉴［J］. 北京：中国统计出版社，2020 年版，第 42 页；国家统计局. 国际统计年鉴［J］. 北京：中国统计出版社，2016 年版，第 42 页。

表中，产业结构变化指数 $\theta=\arccos\ (\sum SioSit)\ /\ (\sum Sio^{2}\sum Sit^{2})^{1-2}$，其中 θ 为结构变化指数，Sio、Sit 分别为报告基期和报告末期的 i 部门增加值占 GDP 的比重。当两个不同时期的所有产业部门比重都无任何变化时，即 Sit=Sio，指标值 θ=0；一般情况下，0<θ<90，结构变化越大，θ 值越大。

——农业生产结构的高级化、合理化水平越来越高。新中国成立以来，中国农业生产结构实现了由种植业为主导的传统农业向农林牧渔业全面协调发展的现代农业的根本转变。据统计，新中国成立之初的1952年，农业、林业、牧业、渔业总产值占农林牧渔业总产值的比重分别是为85.9%、1.6%、1.2%、1.3%，可见农业处于绝对主导地位；而至改革开放之初的1978年，农林牧渔业总产值结构（即农、林、牧、渔业总产值占农林牧渔业总产值的百分比之比，其他处均同）则演变为80.0%、3.4%、15.0%、1.6%，农业总产值比重开始下降，而林、牧、渔业总产值比重都在上升；至中共十八大召开的2012年，农林牧渔业总产值结构演变为75.1%、4.4%、18.4%、2.1%，农业总产值比重明显下降，而林、牧、渔业总产值比重都在明显上升；至新中国成立70周年的2019年，农林牧渔业总产值结构进一步演变为53.3%、4.7%、26.7%、10.1%，农业总产值比重进一步下降，林、牧、渔业总产值都在继续上升，特别是牧、渔业总产值在大幅度上升。

——工业生产结构的高级化、合理化水平越来越高。新中国成立以来，中国工业产业体系和部门结构实现了由采矿业、纺织业等主要以自然矿藏资源和传统农副产品为加工对象的原材料工业以及一般加工工业为主导的落后工业，向拥有联合国产业分类中全部工业门类的现代工业产业体系的根本转变和历史巨变。目前，中国数量众多的主要工业产品产量居世界第一位，而制造业增加值则已经连续多年稳居世界首位，已经成为世界第一工业制造大国。伴随整个经济社会发展的工业化、信息化、城镇化、市场化、国际化的现代化过程，中国工业部门结构呈现出传统产业不断转型升级→高新技术产业不断孕育发展→智能制造产业不断迅速崛起的演进态势。在传统产业转型升级方面，据《中国工业发展报告 2019》，新中国成立之初的 1952 年，纺织工业、食品工业、机械工业、森林工业、冶金工业占工业总产值的比重分别是 27.5%、24.1%、11.4%、6.5%、5.9%，其中纺织工业和食品工业二者合计占工业总产值的比重是 51.6%，是绝对的主导行业；至改革开放之初的 1978 年，这 5 个行业占工业总产值的比重分别转变为 12.5%、11.1%、27.3%、1.8%、8.7%，其中机械工业占工业总产值的比重已大幅度上升，在 5 个行业中位居第一；而至 1985 年，这 5 个行业占工业总产值的比重则分别演变为 15.4%、11.5%、27.1%、1.6%、8.0%，其中机械工业占工业总产值的比重继续保持主导地位；1993-1998 年工业总产值结构最大的变化是电子及通信设备制造业占比大幅度上升，5 年间上升了 3.94 个百分点，1998 年占工业总产值的比重达到 7.22%，跃升为总产值占比最大的大类行业；2012 年中共十八大召开至今，工业结构显著优化升级，装备制造业获得快速发展，2012—2017 年主营业务收入汽车制造业、计算机通信和其他电子设备制造业占比分别提高了 1.96 和 1.8 个百分点，成为工业中占比最高的两大行业。[①] 在高新技术产业孕育发展方面，新中国成立初期至 90 年代，中国工业结构是以钢铁、建材、农副产品、纺织等传统行业为主。进入 21 世纪特别是中共十八大以来，中国大力发展高技术产业和先进制造业，积极推动战略性新兴产业发展，新动能加快孕育发展，工

① 中国社会科学院工业经济研究所：《中国工业发展报告 · 2019》，北京：经济管理出版社，2019 年版，第 53-60 页。

业经济不断向中高端迈进。[①] 据《中国工业发展报告·2020》，高技术制造业在规模以上制造业主营业务收入中的占比“十二五”、“十三五”前四年、2012—2019 年分别增加了 1.82、2.76、4.16 个百分点，[②] 呈现出明显的不断上升的态势。另据统计，2006—2018 年高技术产业出口占制造业出口的比重，中国连年稳定保持在 30%左右；美国则从 2006 年的 30.1%下降到 2018 年的 18.9%，日本从 2006 年的 22.1%下降到 2018 年的 17.3%，英国从 2006 年的 33.9%下降到 2018 年的 22.6%，德国从 2006 年的 17.1%下降到 2018 年的 15.8%，[③] 均呈现出不断下降的态势。在智能制造产业发展方面，顺应第四次工业革命浪潮兴起的崭新趋势，中共十八大以来中国制造业数字化网络化智能化水平持续提升。据工业和信息化部材料，截至 2018 年 9 月，企业数字化研发设计工具普及率和关键工序数控化率分别达到 67.8%、48.5%；“互联网+制造业”新模式不断涌现，截至 2018 年 6 月，开展网络化协同、服务型制造、个性化定制的企业比例分别达到 33.7%、24.7%、7.6%，大规模个性化定制在服装、家具等行业加快推广，协同研发制造在汽车、航空、航天等高端制造领域日益兴起；工业互联网发展已迈出实质步伐，已经广泛应用于石油、石化、钢铁、家电、服装、机械、能源等行业，国内具有一定行业和区域影响力的工业互联网平台总数超过了 50 家，重点平台平均连接的设备数量达到了 59

① 《辉煌 70 年》编写组编：《辉煌 70 年：新中国经济社会发展成就：1949—2019》，北京：中国统计出版社，2019 年版，第 103 页。

② 中国社会科学院工业经济研究所：《中国工业发展报告·2020》，北京：经济管理出版社，2020 年版，第 38 页。

③ 国家统计局社会科技和文化产业统计司编：《中国高技术产业统计年鉴·2020》，北京：中国统计出版社，2020 年版，第 166 页。

万台。①

——服务业部门结构的高级化、合理化水平越来越高。新中国成立以来，中国服务业部门结构实现了由传统简单服务业为主导向产业门类比较齐全、现代服务业占比迅速提高的根本转变。据统计，新中国成立之初的1952年，批发和零售业，交通运输、仓储和邮政业，住宿和餐饮业增加值占服务业增加值的比重分别为35.9%、15.0%、7.7%，三者合计为58.6%，已接近60%，而与此同时，金融业、房地产业增加值在服务业增加中的比重分别只有6.0%、7.3%，二者合计只有13.3%，可见传统的批发和零售业，交通运输、仓储和邮政业，住宿和餐饮业在服务业中占有明显的主导地位，而作为现代服务业重要部门的金融业、房地产业的发展水平非常低；至改革开放的1978年，批发和零售业，交通运输、仓储和邮政业，住宿和餐饮业增加值占服务业增加值的比重分别为26.8%、19.9%、4.9%，三者合计已下降到51.6%，而与此同时，金融业、房地产业增加值在服务业增加中的比重则分别上升到8.5%、8.9%，可见传统的批发和零售业，交通运输、仓储和邮政业，住宿和餐饮业等部门占比已经明显下降，而现代服务业部门金融业、房地产业则获得了一定的发展；至中共十八大召开的2012年，批发和零售业，交通运输、仓储和邮政业，住宿和餐饮业增加值在服务业增加值中的占比分别是14.2%、20.4%、5.3%，三者合计进一步下降到39.9%，而与此同时，金融业、房地产业增加值在服务业增加中的比重则分别上升到10.6%、9.3%，

① 《辉煌70年》编写组编：《辉煌70年：新中国经济社会发展成就：1949—2019》，北京：中国统计出版社，2019年版，第104页。

可见传统的批发和零售业，交通运输、仓储和邮政业，住宿和餐饮业等部门占比继续下降，而现代服务业部门金融业、房地产业占比继续提升；至新中国成立70周年的2019年，批发和零售业，交通运输、仓储和邮政业，住宿和餐饮业增加值在服务业增加值中的占比分别是18.0%、8.0%、3.3%，三者合计进一步下降到29.3%，而与此同时，金融业、房地产业增加值在服务业增加中的比重则分别上升到14.5%、13.0%，二者合计已接近30%，可见传统的批发和零售业，交通运输、仓储和邮政业，住宿和餐饮业等部门占比继续下降，而现代服务业部门金融业、房地产业占比继续提升。应当特别指出，中国信息传输、软件和信息技术服务业，租赁和商务服务业等新兴服务业更是经历了从无到有的快速发展，影响力越来越大。2018年，两者的增加值占服务业比重分别达到6.9%和5.2%，按不变价格计算，近3年年均增速更是高达23.4%和9.9%，成为助推服务业持续增长的新动能。在互联网的推动下，批发和零售业、住宿和餐饮业等传统服务业加速转型升级，纷纷依托新技术发展电子商务、网络订餐、网上零售等新业务新商业模式。2015—2018年，中国电子商务交易额、网上零售年均增速分别为17.8%、28.8%；2018年，实物商品网上零售额占社会消费品零售总额的比重达到18.4%。①

——三次产业结构的演进绩效越来越好。产业结构是个慢变量，同时，也是个衡量实体经济整体发展水平的综合变量，还是整个国民经济和社会发展的硬支撑。我们可以有很多衡量产业结

① 《辉煌70年》编写组编：《辉煌70年：新中国经济社会发展成就：1949—2019》，北京：中国统计出版社，2019年版，第137-138页。

构演进绩效的方法和指标体系，但由于数据的欠缺、方法本身的局限性，加上量化分析产业结构演进绩效的前提假说的待验证性等原因，至今为止大多数相关学术文献所赖以分析产业结构演进绩效水平的理论方法和依据基本是从史实、发展经济学原理、产业演进规律的传统理论出发，并借助于具体的新古典经济增长理论和计量方法，以及现有的统计数据，一定的自然、观察或设计实验方法等进行的。因此，所得出的结论也明显不同。以下，主要考量人均产出指标和相对劳动生产率①指标来具体分析中国产业结构演进绩效水平及其变化。

人均产出水平充分体现了产业结构对整个经济增长与发展的直接且根本影响，整个经济增长与发展绩效完全依赖于产业发展、特别是产业结构演进绩效的不断提升。人均产出水平既充分反映了经济总量水平变化受产业结构演进的影响，又充分反映了社会劳动就业人口的劳动生产率，或称为社会劳动生产率变化对单位人口平均产出水平的影响。特别是，不同国家和地区之间人口规模差异很大，只有人均产出水平才能真正充分反映全社会劳动人口通过产业结构的不断优化调整对经济总产出水平变化的影响，因为作为实体经济劳动主体的就业人口在各个产业及其次生产业部门的配置状态从根本上决定了企业劳动生产率、行业劳动生产率和社会劳动生产率的水平。据统计，按可比价格计算，新中国成立之初的1952年至新中国成立70周年的2019年，中国人均GDP年均增长6.4%，其中，新中国成立之初的1953年至改革开

① 相对劳动生产率=三次产业中某一产业的增加值占GDP的百分比/某一产业就业人口占社会总就业人口的百分比。

放的1978年中国人均GDP年均增长4.1%；改革开放后的1979年至中共十八大召开的2012年中国人均GDP年均增长8.8%；中共十八大召开后的2013年至新中国成立70周年的2019年中国人均GDP年均增长6.4%。正是因为自新中国成立以来的人均产出水平的持续快速增长，中国作为一个发展中的人口大国才实现了由低收入经济体向中高收入经济体的根本转变。这也是中国产业结构绩效水平不断提高的最直接、最充分和最有说服力的综合体现。

相对劳动生产率在不同产业部门的变化，也有助于说明产业结构演进水平的变化。一般来说，在市场经济条件下，伴随工业化进程的深化，特别是经济发展进入工业化中后期以后，由产业发展所遵循的基本规律及其必备的实现条件所决定，第二、三次产业的相对劳动生产率将稳定持续地处于比较高的水平，这也是第一次产业劳动力综合素质达到一定水平、相对劳动生产率水平提高到一定程度并稳定处于一段时期以后，第二、三次产业劳动力综合素质趋于不断提高所带来的必然结果，表8.5充分说明了这一点。就相对劳动生产率的国际比较而言，据统计计算，在中国、日本、韩国、新加坡、美国、法国、德国、英国等世界主要经济体中，2000年第二、三产业相对劳动生产率，2004年第二、三产业相对劳动生产率，2010年第二次产业除韩国外、中国第三次产业相对劳动生产率，2015年第二次产业除韩国和新加坡外、中国第三次产业相对劳动生产率，2019年第二次产业除新加坡外、第三次产业相对劳动生产率均居第一位。这再一次充分说明中国产业结构演进绩效的较好水平且越来越好的演进态势。

表 8.5 1978—2019 年中国三次产业相对劳动生产率

年份	相对劳动生产率			年份	相对劳动生产率		
	第一产业	第二产业	第三产业		第一产业	第二产业	第三产业
1978	0.3929	2.7572	2.0164	1999	0.3214	1.9739	1.4349
1979	0.4398	2.6705	1.7698	2000	0.294	2.0222	1.4473
1980	0.4309	2.6429	1.7023	2001	0.28	2.009	1.4874
1981	0.4596	2.5137	1.6691	2002	0.266	2.0794	1.4755
1982	0.4816	2.4239	1.6741	2003	0.2505	2.1111	1.4334
1983	0.4858	2.3636	1.6338	2004	0.2751	2.04	1.3464
1984	0.4922	2.1558	1.5839	2005	0.2589	1.9748	1.3153
1985	0.4471	2.0529	1.75	2006	0.2488	1.8889	1.2981
1986	0.4368	1.9863	1.7326	2007	0.25	1.75	1.3241
1987	0.4383	1.9505	1.7079	2008	0.2576	1.7279	1.2922
1988	0.425	1.942	1.7049	2009	0.252	1.6547	1.3021
1989	0.4093	1.9676	1.7978	2010	0.2534	1.6202	1.2775
1990	0.4426	1.9159	1.7514	2011	0.2644	1.5763	1.2409
1991	0.402	1.9393	1.8254	2012	0.2708	1.4983	1.2604
1992	0.3641	1.9862	1.798	2013	0.2834	1.4684	1.2182
1993	0.3422	2.0625	1.6274	2014	0.2915	1.4415	1.1897
1994	0.3591	2.0352	1.4957	2015	0.2968	1.3925	1.1981
1995	0.3755	2.0348	1.3589	2016	0.2924	1.375	1.2046
1996	0.3822	2.0043	1.2923	2017	0.2778	1.4199	1.1737
1997	0.3587	1.9873	1.3258	2018	0.2682	1.4384	1.1512
1998	0.3454	1.9489	1.3858	2019	0.2829	1.4182	1.1371

注：各产业相对劳动生产率定义：分产业比重/分产业就业比重

数据来源：1978—2019 年三次产业增加值数据来源于《中国统计年鉴（2020）》，北京：中国统计出版社，2020 年版，第 56-57 页；1978—2019 年三次产业增加值占比数据来源于《中国统计年鉴（2020）》，北京：中国统计出版社，2020 年版，第 58-59 页；1978—2019 年三次产业就业人员数据来源于《中国统计年鉴》，北京：中国统计出版社，2020 年版，第 106 页。

2. 产业结构演进过程中存在着产业结构迈向中高端水平尚有较大差距、产业结构的合理化水平也比较低的问题。

——工业结构迈向中高端水平尚有较大差距。据相关文献的最新研究，目前这一差距的具体表现主要在于以下几个方面：一是制造业产能过剩现象依然突出。2019 年中国大部分制造业行业的产能利用率在 70%—80%，约有 1/4 的潜能没有转化为生产能力。从行业分布看，资本密集型行业产能利用率偏低，而技术密集型行业产能利用率较高。二是制造业结构长期呈现“高端产业低端化”的问题。从价值链看，制造业企业主要投资高技术行业的附加值较低的下游环节，对需要投入大量资金研发的中上游环节投资不足；从要素匹配看，高技术行业的资本深化程度不足，高技术行业仍然呈现劳动密集的倾向，在生产制造环节过度依赖劳动投入；从供需结构看，大量高端产品依赖进口，本国生产的高端产品匮乏或市场竞争力不足。三是信息技术与工业融合深度不足。信息技术与工业融合标准制定落后；跨学科高端人才储备严重稀缺；新一代信息技术基础设施有待完善；核心关键技术相对薄弱。四是发达经济体和新兴经济体的“两端挤压”使中国制造业转型升级面临严峻挑战。发达国家纷纷推进“再制造业化”战略，以智能制造技术大幅替代低成本劳动力，加上贸易保护主义抬头，使中国原有的较低的要素成本和较完善的工业配套体系等优势变弱；而同时新兴经济体快速崛起，以更低的劳动力成本和更优惠的财税政策等吸引国外投资，服装、电子装配等产业已经率先呈现出向东南亚国家转移的趋势。[①] 五是高技术产业竞争力与发达国家相比仍有较大差距。高技术产业是指国民经济行业中 R&D 投入相对高的制造业行业，包括医药制造、航空航天器及设备制造、电子及通信设备制造、计算机及办公设备制造、医疗仪

---

① 中国社会科学院工业经济研究所：《中国工业发展报告 · 2020》，北京：经济管理出版社，2020 年版，第 40-42 页。

器设备及仪器仪表制造、信息化学品制造六大类。高技术产业是知识密集、技术密集型的产业，是代表一个国家综合国力和整体竞争力的重要先导产业，也是关系到一个国家未来国民经济与社会发展的最重要的新增长点。目前，中国高技术产业的全员劳动生产率远低于发达国家。2017 年，法国、德国、日本的高技术产业全员劳动生产率分别为 38.45 万美元/（人·年）、30.69 万美元/（人·年）、32.25 万美元/（人·年）；2018 年，韩国和英国的全员劳动生产率分别为 37.29 万美元/（人·年）、25.87 万美元/（人·年），而 2018 年中国高技术产业的全员劳动生产率仅为 17.36 万美元/（人·年），仅为英国（2018 年水平）的 2/3，不及法国（2017 年水平）全员劳动生产率的 1/2。中国高技术产业核心技术、关键部件和高端装备的对外依赖度仍较高，尖端技术的自主研发能力还很弱。例如，中国的半导体芯片设计、制造等方面技术都与发达国家存在很大差距。①

——服务业产业结构迈向中高端水平更是具有较大差距。三次产业中，现代服务业占比无论是以增加值衡量还是以就业人员衡量都比较低。据统计，2019 年批发和零售业，交通运输、仓储和邮政业，住宿和餐饮业三者合计的传统服务业在三次产业增加值中的占比是 15.8%，而金融业、房地产业二者合计的现代服务业占比是 14.8%，后者比前者低 1 个百分点；2019 年年底城镇非私营单位就业人员总数中，批发和零售业，交通运输、仓储和邮政业，住宿和餐饮业三者合计的传统服务业占比是 11.1%，而金融业、房地产业二者合计的现代服务业占比是 7.8%，后者比前者

① 中国科学院编：《2020 高技术发展报告》，北京：科学出版社，2021 年版，第 341－346 页。

低3.3个百分点。

——农业产业结构迈向中高端水平也有明显差距。目前的主要问题是农业生产以种植业为主导、种植业生产以粮食生产为主导、粮食生产以高产粮食生产为主导，使整个农业生产向农林牧渔业生产全面发展的现代农业转变；种植业内部向粮食作物生产、经济作物生产、饲料作物生产协调发展转变；粮食生产向高产优质有机高效粮食生产转变等的空间还很大、任务也很艰巨。特别是，整个农业要向数字化、信息化、网络化、智能化、生物化的农业发展新业态、新模式、新发展格局转变，以从根本上解决农业大而不强、多而不优、基础不够稳，抵御自然灾害和市场风险能力差；产业链条短、全产业链效益低、国际竞争力不强；农产品结构性供过于求与供给不足并存，质量安全风险依然存在；资源要素约束加大，农业面源污染防治任务艰巨等一系列长期存在的问题，而这还有相当长一段距离要走。

——三次产业结构迈向中高端水平有较大的差距。一方面，与世界主要发达经济体相比较，以三次产业结构衡量的中国产业结构的高级化水平还比较低。据统计，2009年，第三次产业增加值在GDP中的比重，中国、日本、韩国、新加坡、美国、法国、德国、英国分别是53.9%、69.3%、56.8%、70.4%、77.4%、70.2%、62.4%、71.3%，中国分别比日本、韩国、新加坡、美国、法国、德国、英国低15.4、2.9、16.5、23.5、16.3、8.5、17.4个百分点，中国在世界8个主要经济体中占比最低；第三次产业就业人数在社会总就业人数中的百分比，中国、日本、韩国、新加坡、美国、法国、德国、英国分别是46.4%、72.3%、70.0%、83.8%、78.9%、77.5%、71.7%、81.1%，中国分别比日本、韩国、新加坡、美国、法国、德国、英国低 25.9、23.6、37.4、32.5、31.1、25.3、34.7 个百分点，中国在世界 8 个主要经济体中也占比最低。另一方面，同样与上述世界主要发达经济体相比较，以三次产业结构衡量的中国产业结构的合理化程度也比较低。据统计资料进行计算，2019 年第一次产业的相对劳动生产率，中国、日本、韩国、新加坡、美国、法国、德国、英国分别是 0.28、0.35、0.35、0.09、0.69、0.67、0.67、0.60，中国分别比日本、韩国、新加坡、美国、法国、德国、英国低 0.07、0.07、-0.19、0.41、0.39、0.39、0.32 个百分点，在世界 8 个主要经济体中，除新加坡以外，中国比其他 6 个发达国家都偏低。产业结构偏离度指标[①]可以从另一个角度具体说明各次产业劳动生产率的差异，以及各次产业产出效益的差异。据统计计算，2019 年中国、日本、韩国、新加坡、美国、法国、德国、英国等 8 个世界主要经济体的三次产业合计偏离度分别是 36.6、10、24.3、23.1、3.5、11.1、9.9、10.7，中国的三次产业合计偏离度最大，分别比日本、韩国、新加坡、美国、法国、德国、英国等国家高 26.6、12.3、13.5、33.1、25.5、26.7、25.9（表 8.6）。这充分说明，如今中国三次产业演进过程中还存在着明显的第一、二、三次产业劳动生产率之间的差距问题，进而说明中国三次产业结构比例关系不够协调或者说中国产业结构的合理化程度还比较低。

---

① 偏离度定义：产业系统中劳动力结构与产值结构之间的一种不对称状态。偏离度大小可以用同一时间劳动力比重与同部门产业比重之间的差值来度量。Ai 是第 i 个产业部门的劳动力比重，Bi 是第 i 个产业的产值比重。三个产业部门合计偏离度为 $\Sigma|Ai-Bi|$。

表 8.6　2000—2019 年中、美、日、法等 8 个国家三次产业合计偏离度

国家		中国	日本	韩国	新加坡	美国	法国	德国	英国
2000 年	一产	35. 3	3. 6	6. 7	0. 8	0. 4	2	1. 6	0. 6
	二产	23	1. 4	6. 7	4. 6	1. 9	5	5. 8	2. 1
	三产	12. 3	2. 4	9. 7	10. 5	1. 1	3. 3	2. 3	7. 6
	合计	70. 6	7. 4	23. 1	15. 9	3. 4	10. 3	9. 7	10. 3
2005 年	一产	31. 7	3. 1	4. 2	0. 9	0. 4	1. 1	1. 3	0. 3
	二产	22. 4	2. 6	14	12	1. 7	2	0. 7	4. 1
	三产	9. 3	1. 8	9. 7	11. 2	1. 3	3. 5	2	3. 6
	合计	63. 4	7. 5	27. 9	24. 1	3. 4	6. 6	4	8
2010 年	一产	27. 2	2. 2	4	1. 1	0. 4	1. 1	0. 8	0. 5
	二产	15. 9	2. 7	19. 4	6. 5	4. 7	3. 2	1. 9	2
	三产	11. 3	0. 8	15. 4	5. 4	3. 8	4. 8	2. 7	0. 7
	合计	54. 4	5. 7	38. 8	13	8. 9	9. 1	5. 4	3. 2
2015 年	一产	19. 3	2. 38	2. 89	0. 9	0. 33	1. 01	0. 89	0. 43
	二产	11. 2	1. 4	12. 93	8. 6	2. 25	0. 62	2. 71	1. 67
	三产	8. 1	2. 65	10. 04	7. 7	1. 92	2. 87	1. 92	0. 45
	合计	38. 6	6. 43	25. 86	17. 2	4. 5	4. 5	5. 52	2. 55
2019 年	一产	18. 3	2. 2	3. 2	0. 7	0. 4	0. 8	0. 4	0. 4
	二产	10. 8	4. 8	7. 9	9	1. 6	3	0. 2	0. 5
	三产	7. 5	3	13. 2	13. 4	1. 5	7. 3	9. 3	9. 8
	合计	36. 6	10	24. 3	23. 1	3. 5	11. 1	9. 9	10. 7

数据来源：国家统计局. 国际统计年鉴［J］. 北京：中国统计出版社，2020 年版. 第 42、105 页；国家统计局. 国际统计年鉴［J］. 北京：中国统计出版社，2006—2007 年版，第 67、141 页；国家统计局. 国际统计年鉴［J］. 北京：中国统计出版社，2012 年版，第 44、123 页；国家统计局. 国际统计年鉴［J］. 北京：中国统计出版社，2016 年版，第 42、105 页。

表中偏离度定义：产业系统中劳动力结构与产值结构之间的一种不对称状态。其偏离度大小可以用同一时间劳动力比重与同部门产业比重之间的差值来度量。Ai 是三个产业部门的劳动力比重，Bi 是三个产业的产值比重。三个产业部门合计偏离度为 $\sum |Ai-Bi|$ 。

3. 促进产业结构向高端化、更高程度合理化方向演进的根本战略选择是贯彻新发展理念，建构智能制造为主导的现代产业体系。

新中国成立至今，中国产业结构演进的历程及现实状态充分证实，只要满足应有的实现条件，产业结构演进就一定会遵循基本发展规律，直接呈现高级化和合理化的态势；产业结构发展遵循社会生产力发展一般规律、社会生产关系发展一般规律、社会生产关系适应社会生产力发展的规律等，以及直接呈现出产业结构高级化、合理化的发展趋势，在中国这样的发展中社会主义人口大国和典型的大国经济体经验空间中更是能够得到充分体现。新中国成立至今，以三次产业及其内部次生产业结构作为主要衡量对象的中国产业结构演进，呈现出不断高级化、合理化的现实态势，因此也呈现出产业结构演进绩效越来越好的现实态势；特别是中共十八大召开以来，贯彻新发展理念，充分反映以数字化、信息化、网络化、智能化、生物化为特征的第四次工业革命浪潮兴起这一时代背景要求的结果是，中国产业结构演进呈现出智能化水平越来越高、协调发展水平越来越高，同时，演进绩效也趋于更好的态势。这又进一步启示我们：中国产业结构的进一步演进，必须继续遵循产业发展的一般规律；必须继续贯彻新发展理念；同时，要适应第四次工业革命浪潮兴起的崭新时代要求，不断朝着智能制造为主导的现代产业结构乃至整个现代产业体系迈进。必须指出，制造业是第二次产业的主要组成部分，它实质上是连接第一次产业和第三次产业的最具有所谓产业关联作用的中间性产业，它对第一次产业进行加工和制造，使之满足消费者对产品质量、性能、数量、品种等的要求，同时，实现产品增值；对第三次产业提供装备设施、手段工具等物质基础，同时也从供给侧延伸产业链条并创造第三次产业发展空间；它也是最具创新创造特质的产业形态，离开制造业以升级换代为形式的不断智能化这一物质基础支撑，则其他产业的创新创造过程都不可能继续进行下去；制造业的不断创新创造与整个产业体系发展的不断智能化恰恰是同一产业发展过程的不同体现，在第四次工业革命浪潮兴起的崭新时代背景下，制造业本身不断创新创造的过程也就是其不断智能化的同一过程。因此，有充分理由认为，智能制造产业为主导应当成为整个产业结构演进乃至整个产业体系的现代化适应第四次工业革命浪潮兴起崭新时代要求的必然选择。

第九章　产业结构转型升级

产业结构转型升级是整个产业结构演进过程中的基本内容。产业结构转型升级过程与产业结构演进一般过程的区别是，这一过程必须体现产业结构演进过程中的阶段性特征的显现及其深刻变化。因此，产业结构的转型升级是产业结构演进过程中呈现显著阶段性特征区别和变化的一段过程。显然，因为事物运动从量到质的积累需要时间，所以产业结构的阶段性变化或者说产业结构的转型升级是一个比较漫长的过程。我们知道，实际上，在整个经济发展过程中产业结构本身就是一个慢变量。

产业结构换代升级的明显标志，可以从很多角度来观察，例如看整个经济增长的中长期周期波动状态，三次产业及其内部次生产业比例关系的显著变化，主导产业及其发展态势，决定整个产业结构演进水平的产业技术结构的演进态势，产业供给结构与需求结构动态平衡前提下的需求结构、消费结构的演进态势，等等。以下，主要从直接充分体现产业结构阶段性特征显著变化的三次产业结构演进的态势、产业技术结构演进的态势、最具有创新创造实质的工业或制造业的智能化水平等三方面来观察中国产业结构阶段性显著变化或产业结构升级换代的态势。

——三次产业结构的换代升级态势。据统计，从三次产业增加值比例关系的变化看，除去短期变化外，第一次产业增加值比重在 1952—1969 年一直很大，也就是说在这段时间里中国以三次产业增加值比重排序衡量的产业结构演进依然呈现传统农业为主导或为支柱的总体态势。中国第二次产业增加值比重超过第一、三次产业的时间区间是 1970—2011 年，自 2012 起至今第三次产业增加值比重一直大于第一、二次产业，而第三次产业增加值比重超过第一次产业的时间区间则是 1985 年至今。也就是说，自新中国成立至 2011 年中国以三次产业增加值比重大小排序衡量的产业结构演进呈现出以工业为主导和支柱产业的总体态势；从 2012 年开始中国以三次产业增加值比重大小排序衡量的产业结构演进呈现出以第三次产业为主导和支柱产业的总体演进态势。据统计，从三次产业就业人员的比例关系看，1952—2010 年中国第一次产业就业人员在社会总就业人员中的占比一直最大，其中 1965—1992 年第二次产业的就业占比一直大于第三次产业；自 2011 年起至今第三次产业就业占比一直最大，其中自 1993 年起第三次产业就业占比大于第二次产业，自 2014 年起至今第二次产业就业占比大于第一次产业。也就是说，从三次产业就业比重大小排序同样可以看到，自新中国成立以来中国产业结构已经历了从传统农业为主导和支柱产业向以工业为主导和支柱产业的转变，再而向第三次产业为主导和支柱产业的转变；农业剩余劳动力向第二、三次产业的彻底转移基本完成；相对于三次产业增加值占比衡量的产业结构演进，以就业占比衡量的产业结构演进比较慢，特别是第一次产业就业占比长期居高不下，反映出农业剩余劳动力向第二、三次产业转移过程较为迟缓，这也从根本上决定了农业相对劳动生产率水平的长期较低状态。

——产业技术结构的换代升级态势。新中国成立以来，中国产业技术结构总体上呈现出由劳动密集型产业为主导向资本密集型产业为主导，再而由资本密集型产业为主导向技术密集型产业为主导的演进过程。这从根本上是由新中国成立以来的中国科技进步过程决定的，也是产业技术结构演进遵循产业发展过程中社会生产力以科学技术为基础、以升级换代为形式的不断智能化这一社会生产力发展规律，遵循社会生产关系以社会利益最大化为取向的不断协调化发展规律，以及遵循社会生产关系适应社会生产力发展规律的直接体现。从三次产业结构及其技术结构看，新中国成立之初，中国产业基础十分薄弱，产业体系十分不完备，产业结构呈现出以传统农业为主导的单一性特征，这从根本上是由产业技术结构的劳动密集型特征决定的；随着由传统农业社会向现代经济发展过程的持续转变，工业化、城镇化水平不断提高，国民经济和社会发展需要重化工行业等资本密集型产业的强有力物质支撑和装备，加上国防建设等的重要考量，在相当长一段时间内实行“重点发展重工业”或轻重工业发展并重的政策方针，产业结构因而呈现出工业为主导的资本密集型的典型特征；1978年改革开放以后，伴随逐步建立社会主义市场经济体制，社会生产力得以极大解放和发展，人民群众的生活水平极大提升，社会需求日益多元化、多样化、高端化，促使三次产业结构由以工业为主导向以服务业为主导的阶段性转变，产业技术结构也明显地发生了由资本密集向技术密集型或资本与技术双密集型的转变。中共十八大召开以来，中国的科技进步投入力度不断加大、科技发展水平迅速跃升，三次产业及其次生产业的科技含量越来越高，同时，整个产业技术结构的体系性越来越好，各次产业的技术进步关系越来越协调，产业技术结构随之发生了深刻变化：不断朝着高端化、智能化、对整个经济社会发展的可持续支撑能力越来越强的方向演进，乃至凸显出“跨越式”进步或“弯道超车”的演进态势。产业技术结构演进水平的阶段性跃升，从根本上决定于整个科技进步水平的迅速提高。从科技投入来看，中国研发投入2018年是1991年的138倍，1992—2018年年均增长20.2%，远超同时期按现价计算的GDP年均增速。研发经费投入强度[①] 2014年首次突破2%，2018年提升至2.18%，超过欧盟15国[②]平均水平。按汇率折算，中国已成为仅次于美国的世界第二大研发经费投入国家。从科技创新促进产业技术结构的升级态势看，2017年中国规模以上高技术制造业实现主营业务收入15.9万亿元，比2012年增长55.8%。高技术制造业的较快发展得益于研发投入的不断增加。2017年中国高技术制造业研发经费比2012年增长83.6%，年均增长12.9%，比同期工业年均增速高2.1个百分点；研发经费投入强度为2.0%，是工业平均水平的1.9倍。2017年规模以上工业企业中，逾四成开展了技术创新活动，共实现新产品销售收入19.2万亿元，比2012年增长73.3%；新产品销售收入占主营业务收入的比重为16.9%，比2012年提高5.0个百分点。在规模以上工业企业的研发项目中，已开发全新产品或者改进产品功能质量为目标的项目占比达到82.4%，“中国制造”正升级为

① 研发经费投入强度=研发经费/GDP。

② 包括奥地利、比利时、卢森堡、丹麦、芬兰、法国、德国、希腊、爱尔兰、意大利、荷兰、葡萄牙、西班牙、瑞典、英国。

"中国智造"。①

——制造业智能化水平的显著变化。第四次工业革命浪潮兴起的显著特征，即产业发展数字化、信息化、网络化、智能化、生物化等直接决定了产业发展充分体现生产力发展规律、社会生产关系发展规律，以及社会生产关系适应社会生产力发展规律的时代要求；而产业发展遵循基本规律在智能化时代背景下所需要的实现条件，如国情特点、现实发展基础、制度—政策安排等满足智能化发展的一系列基础条件和实现智能化发展的综合能力，则直接决定了产业发展遵循基本规律和顺应时代要求的整体态势。自新中国成立至今，中国产业发展所经历的劳动密集型产业为主导→资本密集型产业发展为主导→技术密集型或技术与资本双重密集型产业为主导的产业技术结构的演进过程和奠定的现实基础，为智能制造为主导的现代产业发展提供了应有的基础和条件，展现出广阔的发展空间。特别是，中国制造业智能化从无到有，在国民经济和社会发展的"十三五"时期获得了跳跃式的发展。据中国社会科学院工业经济研究所《中国工业发展报告·2020》，"十三五"时期，国务院及其相关部门陆续出台了《智能制造发展规划（2016—2020 年）》《智能制造工程实施指南（2016—2020）》《国家智能制造标准体系建设指南（2015 年版）》《机器人产业发展规划（2016—2020 年）》《新一代人工智能发展规划》等多个政策文件，提出到 2025 年中国智能制造发展的"两步走"战略，初步形成以《中国制造 2025》为统领、智能制造相关产业政策为指引、智能制造工程为抓手的智能制造产业顶层设计。"十

① 《辉煌 70 年》编写组编：《辉煌 70 年：新中国经济社会发展成就：1949—2019》，北京：中国统计出版社，2019 年版，第 218、223 页。

三五”时期，中国共遴选 400 多个国家智能制造试点示范项目，通过组织实施试点示范，形成了柔性制造、数字化制造、云制造、分布式制造等新范式，培育形成了一批智能产品、智能管理、智能服务等智能制造新业态。根据智能化改造前后企业数据的初步对比分析，生产效率平均提高 32.9%，能源利用率提高 11.3%，运营成本降低 19.3%，产品研制周期缩短 30.8%，产品不良品率降低 26.3%。[①]

① 中国社会科学院工业经济研究所：《中国工业发展报告·2020》，北京：经济管理出版社，2020 年版，第 153-154 页。

第十章　战略性新兴产业选择

战略性新兴产业是伴随第四次工业革命浪潮兴起，特别是2008年国际金融危机以后各个国家和地区为应对经济下滑乃至长期低迷所出台的重大战略举措而逐步形成的产业门类新概念。但是，迄今为止，世界各个国家和地区，尤其是主要大国和地区经济体对战略性新兴产业概念的界定还不是很统一。在中国，这一概念的系统提出和成熟应用也是在2008年国际金融危机以后。根据《国务院关于加快培育和发展战略性新兴产业的决定》(国发〔2010〕32号)，战略性新兴产业是指以重大技术突破和重大发展需求为基础，对经济社会全局和长远发展具有重大引领带动作用，知识技术密集、物质资源消耗少、成长潜力大、综合效益好的产业。加快以培育和发展战略性新兴产业引领和带动的现代产业体系和产业结构调整，对推进建设中国社会主义现代化国家有重大战略意义。首先，这是实现中国建设社会主义现代化国家目标任务的最根本支撑。中国依然是发展中的社会主义人口、经济总量大国，经济发展尚处于工业化、信息化、城镇化、市场化和国际化进程中，整个产业体系和产业结构的现代化正是这一系列现代化过程的硬支撑，加快培育和发展战略性新兴产业以引领和带动现代产业体系和产业结构调整，对解决社会主要矛盾已经转化为人民日益增长的美好生活需要和不平衡不充分的发展之间的矛盾，为确保高质量发展提供根本保障。第二，这是建构整个现代化经济体系的根本选择。因为加快培育和发展战略性新兴产业以引领和带动现代产业体系和产业结构调整，既是深化供给侧结构改革，促进经济发展方式转变，推动经济发展质量变革、效益变革、动力变革的根本途径，也是确保经济可持续发展，进而为确保实现社会主义现代化目标任务提供强有力物质支撑的基本选择。第三，这是适应第四次工业革命浪潮兴起的时代要求，增强中国的国际竞争力的重大关键举措。因为当今第四次工业革命浪潮兴起的最基本趋势特征是整个经济社会发展的数字化、信息化、网络化、智能化、生物化，而各个国家和地区战略性新兴产业的顶层设计规划和路径选择，无不集中反映在这种发展的时代特征要求上，进而，也只有加快培育和发展战略性新兴产业以引领和带动现代产业体系和产业结构调整，才能切实增强各自国家或地区的国际竞争力，这对中国这样一个尚处于发展中的社会主义人口、经济总量大国来说更不能例外。

1. 战略性新兴产业发展的战略规划。这是制度—政策安排供给条件的顶层设计。目前，世界主要发达国家和地区相继制定了有关战略性新兴产业发展的战略规划，从顶层设计上对本国和地区适应第四次工业革命浪潮兴起要求的战略性新兴产业的培育和发展，给予必要的制度—政策方面的供给条件支持。如 2008 年国际金融危机以后，美国、英国、德国等世界主要发达国家纷纷将振兴实体经济作为经济复苏的关键，明确提出并实施再工业化战略，作出规划确定加大对节能环保、高端装备、新能源、新材料等战略领域的投入力度。在中国，2010年，国务院颁布了《国务院关于加快培育和发展战略性新兴产业的决定》，明确将在2015—2020年重点培育和发展节能环保、新一代信息技术、生物、高端装备制造、新能源、新材料、新能源汽车等战略性新兴产业。2012年，国务院颁布《“十二五”国家战略性新兴产业发展规划》，明确将继续在2015—2020年加快培育和发展节能环保、新一代信息技术、生物、高端装备制造、新能源、新材料、新能源汽车等战略性新兴产业产业，力争使战略性新兴产业成为国民经济和社会发展的重要推动力量，其增加值占国内生产总值比重达到15%，部分产业和关键技术跻身国际先进水平，节能环保、新一代信息技术、生物、高端装备制造产业成为国民经济支柱产业，新能源、新材料、新能源汽车产业成为国民经济先导产业。2016年，国务院颁布《“十三五”国家战略性新兴产业发展规划》，明确在2016—2020年进一步发展壮大新一代信息技术、高端装备、新材料、生物、新能源汽车、新能源、节能环保、数字创意等战略性新兴产业；加快发展壮大网络经济、高端制造、生物经济、绿色低碳和数字创意等五大领域，实现向创新经济的跨越；超前布局空天海洋、信息网络、生物技术和核技术领域一批战略性产业，打造未来发展新优势。遵循战略性新兴产业发展的基本规律，突出优势和特色，打造一批战略性新兴产业发展策源地、集聚区和特色产业集群，形成区域增长新格局。把握推进“一带一路”建设战略契机，以更开放的视野高效利用全球创新资源，提升战略性新兴产业国际化水平。2021年3月，第十三届全国人民代表大会第四次会议通过的《中华人民共和国国民经济和社会发展第十四个五年规划和2035年远景目标纲要》确定，着眼于抢占未来产业发展先机，培育先导性和支柱性产业，推动战略性新兴产业融合化、集群化、生态化发展，战略性新兴产业增加值占 GDP 比重超过 17%。聚焦新一代信息技术、生物技术、新能源、新材料、高端装备、新能源汽车、绿色环保以及航空航天、海洋装备等战略性新兴产业，加快关键核心技术创新应用，增强要素保障能力，培育壮大产业发展新动能。推动生物技术和信息技术融合创新，加快发展生物医药、生物育种、生物材料、生物能源等产业，做大做强生物经济。深化北斗系统推广应用，推动北斗产业高质量发展。深入推进国家战略性新兴产业集群发展工程，健全产业集群组织管理和专业化推进机制，建设创新和公共服务综合体，构建一批各具特色、优势互补、结构合理的战略性新兴产业增长引擎。在类脑智能、量子信息、基因技术、未来网络、深海空天开发、氢能与储能等前沿科技和产业变革领域，组织实施未来产业孵化与加速计划，谋划布局一批未来产业。关于“十四五”战略性新兴产业发展的专门规划也一定会很快出台，特别是在由于逆全球化力量抬头、地缘政治因素、贸易保护主义加剧等因素引致的全球经济发展不稳定不确定性增强的国际环境下，全球重要生产要素的合理配置，以及全球产业链供应链高度开放格局势必面临严峻挑战，中国战略性新兴产业的选择必须充分考虑国际化发展和壮大更加艰难，进而，势必确立以自强自立为立足点的战略性新兴产业发展战略和路径。

2. 重大科学技术突破。这是战略性新兴产业发展所需要的最根本的供给条件。重大科学技术突破，应当符合世界科技发展的时代要求；而对于支撑战略性新兴产业发展的重大科技突破，则必须对于整个国民经济和社会发展战略目标的实现起到根本性支撑作用，这进而要求这样的重大科技突破必须是与战略性新兴产业发展紧密相关者。按照这样的认识，如今作为战略性新兴产业发展基础的中国重大科技突破应当符合三方面的基本要求：首先，重大科技突破是符合世界第四次工业革命浪潮兴起的时代背景要求，充分体现发展的数字化、信息化、网络化、智能化、生物化要求的；其次，是按照“四个面向”，即面向世界科技前沿、面向经济主战场、面向国家重大需求、面向人民生命健康的重大科技突破；第三，是与中国的战略性新兴产业发展密切关联的重大科技突破。因此，作为中国战略性新兴产业发展基础和根本支撑的中国重大科技突破多属于重大工程科技的范畴。根据科技部、中国工程院等单位的权威成果发布情况和相关权威研究文献，特别是根据中国科学院年度报告系列、中国工程院战略性新兴产业发展年度报告系列等，可以认为：中国自国民经济和社会发展的“十三五”规划实施以来，主要的重大科技突破集中在信息科技、生命健康、能源、新材料、先进制造、深空深海深地探测六个方面。其中，新一代信息技术表现为以人工智能、量子信息、第五代移动通信、物联网、区块链、虚拟现实等为代表的新一代技术为支撑，进而实现技术的群体演变、加速突破和广泛应用，在自身带来巨大产业增量的同时，还推动新一代信息技术成为新一代的通用技术，引领数字经济新范式的到来，信息化、网络化、数字化、智能化日益成为所有产业发展的基点。同时，新技术产业化突破性进展也将释放一轮新技术革命红利。当前，中国已经进入数字时代，全面深入地推进数字化、网络化和智能化融合集成，不仅将支撑新型光电显示技术、超导材料、氢能等一批关键技术实现突破，更会给新兴技术的产业化应用路径带来新空间、新机遇，如网络经济、平台经济、企业“上云用数赋能”新业态等。①

3. 重大经济社会需求。这是战略性新兴产业发展所需要的最重要的需求条件。在中国，战略性新兴产业满足重大经济社会需求的态势，可以从“十三五”以来满足经济增长新动能要求所带来的自身实现快速增长的绩效充分看出。工业方面，2015—2019年，全国战略性新兴产业规上工业增加值年均增速达到10.4%，高于同期规上全国总体工业增加值4.3个百分点。2019年，全国战略性新兴产业规上工业增加值年均增速达到8.4%，高于同期规上全国总体2.7个百分点。服务业方面，2015—2019年，全国战略性新兴产业规上服务业企业营业收入年均增速达15.1%，高于同期全国规上服务业企业总体约3.5个百分点。2019年，全国战略性新兴产业规上服务企业营业收入增速达到12.7%，高于同期规上全国服务企业总体近3个百分点。“十三五”以来，中国满足经济社会发展重大需求的战略性新兴产业发展的重点领域主要有新一代信息技术产业、生物产业、高端装备制造产业、新材料产业、节能环保产业、新能源产业、新能源汽车产业、数字创意产业等。而满足经济社会发展重大需求的战略性新兴产业发展的崭新增长点主要有：作为前沿技术领域跨越发展结果的数字经济、人工智能、工业互联网、物联网等领域新业态、新模式以及战略性新兴产业的跨界产业领域；培育形成的空天海洋、信息网络、生命科学、核技术等产业领域。同时，通过大力发展新兴飞行器及航行器、新一代作业平台和空天一体化观测系统等，着力构建量子通信和泛在安全物联网，加快发展合成生物和再生医学技术，

① 中国科学院编：《2020高技术发展报告》，北京：科学出版社，2021年版，第496-497页。

加速开发新一代核电装备和小型核动力系统、民用核分析与成像，积极布局完整的氢能产业链，打造形成未来中国新兴产业发展的新优势。①

4. 创造全球产业竞争优势。这是战略性新兴产业可持续发展所需要的国际条件。战略性新兴产业发展也必须满足遵循产业发展一般规律所需要的供给实现条件和需求实现条件。在第四次工业革命浪潮兴起的时代背景下，中国战略性新兴产业发展在国际上的竞争力水平的衡量，也需要从供给侧和需求侧两方面进行具体分析。从供给方面看，“十三五”以来中国战略性新兴产业发展的供给技术支撑能力和产业供给能力都有了突破性进展。据中国科学院年度报告系列之一《2020 高技术发展报告》载，中国高技术产业关键技术水平在过去几年有了显著提升。在信息通信、生物医药、航空航天等领域，中国取得了一系列突破性进展。信息通信领域，中国已经在 5G 标准化和推动产业链发展方面起到主导作用。2019 年 6 月，工信部向中国电信、中国移动、中国联通、中国广电发放 5G 商用牌照，这表明中国正式进入 5G 商用时代。截至 2020 年 3 月底，中国建成 5G 基站达 19.8 万个，套餐用户规模超过 5000 万。生物医药领域，至 2018 年底，中国批准的一类新药（即具有新颖的化学结构和自主知识产权）达 39 个，是 2008 年“重大新药创制”国家科技重大专项实施之前 23 年的 7.8 倍。研发的一类新药中，治疗非小细胞肺癌新药埃克替尼是中国研发的第一个肿瘤靶向药物，治疗眼底黄斑变性的康柏西普是中国 10 多年来研发的第一个融合蛋白药物，阿帕替尼是全球第一个在胃

① 中国工程科技发展战略研究院编：《中国战略性新兴产业发展报告 · 2021》，北京：科学出版社，2021 年版，第 4-8 页。

癌晚期被证实安全有效的小分子抗血管生成靶向药物，贝那鲁肽是全球第一个重组人胰高血糖素类多肽-1（GLP-1）新药。甘露寡糖二酸（GV-971）是最近10多年来全球唯一在三期临床试验中获得成功的治疗阿尔茨海默病的药物。2019年，上海科技大学历时6年率先在国际上解析了小分子抑制剂如何精准靶向MmpL3及其超家族质子内流通道的三维图像，为新型抗生素的研发、解决全球日趋严重的细菌耐菌耐药问题开辟了一条全新途径，也为中国研发具有自主知识产权的抗结核新药奠定了重要基础。航空航天领域，最近5年来，中国已掌握载人天地往返、空间出仓、空间交汇对接、组合体运行、航天员中期驻留等载人航天领域重大技术，载人航天重大工程建设顺利推进。2019年1月3日，中国"嫦娥四号"探测器成功着陆在月球背面预选着陆区，并通过"鹊桥"中继星传回了世界第一张近距离拍摄的月背影像图，实现了人类探测器首次月背着陆、首次月背与地球的中继通信。同年，中国发射完毕所有中圆地球轨道卫星，北斗三号全球系统核心星座部署完成，北斗全球组网进入决战决胜的冲刺阶段。2019年12月27日，"长征五号"遥三重型运载火箭成功发射，把重8吨的"实践20号"卫星送入地球同步轨道，标志着中国拥有了完善的重型火箭技术，更标志着中国从此由"航天大国"迈向"航天大国"。[①] 从需求方面看，中国新能源发电装机量、新能源汽车产销量、智能手机产量、海洋工程装备接单量等均居全球第一。战略性新兴产业在总体上已经成为中国出口贸易的主要支撑。2019年战略性新兴产业重点工业行业累积出口交货值为6.0万亿元，同比

① 中国科学院编：《2020高技术发展报告》，北京：科学出版社，2021年版，第345-346页。

增长 10.2%，对中国外贸出口总额增长的贡献率达 67.1%。其中，新一代信息技术产业累积出口交货值为 5.1 万亿元，同比增长 10.7%，对战略性新兴产业工业出口增长的贡献率达 88.5%。①

5. 实现产业科技自立自强。高技术是战略性新兴产业的主要科技支撑，其自立自强能力建设水平直接决定了战略性新兴产业发展的产业科技支撑能力的强弱。战略性新兴产业发展所依赖的基础之一，就是支撑其发展的高技术发展水平的不断提升乃至不断有重大突破性进展。而且，这一产业科技的重大突破性进展是对标国际水准而言的。但是，根据中国科学院年度报告系列之一《2020 高技术发展报告》载，中国高技术产业核心技术、关键部件和高端装备的对外依赖度仍较高，尖端技术的自主研发能力还很弱。在中美贸易摩擦升级这一现实背景下，中国高技术重点产业的发展瓶颈问题更加凸显，高端芯片研发、生产的自主化也越发迫切。例如，中国的半导体芯片设计、制造等方面技术都与发达国家存在很大差距，半导体产业中最先进的 7nm 制程技术，只有三星、台积电等海外企业掌握。② 支撑中国战略性新兴产业发展的高技术自立自强能力不足的主要原因就在于基础理论研究跟不上，原始创新能力还不强。此外，另据中国科学院年度报告系列之一《2020 高技术发展报告》载，与发达国家相比，中国高技术产业技术投入仍然不足。2018 年中国高技术产业 R&D 经费支出 518.58 亿美元，美国 2017 年在高技术领域的企业 R&D 投入就高达 1847

① 中国工程科技发展战略研究院编：《中国战略性新兴产业发展报告 · 2021》，北京：科学出版社，2021 年版，第 8 页。

② 中国科学院编：《2020 高技术发展报告》，北京：科学出版社，2021 年版，第 346 页。

亿美元，是中国的 3 倍多。[①] 实现中国战略性新兴产业发展所需要的产业科技的自立自强，还需要从体制—政策安排和加大投入等各个方面发力。

① 中国科学院编：《2020 高技术发展报告》，北京：科学出版社，2021 年版，第 347 页。

第四编

产业空间集聚论

产业空间集聚是产业发展的重要空间实现形式，也是产业结构演进的重要空间形态。产业空间集聚主要包括产业集群发展和产业园区建设两个维度。产业集群具有范围经济、规模经济、溢出效应、系统效益、创新经济地理、强化社会网络、建构协作竞争型产业组织结构等一系列促进经济社会发展的功能。当今世界，各个国家和地区特别是主要发达国家和地区都把产业集群发展作为提升产业竞争力的战略选择，也有越来越多的发展中国家和地区规划和发展产业集群。在中国，各类产业集群是自 1978 年改革开放以后才逐步获得长足发展的。但是，由于当今中国依然是处于工业化、信息化、城镇化、市场化和国际化的发展中社会主义人口和经济总量大国，各类产业集群的发展水平与发达国家和地区相比较还有明显差距，特别是处于产业价值链高端、高附加值产业为主导、高科技含量产业为引领的千亿元级乃至万亿元级以上的产业集群还十分稀缺；各类产业集群可持续发展所需要的大、中、小企业有机分工和专业化协作的企业生态群落特征还不够鲜明。可喜的是，近年来，特别是自2019年组织第一批国家级战略性新兴产业集群申报以来，全国各地战略性新兴产业集群发展正逐步成为驱动当地产业发展、经济发展乃至整个经济社会发展的崭新引擎。目前，中国战略性新兴产业集群正朝向融合化、集群化、生态化发展的方向演进。产业园区具有促进经济增长、优化产业结构、加快城市化进程、加快经济国际化、促进文化交流和繁荣、促进经济社会治理现代化等一系列推动经济和社会发展的功能。在满足应有条件下产业园区又是产业集群化发展的重要选择载体。在中国，自1978年改革开放以来，各级各类产业园区建设和发展获得了长足进步，并在伴随中国工业化、信息化、城镇化、市场化、国际化的社会主义现代化进程中不断取得令人信服的良好绩效。从产业园区的数量规模看，呈现出从无到有、从少到多、从产业发展规模和经济产出规模体量小到大的历史转变；从涉足产业门类看，发生了从单一产业或行业门类向产业门类齐全且不断开辟新的产业领域的历史转变；从功能特征看，发生了由社会再生产过程中围绕某一个或少数几个环节向功能齐备复杂、分工细化、整体功能系统集成的历史转变；从兴办主体看，发生了仅靠中央政府向中央政府和地方政府、政府和企业共同兴办的历史性转变；从投资主体看，发生了主要依靠内资向更多利用外资的历史性转变；从地理空间分布看，发生了从沿海到内陆、从局部区位到全方位，乃至跨国界的历史性变化，等等。如今，中国产业园区已经覆盖了各个产业领域、各个主要的社会再生产环节，呈现出联通全国各地乃至海内外众多国家和地区的产业园区网络的空间大格局。特别是，中国自由贸易实验区的建设和发展，充分体现出中国对外开放正向着更加广阔的地理空间和更加深入的产业领域迈进；充分体现出中国深化全方位对外开放的坚定信心和稳健前进步伐。而同时，中国已经签订的自由贸易协定区域在世界各地的广泛分布，又充分体现出中国维护全球化时代多边主义，加快与世界各个国家和地区的经贸合作，不断把高水平对外开放推向前进的决心、信心和坚实步伐。

第十一章　产业集群发展

1. 产业集群的概念。产业集群（industry cluster）亦称“产业簇群”，是迈克尔·波特（Porter Michael E.）在其1990年出版的《国家竞争优势》一书中率先提出并加以系统确定的概念。他所定义的产业集群或产业簇群的概念如下：“产业族群是在某特定领域中，一群在地理上临近、有交互关联性的企业和相关法人机构，并以彼此的共通性和互补性相联结。”[①] 由产业集群发展的纵深程度和复杂性所决定，产业集群呈现出许多不同的形式或类型：从构成产业集群的支撑要素及其组合看，产业集群应该包含具有产业紧密相关联系的厂商；产生紧密相关联系的水平、垂直和上下游产业；作为专业化基础设施，专业化训练、教育、信息、研究和技术提供者或支援者以及标准制定者等的机构；能够产生重大政策影响力的政府；作为中间性经济社会组织的行业协会或者其他相关民间团体，等等。从产业集群的规模和范围看，产业集群的规模可大可小，甚至可以是餐厅、汽车经销商、古董店等地方性产业。它们所在的经济体也可大可小，可能在乡下，可能在市

① ［美］迈克尔·波特著，高登第、李明轩译：《竞争论》，北京：中信出版社，2003年版，第210页。

区，也可能跨好几个地理层级，如国家、州、大都市地区以及城市。无论发达国家或发展中国家，都有可能出现产业集群。从产业集群的组织结构看，有些产业集群主要是由中小企业组成；有些产业集群则同时存在大型和小型企业；有些产业集群的核心是研究型大学；有些则和大学没有什么重要的关联性。发展越健全的产业集群，就拥有愈多专业化供应商、愈多元化供应商的相关产业，以及愈广泛的支援性法人机构。产业集群的支撑要素及其组合、规模和范围、组织结构等，会随着新厂商与新产业的出现、既有产业萎缩或衰落、本地法人机构有了新发展与改变，而不断变化。技术与市场的发展，会酝酿出新的产业、创造出新的联结点，或改变所服务的市场。规制的改变也会对变迁中的产业集群边界造成影响。所以说，产业集群的形成和发展是一个动态演进过程，其具体形态是这一动态演进过程的结果表现。产业集群又可以称为“竞争集群”，因为产业区集群的本质是能够产生系统性竞争优势的紧密关联的厂商、产业和机构等的集合体。产业集群通过三种主要形式影响竞争，一是增加内部企业或产业的生产力；二是增加创新能力，并因此导致生产力提升；三是刺激新企业的成型，进而反援创新并扩大整个产业集群。产业集群大多出现在发达经济中，这类产业集群的深度与广度通常较大。在发展中经济中，产业往往以本地为根据地，或是外国子公司锁定的本地市场。外销产业通常是劳动力密集型或资源密集型产业。在发展中经济体的产业集群，似乎都根基不深，主要依赖外国的零部件、服务和技术。在这些地点的企业通常会进行垂直整合，不仅生产自己需要的零部件、备用的电子产品，有时候还得自行建立并经营实体基础建设，甚至由公司来经营学校和其他服务性设施。发展中经济的其他有相对竞争力的企业，则倾向于独立运作，而不以产业集群中的成员自居。比起那些在发达经济体中的产业集群，发展中经济体中的产业集群不仅成员比较少，而且在社会经济形态上也有差别。许多集群都呈现出以少数大企业、政府机构和销售商为中心的层级或辐射状结构，集群内部的沟通很有限，在既有企业和机构之间的联结不充分。相反，发达经济体中成功的产业集群有密集的网眼，这些网眼是由持续演进中的关系和联结所组成的。运作良好的产业集群，是迈向发达经济体的根本保证。在发展中经济体，产业集群的组成受制于教育程度和技术能力过低、技术不强、缺乏资金，以及相关机构的发展不充分。政府政策也与产业集群的形成唱反调，不但限制产业地点，而且试图以补贴政策、人为干预来扩张企业投资地点。大学和技术学院的课程，偏重填鸭式教学，无法适应产业集群的需要。最后，政府会让企业受到保护、免于竞争、乐于垄断，这些行为进一步延缓产业集群的发展。[1]

产业集群与几个相近概念的区别与联系。产业集群与产业集中（industrial concentration）、产业集聚（Industrial agglomeration）、产业链（industrial chain）、产业园区（Industrial Park）等几个有关产业发展的概念比较接近。产业集中是产业组织理论常常讨论的一个主要概念，它是指几个主要产业在同一产业或行业内所处的支配地位及其数量规模占比，即各主要产业的份额及其占整个所在产业或行业的比重，也被称为产业的市场结构。产业集中的定量分析，可以通过绝对集中指标和相对集中指标来反映。绝对集

① ［美］迈克尔·波特著，高登第、李明轩译：《竞争论》，北京：中信出版社，2003年版，第210-242页。

中指标通常用位于某一产业或行业内规模最大的几个企业的市场占有规模在整个行业中的占比等指标来反映，以观察规模最大的几个企业对整个行业的垄断程度；而相对集中指标主要以洛伦茨曲线（Lorenz Curve）以及基于洛伦茨曲线计算出来的吉尼系数来衡量，可以反映整个产业内所有企业的集中程度。所谓产业集聚是经济地理学的研究重点，它是指产业在空间上的集中分布过程及其结果。产业集聚理论研究产业空间分布形态，注重分析产业从分散到集中的空间变迁或演进过程。现实中，产业集聚在某一共同空间发展，可以共享基础设施，带来范围经济或规模经济效果。产业集聚与产业集群既有密切联系又有明显区别。产业的空间集聚只是形成产业集群的一个必要条件，但如果集聚在一起的产业相互之间缺乏紧密联系或相关性差，那么集聚的结果就难以形成产业集群。所谓产业链是产业发展理论中的一个经典概念，它是指产品在包括设计、生产、供给、销售以及售后必要服务等在内的一系列生产经营环节的关联，既有前向关联也有后向关联。与产业链相关的还有创新链、价值链、生产链、供应链、商品链等不同概念。与产业集群相比，产业链虽然也强调产业之间的联系，但主要侧重于产业间的联系，对于同一产业或行业以外的机构、政府、中间性经济组织等关注较少；此外，产业链也没有产业空间集聚的概念。所谓产业园区，是指包括经济技术开发区、高新技术产业开发区、经济特区、海关特别监管区、自由贸易区等在内的各种性质、类型、形式和功能等级的经济类园区。与产业集群的联系和区别主要在于，在产业园区内，企业之间的联系非常密切，形成了产业集群，这种情况下产业园区为产业集群形成提供了空间；但是，产业集聚在园区内，主要是为了园区作为特殊监管空间、产业发展目标和经济发展的目标设立的，如果这些集聚起来的企业或产业之间缺乏紧密联系，则就不能形成产业集群。

2. 产业集群的功能。当今世界，各个国家和地区特别是主要发达国家和地区之所以都把产业集群发展作为提升产业竞争力的战略选择，也因此会有那么多包括主流经济学家在内的学者对产业集群理论给予高度关注，就在于产业集群发展中显示出如下多方面已经得以证实和确认的经济社会发展功能或作用。

——产业集群发展可以带来所谓范围经济。范围经济一般是指在同一空间范围内，存在多个企业或一个企业生产多种产品或服务时，由于生产经营过程中所必需的水，包括电力在内的能源供给、交通、通信等基础设施，社会服务、学校、医院、研究机构乃至政府管理等为众多企业或为多元化生产经营企业的多种产品和服务所可能带来的分摊成本降低，进而提高这一系列生产经营必需的外部条件的利用效率或效果所产生的经济效益。一般而言，产业集群发展的结果，是一定会伴随在同一外部供给条件下企业集中、土地集约的，这一产业发展在同一外部供给条件下空间集聚的结果，就一定会产生范围经济。

——产业集群发展可以产生规模经济。产业集群发展过程中，企业生产经营能够在两个主要维度上产生规模经济，即随着自身生产规模的扩大，产品或服务的平均成本在相应降低：一是由于有紧密相关联系的上游、下游企业以及有所谓“旁侧联系”的服务类企业等相互之间的专业化分工和协作，企业能够获得单靠自身完成产、供、销、人、财、物等生产经营全过程各环节资源配置，即所谓“小而全、大而全”所难以带来的效果或效率，因为专业化分工和协作的结果是在很大程度上能够使得参与同一生产经营过程的不同企业的劳动者、管理者、技术人员等由于各自长期专门从事一行而能够提供精深知识、娴熟技能、完善工艺、系统方法、灵活手段等，进而提高劳动生产率，为整个产品或服务的生产经营提供优良的供给经济效果或效益。二是产业集群发展势必伴随产业链在同一生产经营空间的极大完善，结果是可以避免企业生产经营过程由于产业链不完备而可能产生的供货不及时，或外购运输成本高，或供给规模质量、品种和规模不能满足要求等问题所造成的平均成本上升或生产经营效益低下。

——产业集群发展可以产生系统效应。不同企业集中在同一空间内，通过生产经营过程中紧密的前向联系、后向联系、旁侧联系，形成了特定的市场结构，产生一定的结构效益；企业与机构、与政府、与行业协会等围绕产业发展所产生的紧密联系，以及这种联系的有机化形成的特殊的产业发展生态系统、经济社会网络联系等，形成了整体对外进行强有力竞争的特殊经济社会发展地理空间、单元或系统，势必产生所谓“1+1>2”的系统运行效果或系统效应。伴随以数字化、信息化、网络化、智能化、生物化为显著特征的第四次工业革命浪潮的兴起，现代产业集群的发展态势，将会越来越像一个充满生机与活力的生命共同体；也势必引致传统产业集群理论的创新，极大推动产业集群实践向前所未有的纵深和广阔空间发展。也因而，随着整个产业发展理论的创新，就不能不将对现代产业集群发展的研究提升到一个相当的高度加以重视。

——溢出效应。产业集群发展过程，是集中在同一地理空间的企业、机构、中间性经济社会组织、政府等市场经济主体之间紧密联系、合作互动、参与对外竞争的过程。在这一过程中，各类主体自身所拥有的知识、信息、技术、技艺、人力资本、管理经验和方法乃至文化等元素，是可以方便地在产业集群所在地理空间范围内顺畅流动的，这一顺畅流动及其不断组合的结果，是加入企业生产经营过程和产业发展过程的各类生产或服务要素的全要素生产率大大提升，能够大于乃至远远大于不存在产业集群情况下各市场行为主体单独配置资源所带来的全要素生产率。进而，这又使得在各类行为主体之间的互动、要素顺畅流动等生产经营、产业发展乃至整个经济社会发展的地理空间演进过程中，营造出学习、创新、创造、创业等的浓厚氛围。继而，在全要素生产率不断提升，主体行为互动和要素顺畅流动，以及学习、创新、创造、创业浓厚氛围形成的态势下，加上对外开放的制度—政策安排，就完全可以将上述一系列产业集群发展过程所带来的效应，外溢到产业集群所在地理空间以外，产生极大的所谓“外部经济效果”。

——产业集群发展过程往往也是所在地理空间的创新过程。首先，产业集群发展过程至少意味着企业集中、土地集约、产业集群，即所谓产业集群“三集”特征的形成。这直接是产业集群所在经济地理空间的重组乃至创新。在这一过程中，企业、机构、政府、中间性经济社会组织都会在同一地理空间上作出与各自单独参与经济活动时很不相同的制度—政策安排或者对这一安排的组织反映。各种生产经营要素将在产业集群发展过程中按照产业集群发展的整体和系统要求进行配置和调节。各类市场主体行为将按照产业集群发展的规制、规则、标准加以规范。特别是，产业集群发展过程中全要素生产率的提升，主体行为互动和要素顺畅流动，以及学习、创新、创造、创业浓厚氛围形成的态势等，更加充分体现了产业集群发展过程就是所在经济地理空间创新过程的演进态势。

——产业集群发展过程也是所在地理空间内外社会网络形成、发展和不断强化的演进过程。首先，产业集群发展过程中相伴而生的主体行为互动和要素顺畅流动，使得各类市场主体行为乃至紧密相关的各类经济社会活动主体之间的网络化联系特征越来越明显，在当今产业发展数字化、信息化、网络化、智能化、生物化的时代，产业集群发展所在地理空间的内部社会网络或社区网络将得以越来越充分地发展和强化。不仅如此，就产业集群所在地理空间以外的经济社会活动空间而言，由于产业集群自身发展壮大及其“溢出效应”的不断产生，产业集群发展过程也一定是一个产业集群所在地理空间的各类行为主体与外部各类行为主体之间的经济社会联系越来越紧密、越来越频繁、越来越一体化的网络化发展和演进过程。这一态势在高水平对外开放情况下，将会得到更加充分的体现。

——产业集群的发展过程也是一个典型的协作竞争型产业组织形成、发展和不断得到强化的演进过程。因为专业化分工和协作本来就是产业集群发展的题中应有之义；产业集群发展过程中各类市场行为主体之间的紧密联系是根据一致对外竞争的系统功能原则确立和发展的，各类行为主体的行为选择必须按照“1+1>2”的系统功能要求进行；同一产业集群内部，各类市场主体行为既要相互竞争又要协作一致对外展开整体竞争，这恰恰是产业集群与不存在紧密产业联系的一般性企业群体、缺乏产业紧密联系的集聚地理空间以及其他经济社会发展集聚地理空间的总体区别。

3. 中国产业集群发展态势。中国各类产业集群是自 1978 年改革开放以后才逐步获得长足发展的，在市场驱动、经济国际化以及地方政府追求相对独立的经济规模和财税水平等物质利益等多重因素驱动下，先是众多的产业集群出现在比较发达的广东、浙江、江苏、福建、山东等沿海地区，根据不同的要素禀赋特征和比较优势，形成了如以广东东莞为代表的 IT 产业集群，浙江温州的皮鞋、打火机产业集群，江苏昆山 PC 制造、常熟服装服饰产业集群，福建晋江的鞋业、石狮的服装产业集群，山东寿光的蔬菜产业集群等；后来中央和地方政府愈加重视，并相继出台了许多借鉴发达地区和国际成功经验基础上的扶持政策，各地大力兴办经济园区或产业园区，逐步形成一大批向价值链中高端发展的技术密集型和资本密集型的产业集群，如北京中关村的信息产业集群、苏州的高科技产业集群、湖北武汉的光电子产业集群等。但是，由于当今中国依然是处于工业化、信息化、城镇化、市场化和国际化的发展中社会主义人口和经济总量大国，各类产业集群的发展水平与发达国家和地区相比较还有明显差距，特别是处于产业价值链高端，以高附加值产业为主导、高科技含量产业为引领的千亿元级乃至万亿元级以上的产业集群还十分稀缺；各类产业集群可持续发展所需要的大、中、小企业有机分工和专业化协作的企业生态群落特征还不够鲜明。根据中国科技发展战略研究院的《中国战略性新兴产业发展报告·2021》的记载，为了集中优势资源推动各地特色产业区集群发展，国家发展改革委积极推进战略性新兴产业集群建设工作。2019 年组织了第一批国家级战略性新兴产业集群申报工作，从申报的 129 个产业集群中评选出第一批 66 个战略性新兴产业集群名单，并研究形成“一揽子”金融支持计划。国家发展改革委将会同有关部门积极支持国家级战略性新兴产业集群建设。具体包括：重点建设项目将择优纳入国家重大建设项目储备库；支持产业链协同新平台、检验检测和智能园区等产业基础设施建设；在知识产权服务、重点技术研发、专项债券融资、人才奖项计划实施等方面给予支持；等等。[①] 全国各地战略性新兴产业集群发展正成为驱动当地产业发展、经济发展乃至整个经济社会发展的崭新引擎。山东省入选全国的7个战略性新兴产业集群向着做强做优优势产业，提升产业集聚的广度和深度，不断延伸优势特色产业链演进；杭州市不断加大生物医药产业布局力度，积极培育千亿生物医药产业集群，打造具有全球影响力的生物医药创新城市，以平台集聚、重大项目引领、创新资源驱动等举措推动生物医药产业集群实现高质量发展；北京市持续推进新能源智能汽车发展，积极打造国家智能网联汽车创新中心，初步形成完整的、领先的新能源智能汽车创新体系，通过全面提升新能源智能汽车核心竞争力，打造形成了全国领先的新能源智能汽车优势集群，并为首都战略性新兴产业发展带来新动能；深圳市依托5G龙头企业牵引，着力突破关键技术，加快前沿应用示范场景落地，打造形成了5G产业生态和产业集群，并致力于打造5G全球标杆城市，以“5G+智能经济”为引擎释放强劲发展新动能；贵州省作为全国首个大数据综合实验区，近年来深入实施大数据战略行动，大数据产业向纵深迈出坚实步伐，亮点频出，大数据产业成为全省经济发展的重要增长点及转动能稳增长的重

① 中国工程科技发展战略研究院编：《中国战略性新兴产业发展报告·2021》，北京：科学出版社，2021年版，第13页。

要引擎，成为全省高质量发展的新引擎。[①]《中华人民共和国国民经济和社会发展第十四个五年规划和2035年远景目标纲要》确定：推动战略性新兴产业融合化、集群化、生态化发展，深入推进国家战略性新兴产业集群发展工程，健全产业集群组织管理和专业化推进机制，建设创新和公共服务综合体，构建一批各具特色、优势互补、结构合理的战略性新兴产业增长引擎。[②]

---

① 中国工程科技发展战略研究院编：《中国战略性新兴产业发展报告·2021》，北京：科学出版社，2021年版，第13页。

② 全国人民代表大会常务委员会办公厅编：《中华人民共和国第十三次全国人民代表大会第四次会议文件汇编》，北京：人民出版社，2021年版，第65-66页。

第十二章　产业园区建设

1. 产业园区的概念。产业园区（Industrial Park）是为促进产业发展，进而以增强经济的市场竞争力和综合实力为目标而按照规划所设立的特殊地理空间。它是产业结构演进的空间表现形式，也是在满足应有条件下产业集群化发展的重要选择载体。产业园区也是包括各级政府和具有相当经济实力的企业为实现产业乃至整个经济发展目标而创立的特殊空间区位环境。一般来说，产业园区的空间经济特征主要包括：一是土地集中，产业发展的地理空间具有在同一块土地上高度聚集的显著特征；二是企业集中，同一产业或行业以及彼此间具有比较紧密联系的产业或行业内的众多企业聚集在同一块土地上，在产业集群化发展的情况下，大、中、小企业之间能够形成有机的专业化分工和协作，最终结果是形成了一个企业生态群落系统；三是具有产业发展所需要的一系列完整配套设施和优越的制度—政策环境条件，包括同一土地空间上有完整配套的公共服务设施、众多的厂房和各类建筑物等，在产业集群化发展的情况下，还包括除企业以外的各类配套服务机构、政府组织和中间性经济社会组织等。因为产业发展是经济发展的本质和核心，也因为当今市场经济体制下统计指标体系实际上涵盖了经济发展的一切内容，所以产业园区实质上也就是经济园区，二者并无不同。当然，如果在同一地理空间上聚集起众多的社会行为主体，包括机构、组织或个人，而且这些行为主体紧密联系在一起的目标和结果主要不是为了单一的经济发展或产业发展，则这类社会活动的特殊地理空间就不能算作经济园区或产业园区。最明显的是，一般的政府机关驻地、城乡社区、科研机构、学校、密集布局在同一地理空间的中间性社会组织等，就不属于经济园区或产业园区。有必要指出，现实中存在着由于规划不到位、配套设施没建成、外来投资者稀缺、企业生产经营方向不符合园区发展规划目标要求，或者园区发展所需要的优化制度—政策环境和条件不满足或不存在等“有园无产”的问题，这种有名无实的所谓“园区”至少不能算作成型或成熟的产业园区。因此，产业园区必须是符合规划目标要求、具有产业发展实际业绩、达到产业园区的公认标准水平者。

2. 产业园区的分类和功能。依据不同的划分标准，可以将产业园区划分为不同的类型。如按照产业门类划分，可以有以农业为主导的农业产业园区，以工业为主导的工业产业园区，以服务业为主导的服务业产业园区等，甚至可以有三次产业内部某一次生产业或行业为主导的特色产业园区，如生态农业园区、文化创意产业园区等；按照社会再生产过程、产业发展、经济发展某一功能环节为主导或强化此一环节功能而设置的功能型产业园区，如为了加快物流仓储产业发展或加快生产要素及其组合、产品和服务的跨境流动而设置的保税物流园区、总部经济园区、大学科技产业园区等；依据产业园区建设投资主体的不同，可以划分为跨地区或者跨国产业园区，等等。各种产业园区的具体规划、建设和发展目标虽然有所不同，但总起来看产业园区的主要功能包括以下几方面。

——促进经济增长。产业园区是有效凝聚创新、创造、创业资源并加快这一系列资源在跨区域乃至跨国流动的重要载体。良好的基础设施、制度—政策环境、产业发展基础，为高端产业技术人才、先进产业发展技术、现代生产经营管理方式和方法的运用提供了用武之地；单位土地面积等空间的高效产出大大增强了产业可持续发展的竞争力和所在地理空间的经济效益、经济实力和对外竞争力；产业发展良好绩效的取得，进一步促进了主导产业对紧密相关的上游、下游和旁侧产业的辐射、带动和凝聚作用，在条件具备的前提下，如大、中、小企业生态群落的形成，企业、机构、政府组织、中间性经济社会组织的配套系统的存在，相应的产业集群就会形成乃至发展壮大，更加扩大了经济产出及其效益水平，更加提高了经济增长速度，也更加增强了经济可持续发展的实力。在经济对外开放的条件下，还会由于对外资的极大吸引力扩大产业发展的外部需求和加快园区内产业进一步发展的投入规模和水平，进一步放大经济增长的加速效应。

——优化产业结构。相对于其他地理空间，产业园区具有创新、创造、创业过程中高端产业、先进技术和工艺、现代管理方式和方法高度密集的显著特征和优势，能够有效地推动产业结构的高级化；主导型产业的做大做强对其他产业形成了强大的辐射和带动作用，进而可以改变诸如以往片面发展对自然资源禀赋高度依赖的资源密集型产业，或由于科技进步水平限制长期依赖廉价劳动力要素供给片面发展劳动密集型产业的欠发达产业发展格局，加快资本密集型乃至技术密集型产业发展，解决长期发展劳动密集型农业、资源密集型一般加工制造业，而先进制造业和现代服务业的发展长期是“短板”的产业比例关系不协调的问题，促进和加快产业结构合理化；在产业集群形成的条件下，将形成大、中、小企业发展的有机的专业化分工和协作；将形成企业、机构、政府组织、中间性经济社会组织配套发展的系统，进而使得三次产业及其次生产业均获得长足发展，并且进一步加强产业之间的内在联系和进一步优化产业之间的数量比例关系，进而优化产业结构以及整个产业体系。

——加快城市化进程。产业园区内主导产业做大做强，特别是一旦形成产业集群，则产业园区就会在多个方面形成对当地城市化的强有力推动。首先，产业园区经济实力的增强，会为产业园区内外所在区域经济社会发展提供包括经济总量、财政税收等在内的强大的物质技术基础和条件；其次，产业园区产业结构的高级化和合理化，将极大地辐射和带动园区内外所在区域各类产业的发展壮大，大规模吸纳劳动力和各类人才，提高就业水平，促进人口城市化；再次，产业集群的形成，将从基础设施、制度安排、企业、机构、政府组织、中间性经济社会组织、文化氛围等各方面为园区内外所在区域准备好城市化的一系列经济社会发展条件。

——加快经济国际化。一般来说，由于开放型制度—政策安排的优势所在，产业园区都是一个相对于其他空间区域高度开放的地理空间，对跨国产业园区来说更是如此。开放型产业园区在产业发展的制度设置、税收政策、生产经营的要素及其组合、投资金融、知识产权保护、营商环境，尤其是产业发展的经济社会生态群落建构等一系列方面都有显著的涉外发展优势，对外资、外企和外来人才有着极大的吸引力，有充分利用国内外两种资源、两个市场的极大的国际竞争力；同时，也有极大的对外投资、生产经营和开辟产业发展空间的综合实力。所以，产业园区的发展，将极大地促进园区内外所在区域经济国际化的进程。

——促进文化交流和繁荣。产业园区创新、创造、创业的浓厚文化氛围及其所产生的产业发展在传播知识、技能、经验、信息等方面一系列显著的“溢出效应”，将有效地影响和促进园区内外所在区域乃至更大地理空间范围内的文化相互交流，并在这一交流中促进优秀传统文化的传承和先进文化的传播，进一步产生文化的创造性转化和创新性发展的文化繁荣效果。

——促进经济社会治理现代化。通过产业园区内先进生产经营、企业生态群落、经济社会发展生态系统先进管理经验的“溢出”或对外传播，以及园区内形成的先进文化氛围的对外“溢出”或延展，将有效地影响和促进园区外所在区域乃至更广泛地理空间上的经济社会治理方法、手段、途径乃至整个治理体系的现代化进程。

3. 中国产业园区发展态势。自1978年改革开放以来，中国各级各类产业园区建设和发展获得了长足进步，并在伴随中国工业化、信息化、城镇化、市场化、国际化的社会主义现代化进程中不断取得令人信服的良好绩效。从产业园区的数量规模看，呈现出从无到有、从少到多、产业发展规模和经济产出规模体量从小到大的历史转变；从涉足产业门类看，发生了从单一产业或行业门类向产业门类齐全且不断开辟新的产业领域的历史转变；从功能特征看，发生了由社会再生产过程中围绕某一个或少数几个环节向功能齐备复杂、分工细化、整体功能系统集成的历史转变；

从兴办主体看，发生了仅靠中央政府向中央政府和地方政府、政府和企业共同兴办的历史性转变；从投资主体看，发生了主要依靠内资向更多利用外资的历史性转变；从地理空间分布看，发生了从沿海到内陆、从部分区位到全方位，乃至跨国界的历史性变化，等等。如今，中国产业园区已经覆盖了各个产业领域、各个主要的社会再生产环节，呈现出联通全国各地乃至海内外众多国家和地区的产业园区网络的空间大格局。以下，透过几个主要的产业园区类型的发展态势来观察分析改革开放以来中国产业园区发展的总体良好态势。

——国家级经济技术开发区。中国首批 14 个国家级经济技术开发区，是于 1984 年到 1988 年经国务院批准后陆续设立的。如今，国家级经济技术开发区已发展到 219 个；此外，还有边境经济合作区 17 个。据商务部发布的国家级经济技术开发区综合发展水平考核评价资料介绍，2020 年国家级经济技术开发区地区生产总值（GDP）、进出口总额和利用外资金额，分别比 2016 年增长 40%、36%和 23%。截至 2020 年底，国家级经济技术开发区内高新技术企业超过 3 万家，比 2016 年增加 1 倍。目前，国家级经济技术开发区有 51 家获批国家生态工业示范园区、58 家获批国家循环化改造试点示范园区、71 家获批国家绿色园区、18 家获批国家低碳工业园区，分别占全国各类试点总数的 55%、45%、42%、33%。国家级经济技术开发区作为改革开放的排头兵，在经济发展、产业转型、对外开放中发挥了示范带动作用，为中国全面建成小康社会作出了重要贡献。2019 年国务院颁布的《关于推进国家级经济技术开发区创新提升打造改革开放新高地的意见》（国发〔2019〕11 号）确定，将着力构建国家级经济技术开发区开放发展新体制，发展更高层次的开放型经济，加快形成国际竞争新优势，充分发挥产业优势和制度优势，带动地区经济发展。

——国家级高新技术产业开发区。据科技部有关国家级高新技术产业园区发展的分析资料，为了迎接世界新科技革命的挑战，加速发展中国高新技术产业，国务院于1991年批准在26个智力资源相对密集的大中城市建立高新区，1992年又批准25个，加上1988年建立的北京新技术产业开发试验区，以及后来设立的杨凌农业高新技术产业示范区等，目前经国务院批准建立的高新技术产业开发区共计169个，遍布31个省区市。30年多来，国家高新技术产业开发区紧紧围绕“发展高科技，实现产业化”这一宗旨，以促进科技与经济紧密结合为核心，在支撑经济发展、优化创新创业环境、提升自主创新能力、促进体制机制改革、培育新兴产业方面取得显著成绩，成功探索了一条中国特色创新驱动发展的道路，成为区域经济发展的强大引擎。另据文献介绍，2020年169家国家高新技术产业开发区实现地区生产总值占国内生产总值12.3%。2020年企业R&D经费支出约占全国企业R&D经费支出的50%。发明专利授权量、PCT国际专利申请量分别占全国的37.5%、44.7%；每万人从业人员拥有有效发明专利是全国平均水平的11.3倍。截至2020年底，集聚高新技术企业占全国认定高新技术企业总数的36.4%；科创板上市企业占全国科创板上市企业数的67%。2020年从业人员中本科以上学历人数占比达到38%，每万名从业人员中R&D人员全时当量①是全国平均水平的13.8倍。2019年国家高新技术产业开发区从业人员人均工资分别是全

① R&D人员全时当量是指按工作量折合计算的R&D人员。

国城镇非私营单位就业人员年平均工资的1.6倍和城镇私营单位就业人员年平均工资的2.8倍。2020年国家高新技术产业开发区出口总额占全国外贸和服务出口的21.6%；吸引外资实际投资额占全国实际使用外商直接投资金额的40.7%。2020年国家高新技术产业开发区工业企业万元增加值能耗约为全国平均水平的2/3，公园城市、创客小镇、产业社区、口袋公园等新型宜居宜业园区形态加快布局，万物互联、生活便利、社交活跃、数据共享的城市新空间加速形成。①

——自由贸易区。自由贸易区的定义有广义和狭义两类。广义的自由贸易区（Free Trade Area），是指签订自由贸易协定的成员国相互彻底取消全部商品或除极少数特殊商品贸易中的关税和数量限制，使商品在各成员国之间可以自由流动，但各成员国仍保持自己对来自非成员国进口商品的限制政策。广义的自由贸易区定义除了包括以下的狭义自由贸易区定义以外，还包括以下两种情形：一是包括美国关税委员会给自由贸易区下的定义，即自由贸易区对用于再出口的商品在豁免关税方面有别于一般关税地区，是一个只要进口商品不流入国内市场即可免除关税的独立封锁地区；二是包括签订自由贸易协定的缔约方所形成的区域（Free Trade Agreement），这种区域性自由贸易安排不仅包括货物贸易自由化，而且涉及服务贸易、投资、政府采购、知识产权保护、标准化等更多领域的相互承诺，是一个国家实施多（双）边合作战略的手段。狭义的自由贸易区（Free Trade Zone）定义来自1973年的国际海关理事会签订的《京都公约》（全称《关于简化和协调

① 参见王胜光、朱常海：《中国国家高新区的30年建设与新时代发展——纪念国家高新区建设30周年》，《中国科学院院刊》，2018年第33期。

海关业务制度的国际公约》）：“指一国的部分领土，在这部分领土内运入的任何货物就进口关税及其他各税而言，被认为在关境以外，并免于实施惯常的海关监管制度。”这是国际上对“自由贸易区”最权威的定义，也是第一个正式涉及自由贸易区的国际规范。“自由区”目前是国际通用提法，其核心是强调“境内关外”的自由贸易，迄今为止国际上关于自由贸易区的种种理解和称谓，都是指符合该公约界定的经济区定义。目前，中国符合狭义的自由贸易区（Free Trade Zone）定义的自由贸易实验区数量已达到21个，合理分布在对外开放的前沿地带，并与19个已经签订自由贸易协定区域（Free Trade Agreement）的国家和地区（涉及26个国家和地区）一起，构成了全方位发挥沿海和沿边地区对广阔腹地的辐射带动作用的自由贸易区网络框架，更好地服务陆海内外联动、东西双向互济的对外开放总体布局。除充分发挥各自地理和资源等禀赋优势、经济基础和产业发展比较优势外，这些自由贸易试验区又都具有在体制机制创新，促进投资便利化、贸易自由化，建构法制化、国际化、便利化营商环境等诸多方面先行先试的共同特征，在打造对外开放新高地上不断创造有全国示范作用的新鲜成功经验，并在加快推进中国社会主义现代化建设进程中发挥极大作用。

从中国已经设立的21个自由贸易实验区的空间布局和时间循序来看，中国对外开放正向着更加广阔的地理空间和更加深入的产业领域迈进，充分体现出中国深化全方位对外开放的坚定信心和稳健前进步伐。

2013年8月，国务院批准设立中国（上海）自由贸易试验区；

2015年4月，国务院批准设立中国（福建）自由贸易试验区，中国（天津）自由贸易试验区（以下简称“天津自贸试验区”），中国（广东）自由贸易试验区；

2017年3月，国务院批准设立中国（陕西）自由贸易试验区，中国（四川）自由贸易试验区，中国（重庆）自由贸易试验区，中国（湖北）自由贸易试验区，中国（河南）自由贸易试验区，中国（浙江）自由贸易试验区，中国（辽宁）自由贸易试验区；

2018年9月，国务院批准设立中国（海南）自由贸易试验区；

2019年8月，国务院批准设立中国（黑龙江）自由贸易试验区，中国（云南）自由贸易试验区，中国（河北）自由贸易试验区，中国（广西）自由贸易试验区，中国（江苏）自由贸易试验区，中国（山东）自由贸易试验区；

2020年8月，国务院批准设立中国（安徽）自由贸易试验区，中国（湖南）自由贸易试验区，中国（北京）自由贸易试验区。

除上述自由贸易区的设立以外，2020年6月中共中央、国务院特别印发了《海南自由贸易港建设总体方案》。根据该方案，支持海南逐步探索、稳步推进中国特色自由贸易港建设，分步骤、分阶段建立自由贸易港政策和制度体系。海南自由贸易港实施范围为海南岛全岛。发展目标是：到2025年，初步建立以贸易自由便利和投资自由便利为重点的自由贸易港政策制度体系。营商环境总体达到国内一流水平，市场主体大幅增长，产业竞争力显著提升，风险防控有力有效，适应自由贸易港建设的法律法规逐步完善，经济发展质量和效益明显改善。到2035年，自由贸易港制度体系和运作模式更加成熟，以自由、公平、法治、高水平过程监管为特征的贸易投资规则基本构建，实现贸易自由便利、投资自由便利、跨境资金流动自由便利、人员进出自由便利、运输来往自由便利和数据安全有序流动。营商环境更加优化，法律法规体系更加健全，风险防控体系更加严密，现代社会治理格局基本形成，成为我国开放型经济新高地。到本世纪中叶，全面建成具有较强国际影响力的高水平自由贸易港。

中国已经签订了涉及26个国家和地区的19个自由贸易协定区域（Free Trade Agreement）。从中国已经签订的自由贸易协定区域在世界各地的广泛分布可以看出，中国维护全球化时代多边主义，加快与世界各个国家和地区的经贸合作，不断把高水平对外开放推向前进的决心、信心和坚实步伐。目前，中国已经签订的自由贸易协定区域包括：《区域全面经济伙伴关系协定》（RCEP），中国—柬埔寨，中国—毛里求斯，中国—马尔代夫，中国—格鲁吉亚，中国—澳大利亚，中国—韩国，中国—瑞士，中国—冰岛，中国—哥斯达黎加，中国—秘鲁，中国—新西兰（含升级），中国—新加坡，中国—新加坡升级，中国—智利，中国—智利升级，中国—巴基斯坦，中国—巴基斯坦第二阶段，中国—东盟，中国—东盟（“10+1”）升级，内地与港澳更紧密经贸关系安排。

此外，还有一个优惠贸易安排，即亚太贸易协定；正在谈判的自贸区：中国—海合会，中日韩，中国—斯里兰卡，中国—以色列，中国—挪威，中国—摩尔多瓦，中国—巴拿马，中国—韩国自贸协定第二阶段谈判，中国—巴勒斯坦，中国—秘鲁自贸协定升级谈判；正在研究的自贸区：中国—哥伦比亚，中国—斐济，中国—尼泊尔，中国—巴新，中国—加拿大，中国—孟加拉国，中国—蒙古国，中国—瑞士自贸协定升级联合研究。

在中国，中共十七大把自由贸易区建设上升为国家战略；中共十八大提出要加快实施自由贸易区战略；中共十八届三中全会提出要以周边为基础加快实施自由贸易区战略，形成面向全球的高标准自由贸易区网络；中共十九大提出赋予自由贸易实验区更大改革自主权，探索建设自由贸易港。《中华人民共和国国民经济和社会发展第十四个五年规划和2035年远景目标纲要》明确规定："完善自由贸易实验区布局，赋予其更大改革自主权，深化首创性、集成化、差别化改革探索，积极复制推广制度创新成果。稳步推进海南自由贸易港建设，以货物贸易'零关税'、服务贸易'既准入又准营'为方向推进贸易自由化便利化，大幅放宽市场准入，全面推行'极简审批'投资制度，开展跨境证券投融资改革试点和数据跨境传输安全管理试点，实施更加开放的人才、出入境、运输等政策，制定出台海南自由贸易港法，初步建立中国特色自由贸易港政策和制度体系。"[①]

——中国海外合作园区。中国海外合作园区的建设和发展，是中国产业园区建设和发展的崭新篇章，也已成为国内外产业园区建设和发展的新亮点。中国海外园区建设与其他各类跨国产业园区建设和发展的目标取向和演进态势一再向国际社会证明：中国以可行政策、有效举措、实际行动维护多边主义，反对贸易保护主义，坚决维护世界贸易、投资、经济、社会、政治、安全、和平等各种国际秩序、规则和规范；中国顺应全球化时代要求，以全方位、宽领域、深层次、高水平的对外开放的步伐稳健前行；中国与世界各个国家和地区分享国内超级大市场，可持续发展具有巨大"溢出"效应，共同谋划、共同建设、共同享有协作竞争型产业发展和经济发展好处的包容精神和能力是无限的；中国会

① 全国人民代表大会常务委员会办公厅编：《中华人民共和国第十三届全国人民代表大会第四次会议文件汇编》，北京：人民出版社，2021年版，第151-152页。

在走出中国特色社会主义现代化道路的同时，不断对世界可持续发展贡献出中国智慧、中国方案和中国力量。据中国社会科学院工业经济研究所的《中国工业发展报告·2020》，中国自“一带一路”倡议提出6年来，基于产能合作和基础设施开发的海外产业园区建设运营方面成绩显著。2013—2019年中国和24个国家建立了82个经贸合作区和工业园区，总投资超过280亿美元，呈现数量和质量全方位提升的态势。中国海外合作园区已成为“中国模式”发展的成功示范：推动参与合作国家借鉴中国改革开放以来通过各类开发区、产业园区实现经济快速增长的经验和做法，促进当地经济发展，为沿线国家创造了新的税收源和就业渠道。中国海外合作园区的成功落地在实现中国和东道国产能合作的同时，对提升当地经济发展水平、维护社会稳定也发挥了积极作用。据商务部统计数据，6年来，有来自世界各地近4000家企业进驻，为当地创造了244000个就业岗位。截至2017年底，经中华人民共和国商务部认定的21个国家级境外经贸合作区入区企业1522家，总产值702.8亿美元，累计投资241.9亿美元，上缴东道国税收26.70亿美元，对促进东道国工业化和双边经贸关系发挥了积极作用。中国海外合作园区建设为加快当地产业发展、扩大就业机会、改善民生福祉作出了积极贡献。①

除上述产业园区以外，海关特别监管区也是当今产业园区发展的一种类型。中国自1990年开始设立海关特别监管区。中国海关特别监管区是经国务院批准，设立在中华人民共和国境内，由海关为主实施封闭监管的特定经济功能区域，被赋予了承接国内

① 中国社会科学院工业经济研究所：《中国工业发展报告·2020》，北京：经济管理出版社，2020年版，第609-611页。

产业转移、连接国际国内两个市场的特殊功能和政策。自 1990 年国务院批复设立上海外高桥保税区以来，迄今为止中国海关特别监管区已经达到 167 个，遍布全国 31 个省区市。中国海关特别监管区的功能模式包括保税区、出口加工区、保税物流园区、跨境工业园区等几种，涉及物流、工业、高新技术、服务贸易等多个产业或行业领域。它们的设立、建设和发展的目标取向总体上都是为了扩大开放、优化营商环境、促进经济增长乃至整个经济社会发展。随着中国改革开放和社会主义现代进程的加快，中国海关特别监管区正朝着与自由贸易区等进行专业化分工，顺应经济全球化时代要求，特别是遵循第四次工业革命浪潮兴起的数字化、信息化、网络化、智能化、生物化特征要求的方向不断演进。

第五编

产业组织创新论

针对垄断竞争新常态，产业组织创新应当通过产业发展的规制（制度—政策）、产业市场结构、产业市场主体行为、产业发展的市场绩效等的四重创新得以实现。在当今中国，就产业发展规制而言，充分发挥市场机制对于资源配置和调节的有效作用（即所谓“市场有效”）与更好地发挥政府的作用（即所谓“政府有为”）有机结合的规制或制度—政策安排框架，从根本上保证了不可能出现完全垄断和放任自由的竞争两种市场结构极端情形。就产业市场结构而言，社会主义基本经济制度和分配制度，也有效地保证了国有与民营等不同所有制企业、大中小不同规模企业等在产业发展中的市场有机分工，进而形成所有企业共同蓬勃发展的企业生态群落；特别是，有助于形成各类企业之间的合理的数量比例关系，有效防止企业规模结构的畸大畸小并存的所谓“畸形”结构。但是，中国整个产业市场结构还不够合理的问题依然明显存在。就产业市场主体行为而言，由社会主义基本经济制度所根本决定，中国市场主体行为在国有经济主导、公有制经济为主体，多种所有制经济公平竞争、共同发展的规制前提下，应当能够展开充分有效竞争，而且会最大限度地规避无序竞争、恶意竞争和盲目竞争等问题。但是，各类企业市场竞争行为还有待于进一步合理化。就产业发展的市场绩效而言，整个经济长期快速增长和“中国奇迹”的取得，从根本上说，就应当归结于产业发展绩效越来越好的结果。但是，产业发展的规模效益、范围经济、技术进步等，进而全要素生产率的水平还有待于不断提升。随着时间推移，中国产业发展中国有与民营、公有与私有、混合与单一资本之间的内在联系和数量比例关系将越来越合理，产业发展的市场结构也就会越来越合理、越来越得到优化；各类市场主体相互之间的竞争将越来越充分、有序、有效；进而，市场绩效势必会越来越好。适应以垄断竞争为主要特征的当今产业组织新常态的演进态势，克服不同区域之间存在的产业发展联系不紧密，增强共同的产业发展竞争力，就应当按照既竞争又合作的协作型竞争的理论原理，作出对外一致的协作型竞争发展战略选择和具体规划。平台经济具有增值功能、外部经济、规模经济、融合功能、创新功能、引领功能、变革模式、促进就业、公共属性、数据优势等一系列显著的功能特征。中国依然是一个发展中的人口和经济总量大国，工业化、信息化、城镇化、市场化、国际化都还在进程中，平台企业、平台产业和平台经济发展空间巨大，但与发达经济体相比还有很大差距。相信，只要我们遵循产业发展和经济发展规律，顺应第四次工业革命数字化、信息化、网络化、智能化和生物化发展的时代要求，不断建立、完善、创新和优化平台企业、平台产业、平台经济发展所需要的制度—政策安排，中国就一定会成为世界平台产业发展的强国。

第十三章　协作型竞争发展

1. 产业组织创新的四重解析。针对垄断竞争新常态，产业组织创新应当通过构成产业组织的四个维度，即产业发展的规制（制度—政策）、产业市场结构、产业市场主体行为、产业发展的市场绩效等的四重创新得以实现。在当今中国，就产业发展规制而言，充分发挥市场机制对于资源配置和调节的有效作用，所谓“市场有效”与更好地发挥政府的作用，即所谓“政府有为”有机结合的规制或制度—政策安排框架，从根本上保证了不可能出现完全垄断和放任自由的竞争两种市场结构极端情形。实际上，在社会主义初级阶段，坚持公有制为主体、多种所有制经济共同发展的基本经济制度，坚持按劳分配为主体、多种分配方式并存的分配制度，就从根本上决定了社会主义制度下不可能出现由资本和产权极度私有化所决定的生产垄断，以及由资本和产权参与收入分配所决定的收入分配上的两极分化，进而出现私人积累极化参与生产投入后进一步产生的市场垄断问题；特别是，随着个人收入分配初次、二次和三次分配政策的不断完善和优化，更有力地确保了个人收入合理化决定的中等收入人群占比的不断扩大，实现由所谓的“哑铃型”社会向“橄榄型”社会的根本转变。就产业市场结构而言，社会主义基本经济制度和分配制度，也有效地保证了国有与民营等不同所有制企业、大中小不同规模企业等在产业发展中的市场有机分工，进而形成所有企业共同蓬勃发展的企业生态群落；特别是，有助于形成各类企业之间的合理的数量比例关系，有效防止企业规模结构的畸大畸小并存的所谓“畸形”结构的产生。但是，1978年改革开放以前，中国长期实行高度集中的计划经济体制，体制上人为设置了许多行政壁垒，限制了民营经济的发展，导致民营经济发展缓慢、规模偏小、涉足产业领域狭窄等。结果，时至今日依然存在着在产业发展总规模中民营经济发展规模占比不够大；在众多产业发展领域中民营经济涉足范围还比较狭窄的明显问题。这说明，中国整个产业市场结构还不够合理的问题依然明显存在。就产业市场主体行为而言，由社会主义基本经济制度所根本决定，中国市场主体行为在国有经济主导、公有制经济为主体，多种所有制经济公平竞争、共同发展的规制前提下，应当能够展开充分有效竞争，而且会最大限度地规避无序竞争、恶意竞争和盲目竞争等问题。但是，由于1978年以前长期实行高度集中计划经济，各种人为行政壁垒的存在，民营经济难以做大做强，市场竞争实力明显弱小，难以与国有经济进行公平、充分、有序且有效的竞争。时至今日，这一问题依然还在不同程度上存在。加上法律等制度—政策安排依然需要进一步完善，实现国家治理体系和治理能力现代化的目标和任务还有待于进一步落实，所以，各类企业市场竞争行为还有待于进一步合理化，特别是，民营企业因为正常市场竞争实力不够，难以与国有企业展开公平、充分和有效竞争，进而存在寻租行为、短期行为，以及存在定价、投资、研发、产品差异化、广告和并购行为等不规范、不合理乃至严重失范、违规的一系列问题。就产业发展的市场绩效而言，整个经济长期快速增长和“中国奇迹”的取得，从根本上说，就应当归结于产业发展绩效越来越好。但是，1978 年改革开放以前，由于长期实行高度集中的计划经济体制，市场结构不合理、市场主体之间难以展开充分有效的市场竞争，极大限制了产业发展的规模效益、范围经济、技术进步等，进而使得全要素生产率水平低下并迟迟难以提升。1978 年以来，随着社会主义市场经济体制的建立和不断完善，中国产业发展的市场结构越来越合理；产业发展的市场主体都获得了长足发展，相互之间的市场竞争越来越公平、充分、合理、有序、有效，所以，产业发展的规模效益、范围经济、技术进步等，进而全要素生产率水平都获得了极大提升。《中共中央关于全面深化改革若干重大问题的决定》明确指出：坚持和完善基本经济制度，国家保护各种所有制经济产权和合法利益，保证各种所有制经济依法平等使用生产要素、公开公平公正参与市场竞争、同等受到法律保护，依法监管各种所有制经济。积极发展混合所有制经济。国有资本、集体资本、非公有资本等交叉持股、相互融合的混合所有制经济，是基本经济制度的重要实现形式，有利于国有资本放大功能、保值增值、提高竞争力，有利于各种所有制资本取长补短、相互促进、共同发展。允许更多国有经济和其他所有制经济发展成为混合所有制经济。国有资本投资项目允许非国有资本参股。允许混合所有制经济实行企业员工持股，形成资本所有者和劳动者利益共同体。[①] 这一切意味着：随着时间推移，中国产业发展中

① 人民出版社编：《改革开放以来历届三中全会文件汇编》，北京：人民出版社，2013 年版，第 180-181 页。

国有与民营、公有与私有、混合与单一资本之间的内在联系和数量比例关系将越来越合理，产业发展的市场结构也就会越来越合理、越来越得到优化；各类市场主体相互之间的竞争将越来越充分、有序、有效；进而，市场绩效势必会越来越好。

2. 协作型竞争发展的理论框架。适应以垄断竞争为主要特征的当今产业组织新常态的演进态势，克服不同区域之间存在的产业发展联系不紧密的问题，增强共同的产业发展竞争力，就应当按照既竞争又合作的协作型竞争的理论原理，作出对外一致的协作型竞争发展战略选择和具体规划。产业发展、经济发展的国际经验一再证明，当代区域产业发展和经济发展的重要原因之一是区域所在地方政府参与相互间竞争以有效提供“地方性公共产品”；而当代区域经济发展绩效好坏又都与区域内地方政府间竞争基础上的应有合作紧密正相关。乔尔·布利克（BLeek，Joel）和戴维·厄恩斯特（Ernst，David）有关大公司间的“协作型竞争”理论①或者其他众多学者关于企业间的“竞合”理论等，则能够从“正和但可变游戏”的视角对此进行很好的理论解释。中国还是一个发展中的社会主义人口和经济总量大国，国内各地经济发展不够平衡；同时，顺应经济全球化、区域经济一体化发展的时代要求，中国对外也需要与其他国际性区域进行协作性竞争。只有作出这样的战略选择，才能增强自身竞争力。为此，我们迫切需求提供系统的协作型竞争发展的战略构思。基于中国以及国内各地都是具有自身发展利益的主体行为分析，基于波特竞争优势理论关于区域（一国之内或国际性的，以下如无特别说明，均同）竞

① 参见［美］乔尔·布利克、戴维·厄恩斯特编著，林燕等译：《协作型竞争：全球市场的战略联营与收购》，北京：中国大百科全书出版社，1998 年版。

争关系分析，基于“协作型竞争”或“竞合”理论的协作型竞争关系分析，可以将区域间协作型竞争战略的基本框架设想如下（见图 13-1）。从不同区域都是一定的利益主体出发，像波特一样把各利益主体创造竞争优势的要素进行解析，继而提出创造协作型竞争优势的战略途径：各区域之内的要素条件优势应转化为谋求合作的不同竞争区域共享的创新平台；需求条件优势应转化为市场一体化优势；相关及支撑产业优势应转化为在谋求合作的不同竞争区域相互之间紧密联系基础上合理布局的产业集群优势；企业的战略、结构和竞争优势应体现为企业均实行协作型竞争战略；政府之间的竞争优势应转化为谋求合作的不同竞争区域的政府、企业家和非官方组织之间为了优先发展经济而应有的社会合作关系；各种机遇，特别是商机等应为谋求合作的不同竞争区域充分共享。

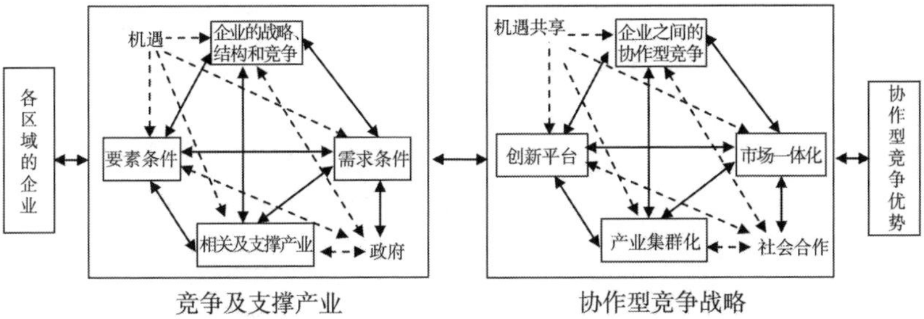

图 13-1 协作性竞争战略基本框架

3. 协作型竞争发展的应用场景设想。以下，选择国外与国内的应用场景设想各一个，对协作型竞争产业和经济发展加以案例说明。

应用场景设想一：中欧经贸合作新动能的四重选择。①

中欧经济贸易合作的发展需要新动能——新活力、新动力和新能量。影响中欧经贸合作新动能的要素及其联系各种各样，但形成中欧经贸合作新动能的主要选择可以有四个方面：产业方面，可以选择智能制造主导的高效生态产业体系；空间方面，可以选择现代产业园区与现代自由贸易区；市场方面，可以选择双向共享市场+第三方市场；组织方面，可以选择协作型创新和协作型竞争。

——产业选择。智能制造主导的高效生态产业体系取向。高效生态经济的概念（略）。地球高熵化、生态经济系统是生态系统与经济系统的有机统一，生态经济的演化经历从低效到高效的历史过程（参见图 13-2）；影响生态经济系统的政治、文化、社会等各种因素都可以内生化在生态经济研究模型中。高效生态经济是指在地球上存量十分有限的化石能源消耗殆尽之前，通过卓有成效地调控低熵矿石和化石燃料向高熵废物和燃烧化石燃料产生的废能转化的流量，达到既能“细水长流”又能经济效益最大化的经济形态。它也是具有最典型生态经济系统特征的发展模式。产业生态化、消费生态化、效益生态经济化、经济制度生态文明化，最终表现为生态经济体系高效运转，生态系统与经济系统有机统一，经济文明、政治文明、社会文明、文化建设、生态文明协调发展。②

---

① 这是作者于 2017 年 10 月应西班牙加西利亚国际分析与文档学院、法国加布里埃尔·佩里基金会、意大利 21 世纪马克思政治文化学会等单位邀请，参加 2017 中国道路欧洲论坛——“一带一路”倡议下的中欧合作国际学术会议时，所作的题为《中欧经贸合作新动能的四重选择》的大会演讲。当时，英国还未脱欧。

② 张卫国、于法稳主编：《全球生态治理与生态经济研究》，北京：中国社会科学出版社，2016 年版，第 107-122 页。

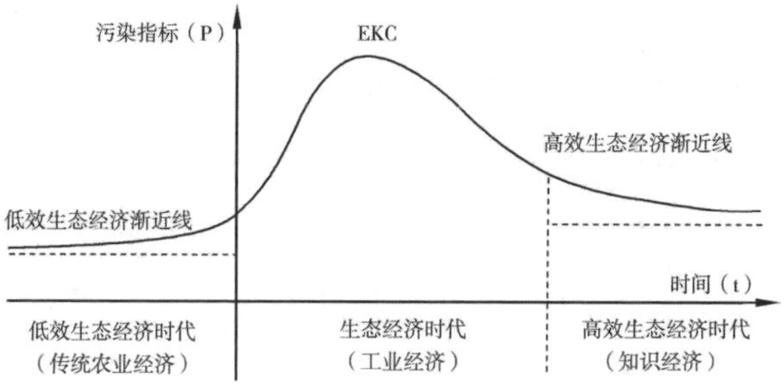

图 13-2　生态经济演进示意图

高效生态产业体系，是高效生态农业、高效生态工业、高效生态服务业有机组成的产业体系；是适应第四次工业革命发展趋势，数字化、信息化、网络化、生物化、智能化与农业、工业、服务业融合发展的产物，分别形成了高效生态农业、高效生态工业、高效生态服务业，以及由其有机组成的整个高效生态产业体系。

形成中欧经贸合作新动能的产业选择。首先，这是顺应第四次工业革命发展趋势的必然结果。为此，必须选择作为数字化、信息化、网络化、生物化、智能化，与农业、工业、服务业融合发展产物的高效生态产业。其次，还必须遵循产业发展的一般规律，考虑由人均国民收入水平、产业结构演进现状等所决定的新兴产业的选择基础。第三，合作双方或多方产业发展各自的比较优势，规制、技术、禀赋、地理、人文、企业等合作的条件或可能性。在欧盟 28 个成员国中，英国、德国、法国、西班牙、意大利等都是具有重要影响力的国家。比较中国与这几个国家的相关指标（表 13-1），有助于说明形成中欧经贸合作新动能的产业选择取向。从包括反映人均国民收入构成在内的人文发展指数看，英国、德国、法国 、西班牙、意大利等 5 个欧盟重要成员国都已是超高人文发展国家，而中国则是高人文发展国家；从包括反映经济全球化构成的全球化指数看，英国、德国、法国、西班牙、意大利在世界200个主要国家和地区中分别排第20、27、19、15、24位，而中国排第73位；从信息化发展指数看，英国、德国、法国、西班牙、意大利在世界167个主要国家和地区中分别排第4、14、17、26、38位，而中国排第82位；从全球创新指数看，英国、德国、法国、西班牙、意大利在世界141个主要国家和地区中分别排第2、12、21、27、31位，而中国排第29位。从中国与英国、德国、法国、西班牙、意大利等5个欧盟重要成员国7个重要相关指标的比较可以得出，中欧经贸合作新动能以高效生态产业作为选择方向，是顺应第四次工业革命发展趋势，遵循产业发展一般规律的必然结果，也是立足合作各方现实发展基础和相互合作条件，发挥合作各方产业发展比较优势并实现共赢的合理选择。

表13-1　中国与欧盟（EU）几个国家相关指标比较

指标 \ 国别	中国	英国	德国	法国	西班牙	意大利
人文发展指数（HDI）	0.727（90）	0.907（14）	0.916（6）	0.888（22）	0.876（26）	0.873（27）
人均国民收入（2011 PPP $）	12547	39267	43919	41187	32045	33030
全球化指数（GI）	60.73（73）	81.97（20）	78.24（27）	82.61（19）	83.73（15）	79.59（24）
经济全球化（EG）	49.97	67.62	61.08	66.53	74.8	67.02
全球竞争力指数（GCI）	4.89（28）	5.43（10）	5.53（4）	5.13（22）	4.59（33）	4.46（43）

续表

国别 指标	中国	英国	德国	法国	西班牙	意大利
信息化发展指数（IDI）	5.05（82）	8.75（4）	8.22（14）	8.22（14）	7.66（26）	7.12（38）
全球创新指数（GII）	47.47（29）	62.42（2）	57.05（12）	53.59（21）	49.07（27）	46.40（31）

注：表中括号内数字是在全球的排名。

资料来源：人文发展指数、人均国民总收入，联合国开发计划署《2015 年人文发展报告》；全球化指数、经济全球化，KOF 瑞士经济学会；全球竞争力指数，世界经济论坛《全球竞争力报告 2015—2016》；信息化发展指数，国际电信联盟《衡量信息社会发展 2015》；全球创新指数，《全球创新指数 2015》，中华人民共和国国家统计局编：《国际统计年鉴-2016》，北京：中国统计出版社，2016 年版，第 346-377 页。

——空间选择。现代产业园区：包括高科技园区、高新技术产业开发区、经济技术开发区、经济特区等在内的各种现代产业园区，都具有范围经济、规模经济效果。特别是园区内土地集约、企业集中、产业集群往往造成收益递增，产生经济外溢效果，这使跨空间交易在带来成本的同时，也会产生规模经济效果。跨国现代产业园区的建设因而成为可能。目前，中国在包括欧盟国家在内的“一带一路”沿线，已建起了不同规模的产业集聚区、经贸合作区、工业园区、经济特区等跨国产业合作园区。例如，德中小企业合作区分别位于江苏太仓和连云港、广东揭阳、安徽芜湖和四川蒲江；青岛中德生态园位于青岛西海岸新区；中德（沈阳）高端装备制造产业园（简称“中德装备园”）等。现代自由贸易区：目前，中国已经在包括上海、广东、天津、福建、辽宁、浙江、河南、湖北、重庆、四川、陕西等地在内的多个省份建立了自贸试验区（FTZ）；中国在建自贸区近 20 个，涉及 30 余个国家和地区，已签署自贸协定10余个（FTA）。《中华人民共和国国民经济和社会发展第十三个五年规划纲要》明确指出："加快实施自由贸易区战略，逐步构筑高标准自由贸易区网络。"随着时间推移，特别是伴随"一带一路"重大战略的实施，中国与包括欧盟国家在内的世界各国的自由贸易区网络将逐步形成。

——市场选择。双同共享市场+第三方市场：2015年，中国与欧盟年中人口分别达到137122.0万、50966.7万人，分别占世界总人口的18.7%和6.9%（表13-2）。

表13-2 2015年中国与欧盟28个国家年中人口比较

国别	年中人口（万人）	国别	年中人口（万人）
中国	137122.0	意大利	6080.2
奥地利	861.1	拉脱维亚	197.8
比利时	1128.6	立陶宛	291.0
保加利亚	717.8	卢森堡	57.0
克罗地亚	422.4	马耳他	43.1
塞浦路斯	116.5	荷兰	1693.7
捷克	1055.1	波兰	3799.9
丹麦	567.6	葡萄牙	1034.9
爱沙尼亚	131.2	罗马尼亚	1983.2
芬兰	548.2	斯洛伐克	542.4
法国	6680.8	斯洛文尼亚	206.4
德国	8141.3	西班牙	4641.8
希腊	1082.4	瑞典	979.9
匈牙利	984.5	英国	6513.8
爱尔兰	464.1	欧盟总计	50966.7

资料来源：世界银行WDI数据库，中华人民共和国国家统计局编：《国际统计年鉴—2016》，北京：中国统计出版社，2016年版，第89-92页。

从人口指标看，双方潜在市场需求巨大。目前，双方在货物贸易、服务贸易、相互投资、技术交易等各方面都已经形成规模。随着经贸深化，中欧双向共享市场的规模会不断扩大。

近年来，随着经济全球化的不断深化，不同国家或地区间合作由双向共享市场向第三方市场扩张的趋势已经到来，这使得合作共赢的效果更加明显。对此，中欧经贸合作、中国与欧盟各国之间的两两经贸合作应当值得借鉴。例如，2015 年中法共同发表了开展第三方市场合作联合声明和中法核能合作联合声明。

——组织选择。协作型创新和协作型竞争。协作型创新："世界经济论坛 2015 年的《协作式创新报告》中指出，如果企业通过协作式创新的方式分享资源，合作双方和所在经济体可以获得巨大价值。"[①] 从产业组织的角度看，在数字化、信息化、网络化、生物化、智能化发展的当今时代，以及经济可持续发展必须坚持创新驱动的时代要求面前，中欧经贸合作新动能的形成，毫无疑问，需要双方协作型创新组织的建构。协作型竞争：全球化时代的重要特征之一是跨国经营。在跨国经营中，全球市场的战略竞争与收购使得企业越来越深刻地认识到"协作型竞争"的历史必然性。21 世纪 90 年代，美国麦肯锡公司芝加哥分公司董事乔尔·布利克在他与戴维·厄恩斯特编著的《协作型竞争：全球市场的联营与收购》一书中，对此作了总结：对多数全球性企业来说，完全损人利己的竞争时代已经结束。因为长期势均力敌的争斗只能使自己的财力智力枯竭，难于应付下一轮的竞争和创新。为了

① ［德］克劳斯·施瓦布，李菁译：《第四次工业革命》，北京：中信出版社，2016 年版，第 60 页。参见乔尔·布利克、戴维·厄恩斯特编著，林燕等译：《协作型竞争：全球市场的战略联营与收购》，北京：中国大百科全书出版社，1998 年版。

可持续竞争就必须合作。[①] 实际上，协作型竞争的理论与实践也越来越多地进入伴随全球化过程的国家和地区（国际性的或一国之内的）经济一体化之中，因为国与国、地区与地区之间的经济联系也已经越来越具有某种程度的竞争性。进入 21 世纪以来，国与国、地区与地区之间的竞争更加激烈。特别是 2008 年国际金融危机以来，伴随金融危机后出现的贸易保护主义抬头、逆全球化倾向等诸多问题，这一竞争对经济增长带来的不确定性变得愈加复杂。中国加入 WTO 以及积极参与经济全球化进程以来，与包括欧盟在内的世界各个国家和地区的经贸往来更加频繁，范围和规模不断扩大。同样，彼此之间也具有某种程度的竞争关系。而且，也必须避免由过度竞争带来的某种程度的“两败俱伤”；相反，应当分享竞争中的合作所带来的“1+1>2”的整体增益。或者说，彼此之间在经贸往来中应当由“零和博弈”向“正和博弈”转变。中国与欧盟及其成员国在经贸往来过程中，已经开始进行协作型竞争的尝试，并收到了良好效果。基于波特竞争优势理论的中欧企业竞争关系分析，基于中欧（企业联盟）创新平台上企业协作型竞争关系分析，中欧企业协作型竞争组织基本构思是：从中欧经贸合作各企业都是一定的利益主体出发，像波特一样把各利益主体创造竞争优势的要素进行解析，继而提出创造协作型竞争优势的战略途径：中欧各企业要素条件优势应转化为对整个中欧经贸合作企业有影响力的特色创新平台；需求条件优势应转化为市场一体化优势；相关及支撑产业优势应转化为在整个中欧经贸合作区域合理布局的产业集群优势；企业的战略、结构和竞争优势

① 参见乔尔·布利克、戴维·厄恩斯特编著，林燕等译：《协作型竞争：全球市场的战略联营与收购》，北京：中国大百科全书出版社，1998 年版。

应体现为企业均实行协作型竞争战略；政府之间的竞争优势应转化为整个合作区内的政府、企业家和非官方组织之间为了优先发展经济而应有的社会合作关系，就像爱尔兰为打造“企业岛”而在政府、企业家和非官方组织之间建立的社会伙伴关系一样；各种机遇，如“一带一路”建设、德国4.0、中国制造2025等所提供的商机等应为整个中欧经贸合作区域充分共享。借鉴企业协作型竞争以谋求额外价值，中欧经贸合作发展理应实行协作型竞争发展战略以创造“1+1>2”的系统发展绩效。而为形成协作型竞争战略，就要使中欧经贸合作区域内各企业的竞争优势转换为整个合作区的协作型竞争优势。

中欧经贸合作新动能的形成，还有赖于除上述产业、空间、市场、组织选择之外的其他选择，这里只是从四个主要方面进行了分析。而且，这四重分析还有待深入进行。比如，按照世界著名经济学家贾格迪什·巴格沃蒂（Jagdish Bhagwati）的观点，“自由贸易区”或区域性自由贸易协定实质上是“特惠贸易协定”，它所带来的“贸易转移”和体系的复杂性会给全球贸易自由化带来更多障碍。[①] 再如，跨国现代产业园区内土地集约、企业集中、产业集群所带来的收益递增、范围经济、规模经济效果问题，也需要借助一定的定量分析模型加以具体证实等，这些都应当进一步深入分析。

应用场景设想二：打造胶济铁路沿线中德制造业国际合作示

① ［美］贾格迪什·巴格沃蒂著，海闻译：《今日自由贸易》，北京：中国人民大学出版社，2004年版，第109-122页。

范区。①

可以预见，胶济铁路沿线中德制造业国际合作示范区建成后，依托山东—德国已经形成的深厚经贸等合作关系，其必将迅速成为中国经济升级版的东部沿海区域示范样本，对山东省域经济发展、中国经济发展都将产生深远影响。胶济铁路沿线中德制造业国际合作示范区，在巩固与德国现有经济和贸易关系的基础上，更强调对德国智能制造和生产网络化、现代金融与战略性新兴产业的有机对接。胶济铁路沿线中德制造业国际合作示范区一旦建成，它将依托胶济铁路沿线，贯穿青岛、潍坊、淄博和济南四市，囊括沿线优良港口、特色产业园区、发达的城乡经济空间，形成对德国世界领先的制造业体系和发达工业文明的有机对接，进一步强化中德政商经贸人文联系。

胶济铁路沿线中德制造业国际合作示范区具有如下显著的创新型特征：一是空间格局创新。将制造业国际合作示范区战略空间通过“一带一路”交汇枢纽延伸到德国乃至欧洲，胶济铁路沿线中德制造业国际合作示范区空间分布格局势必趋向未来制造业国际合作示范区网络化的发展。二是功能导向创新。在中德制造业国际合作示范区定位上，胶济铁路沿线中德制造业国际合作示范区将瞄准欧洲老牌工业强国德国，以双方制造业国际合作带动双方各领域产业合作，将区域内“传统制造”升级为“智能制造”，实现德国工业 4.0 对中国工业 2.5 的精准对接和高效提升。

---

① 参见张卫国、蔺栋华等著：《深化供给侧结构性改革问题研究》，济南：山东人民出版社，2017 年版，第 95-102 页。这里，已把当时原文中的“自由贸易区”改成现在的“制造业国际合作示范区”，相应地，也对有关内容进行了调整和修改，但基本思路和设想没有变化；统计数字也已将当时的换成现在的最新统计数字。

三是战略模式创新。“一带一路”国家战略的实施，促使沿海省份突破常规，以创新思维谋划经济新常态下的发展战略。胶济铁路沿线中德制造业国际合作示范区，正是山东突破常规模式，谋划纵深化海陆统筹发展战略的一次大胆探索。四是区域发展创新。胶济铁路沿线中德制造业国际合作示范区的建立，将成为山东区域经济新一轮协同发展的“源头活水”。灵活优惠的制造业国际合作示范区政策，将使得山东现有的几大区域发展板块有机联动，改变山东当前区域发展不平衡、核心城市竞争力低下的不利局面。五是基础设施创新。在借鉴全球制造业国际合作示范区基础设施建设经验的基础上，基于大数据和“互联网+”双重效应，胶济铁路沿线中德制造业国际合作示范区将形成特有的数字化、信息化、网络化、智能化等现代港口—铁路—航空枢纽基础设施联动建设模式。六是制度平台创新。胶济铁路沿线中德制造业国际合作示范区的上述特点决定了它将形成国内综合性最强的制造业国际合作示范区网络，为制度创新带来更大的实验平台。未来，胶济铁路沿线中德制造业国际合作示范区将为中国改革开放提供源源不断的先行示范经验。

——重大意义。一是对深入实施国家重大战略意义重大。山东是中国的经济、人口、海洋、制造业和文化资源大省，是中国东部沿海有条件率先实现现代化的较发达省份，在实施包括黄河三角洲生态保护与高质量发展等在内的多个国家重大战略中占据重要地位。百年胶济铁路沿线区域一直是中国更是山东的发展高地，特别是，青岛具有“一带一路”交汇点的一系列独特优势，胶济铁路沿线则是全国现代交通体系的重要组成部分，加上全世界特别是德国对齐鲁文明的高度认同，胶济铁路沿线建设中德制造业国际合作示范区，极易把“一带一路”推进到德国乃至整个欧洲。形成山东大规模走出去、高水平引进来的开放型经济新格局，优良的现代营商环境，足够强的合作发展能力，在有效对接以京津冀协同发展为核心的环渤海地区合作发展和雄安新区建设开发、长江经济带发展中将发挥更大作用。二是对山东发展走到全国前列意义重大。其一，建设国际化制造业强省。德国在全球装备制造业领域拥有领头羊地位，德国的工业 4.0（Industry 4.0）旨在支持工业领域新一代革命性技术研发与创新，将使德国装备制造业的世界领先地位更加巩固。山东是当今中国制造业大省，发展制造业的比较优势明显；而且进入工业化中后期比广东、江苏和浙江等发达省份较迟，发展现代制造业具有一定后发优势。如果能够大规模引进、吸收和消化德国的先进装备制造技术，则一定会有助于充分发挥山东的比较优势和后发优势，使其成为中国制造 2025 的先行实践者，并将其建设成为继续对中国制造业提供强有力支撑的国际化制造业强省。其二，创造开放型经济新优势。德国是当今世界、特别是欧洲的强国，是中国也是山东重要的投资和贸易伙伴，山东作为当今中国的经济、人口和文化资源大省，理应充分利用国内外两种资源、两个市场，加强与德国的互联互通和贸易往来，创造开放型经济新优势：建立一种国际间的“正合博弈”；极大开拓山东的国际发展空间；引进、消化、吸收德国先进理念、技术、管理和营运经验。这将使山东在中国构筑开放型经济新格局中继续走在前列。其三，构筑率先发展强大引擎。青岛是山东半岛对外开放的龙头城市，济南是山东省会城市，胶济铁路沿线青岛、潍坊、淄博和济南四市的生产总值占全省的比重已达 43%以上，而且总体增长速度明显快于全省平均水平；人口占全省的32%以上，人才、特别是高端人才比重最高；经济结构比较合理，沿线的工业化、城镇化、市场化、国际化水平明显高于其他地区。胶济铁路沿线已经是当今山东发展的强大引擎；通过建立中德制造业国际合作示范区，最大限度释放其自身改革开放红利和市场绩效，以及融入黄河流域生态保护和高质量发展国家重大战略的巨大外部经济效果、创新溢出效应、规制—政策叠加整合绩效，势必使沿线在山东率先发展和继续走在全国前列的历史进程中，继续成为最强有力的发展引擎。

——现实基础。一是世界经济的深度调整加大了深化中德经贸关系的可能性。近年来中德经贸发展很快，2020年中德双边贸易达1919.2亿美元，是1972年建交时的685倍；分别是与英国（924.3以美元）、法国（666.3亿美元）、意大利（551.6亿美元）双边贸易额的2.1、2.8、3.5倍。此外，中国也是德国在欧盟以外直接投资最多的国家之一。因此，在当前世界经济深度调整之际，面对全球复苏进程缓慢艰难，经济增长动力不足，进口需求增长回暖乏力，贸易保护主义抬头，区域贸易自由化深化，欧洲一体化进程陷入前所未有的严峻困境等现实，作为世界进出口大国的德国，存在进一步深化双方经贸往来的现实可能性。

二是中德两国政治互信的不断提升提供了政治可能性。自1972年建交以来，中德两国关系发展总体向好。除双方经贸关系发展迅速外，近年来，随着国际局势的深刻变化，两国高层互访频繁，政治互信不断提升。2014年3月28日至29日，习近平主席访德期间，两国发表《建立中德全方位战略伙伴关系的联合声明》。2015年10月29日，德国总理默克尔第八次访华，李克强总理与默克尔总理在共同会见记者时说，双方就打造中德合作“全面升级版”，推动“中国制造 2025”和德国“工业 4.0”携手、“中国制造”同“德国制造”合力，拓展战略性新兴产业合作，以负面清单+准入前国民待遇的模式加快推进中欧投资协定谈判，尽早启动中欧自贸可行性研究等达成共识。除高层互访外，中德两国还设有 60 多个政府间经常性对话机制。这些为胶济铁路沿线建设中德自由贸易区提供了政治基础。

三是胶济铁路沿线具有特殊区位优势基础。其一，沿线形成发展的历史渊源。19 世纪末，胶州湾被急于想在中国扩大势力范围的德国人视为“山东全省第一要地”。他们决定以胶州湾为基地，修筑胶济铁路。这一铁路于 1904 年全线建成通车，沿线大量煤炭、铁矿资源，让德国人获得很多利益。胶济铁路作为现代交通方式嵌入山东境内，起初虽然具有侵略性，但它也在多个方面对山东区域经济的现代发展产生了深刻影响。胶济铁路为代表的现代山东交通体系以及相应构建的贸易网络，极大地改变了山东的经济空间，使明清以来山东区域经济西强东弱的格局，逐渐演变成东强西弱。山东整体经济面貌由此发生了根本性变化。胶济铁路沿线成为 20 世纪以来山东经济发展最快、市场化程度最高的区域。随着胶济铁路职能的发挥，德国的文化也渗透进来。这样就产生了中德文化的交流与融合。德国致力于向中国传输他们的文明，而中国则坚持本土化原则并成功地创造了混合有德国文化特质的现代性文明。德国人在青岛、潍坊和济南都留下了他们的文化印记，至今清晰可见。在对外开放的今天，这种曾经的文化融合，已经褪去了殖民的色彩，留下了怀旧的底色，更容易吸引善于反思历史的德国人前来。其二，经济和产业的紧密联系。1903 年，德国商人和英国商人合资在青岛创建了日耳曼啤酒公司青岛股份公司。1984年，青岛电冰箱总厂引进德国利勃海尔电冰箱生产技术，海尔集团在此基础上发展起来。1987年，山东省与德国巴伐利亚州正式建立友好省州关系。巴州是与山东省结好最早、实力最强、合作最密切的友好省州之一。2010年，中德双方确定在青岛建立中德生态园。在中国苏、粤、浙、鲁四个主要工业省份中，山东和德国的产业结构相似度最高。国内外许多有识之士认为山东经济最像德国经济，山东“最德国”。其三，贸易往来。四个胶济铁路沿线城市的对外贸易发达，目前，四市合计占全省进、出口总值的比重分别接近40%、50%，而德国又是山东在欧洲的主要对外贸易伙伴，尤其是济南、青岛进出口贸易与德国紧密相连。其四，投资和劳务承包。德国对中国直接投资主要集中在东部地区。2001—2012年期间，东部地区累计吸引德资投资占同期利用德国投资总额的90.3%。江苏 、吉林 、北京 、山东 、广东等省市是利用德国投资的主要省市。目前，德国世界500强企业西门子、拜耳、赢创、蒂森克虏伯、汉高、莱茵、奥托、博世、贺利氏、大陆、巴斯夫、林德、德意志银行、麦德龙、汉莎等落户山东。截至2015年6月，山东省共核准在德国设立企业（机构）86家。山东省也已经对德国派出劳务。其五，政商联系和人文交流。自1987年山东省与德国巴伐利亚州缔结友好省州关系以来，山东与德国在政商、文化、教育等方面交流频繁。目前，山东已有济南与德国奥格斯堡市、潍坊与德国弗赖辛地区、枣庄与德国施普洛克赫弗尔、泰安与德国巴州施瓦本地区、聊城市与德国奥芬巴赫地区、青岛和雷根斯堡结成市级友城。此外，青岛中德生态园、山东平度双元制农业职业教育培训中心、青岛大学德语系都是山东与德国政商往来和人文交流的硕果。

——基本构思。一是功能定位。主要面向德国及其周边欧盟国家的制造业国际合作示范区；中德创新创造创业发展国际合作平台；“一带一路”沿线国家和地区国际制造业网络的高端枢纽节点。二是总体目标。经过三至五年的大胆探索，以创新、协调、绿色、开放、共享的发展理念为引领，建成对中国经济高质量发展、产业迈向中高端水平提供强有力实体经济支撑，具有典型海陆统筹特征的升级版国际制造业合作示范区，在中国形成引领经济发展新常态的体制机制和发展方式中发挥示范作用。三是主要任务。其一，全面复制自贸实验区经验。在贸易自由、投资便利、金融开放、法制规范、监管高效等基础上，着力完善法治化、国际化、便利化的营商环境；着力健全服务贸易促进体系；着力金融制度创新和深化中德金融国际合作；着力现代交通网、互联网、供应链网络、贸易网络等有效整合；着力高科技含量、高智慧含量和高附加值的高效生态经济。充分发挥胶济铁路沿线及山东全省的各种优势，立足山东与德国经济合作文化交流的现实基础，面向“一带一路”沿线国家和地区的广阔合作发展空间，建构以智能制造为主导、现代服务业和现代农业为支撑、战略性新兴产业为引领的高效生态产业体系，高度分工、集群发展、生产网络化的特色园区格局，产业合作、“互联网+”、大数据、自贸体制等共同形成的中德经济合作平台。凸显齐鲁文化特色，加强山东与德国友好省州的政治社会文化教育联系，搭建中德文化合作崭新平台。其二，打造中德制造业国际合作功能片区。青岛片区：依托中国（山东）自由贸易试验区青岛片区。中德生态环保，高速列车、汽车制造等高端装备制造业，国际金融财富管理，国际物流等产业发展，以及职业教育合作示范区。潍坊片区：依托潍坊滨海经济技术开发区中欧产业园。中德工业机器人、汽车制造、机械装备、航空装备等高端机械制造业，生态农业，文化创意产业发展合作示范区。淄博片区：依托淄博经济开发区。中德精细化工，医药器械，新材料，文化创意产业发展合作示范区。济南片区：依托中国（山东）自由贸易实验区济南片区。中德汽车研发设计制造，“互联网+”和大数据，环保研发设计服务，碳纤维等新材料，农业高新技术，文化创意等产业发展，以及文化交流合作示范区。其三，完善基础设施和服务平台建设。包括完善国际多式联运综合贸易枢纽所需要的海陆空现代立体交通设施体系，海关监管、电子商务、网上金融等电子平台，大数据服务平台，法律、税收、工商、质检、海事、人文本土化等一系列规制服务平台等。

第十四章　产业平台化发展

1. 平台企业、平台产业或平台经济（Platform Economics）的概念。在市场经济条件下，平台企业是社会再生产或产业发展过程中，与生产经营供给侧的产品或服务供应商与需求侧的终端需求方双方都有紧密联系，在匹配供给与需求双方获利满足条件的过程中创造自身价值的中间商。这一中间商可以是有形的（由独立自由业者或合伙群体操控的实体机构），也可以是无形的（借助规划和设计好的虚拟机制）。但是，无论有形还是无形，这一中间商都是由人所操控和规划好的真实赢利者，它的存在使得对资源配置和调节产生有效作用的市场机制实现了由“无形之手”向“有形之手”的根本转变。在当今第四次工业革命浪潮兴起的新时代，产业发展已经数字化、信息化、网络化、智能化、生物化，故而又可以将平台企业定义为一种基于数字技术，由数据驱动、平台支撑、网络协同的经济活动单元所构成的新的产业发展生态系统的行为主体，是社会再生产和产业发展过程中基于数字平台的各种生产关系和经济关系主体的统称。平台企业最主要的经营特征包括两个基本方面：一是面向双边或多边市场。平台企业一边面对供应商，一边面对终端需求者。平台企业的专业化分工建立在双边或多边市场效应和平台企业自身集群效应的集成基础之上。由于平台企业的存在，才有众多有明确分工的参与者共商共建共享平台运营利益，平台企业运营商过程中有效聚集经济资源和合作伙伴，为客户提供优良的产品和服务，在创造自身价值的同时增强市场竞争力，进而不断扩大用户规模，最终实现供应商、平台自身服务、客户需求价值和利益的最大化。二是一个高度开放的生产经营系统。平台企业的经营机制决定了它可以真正实现“买四方、卖四方”，创造“筑巢引凤”的优良运营条件，有效吸引各种供给资源和合作伙伴；真正实现双方或多方共赢，创造高效平台利用效果。

平台产业是平台企业及其经济活动的集合，而平台经济则是平台产业发展的实质和核心。目前，平台经济正成为一种越来越重要的产业组织形式。已经出现且快速成长的企业如淘宝、阿里巴巴、1 号店、腾讯、京东商城、奇虎 360、百度等，大多属于平台型企业。平台产业发展的鲜活实例越来越多。例如，典型的是 Windows，Linux 等操作系统平台。此外，平台产业还涉及电信业、银行卡、互联网站、购物中心、媒体广告等诸多领域，它们已经涵盖了当今最重要的产业发展领域。

2. 平台经济的分类。2021 年 10 月，国家市场监督管理总局组织起草了《互联网平台分类分级指南（征求意见稿）》，并发布公开征求意见的公告。根据该《指南（征求意见稿）》，互联网平台分类分级划分标准如下。一是以平台连接属性和主要功能为出发点，将互联网平台分为六大类，即网络销售类平台、生活服务类平台、社交娱乐类平台、信息资讯类平台、金融服务类平台、计算应用类平台。将该标准与欧盟核心平台服务的分类标准比较可见，该分类标准方法具有较强的开创性和完备性。由于互联网平台连接对象和提供的服务等不同，所以对消费者权益，以及对经济和社会运行秩序所产生的影响也明显不同。将互联网平台按标准分类，可以更加深入、全面了解不同类型平台各自特点；更加精准地制定不同类型平台治理重点、要点，进而提升国家治理的精准化、个性化、智能化、全球化水平，从而能够提供更为便捷、普惠和均等的公共服务，更好地造福于广大人民群众。二是从用户规模、业务种类、经济体量、限制能力四方面出发，将互联网平台分为超级平台、大型平台、中小平台三级。作出这种标准分级，既遵循了中国企业分级标准的传统，又借鉴了欧盟“守门人”与美国“广覆盖”平台划分标准，更加符合中国数字经济发展的实际情况。特别是，该《指南（征求意见稿）》明确提出了“超级平台”概念，这有助于人们为关注平台经济领域反垄断问题，推动学界高度重视平台经济领域资本无序扩张、发展不平衡、竞争不充分等问题，促进监管部门监管创新，引导相关平台企业更加重视自身的行为规范，明确其必须履行的义务和不能实施的行为选择。

3. 平台经济的功能。主要包括：（1）增值功能。平台型企业必须立足市场，同时为最终需求者和供应商提供获得收益的服务，其关键就是要为双边或多边市场创造价值，从而吸引用户并且提高平台的影响力、凝聚力和市场竞争力。（2）外部经济。平台经济具有显著的网络外部性，平台企业为买卖双方或多方提供服务和促成交易，具有交叉外部性特征，即一边用户的规模增加显著影响另一边用户使用该平台的效用或价值，买卖双方任何一方数量越多，就越能吸引另一方数量的增长，其网络外部性特征就越能充分显现，卖家和买家越多，平台就越有价值。(3) 规模经济。平台成本主要由建设成本、技术维护成本和宣传介绍成本三部分构成，而通过一次建设成本投入所建成的平台却可以长期使用，其边际成本就会趋于零；只有第二、三种成本才与使用人数正相关，即随着平台人数增多成本也会增加，但在平台长期使用中平均成本和边际成本都会呈下降趋势，平台的平均成本会随着平台人数的增加将明显递减，边际成本则随之缓慢递减。到了运营后期，随着平台品牌信誉的建立，在平台成本几乎没有增加的情况下，平台使用规模的不断扩大可以带来不断增加的收益，这一使用效应也会使平台呈现边际收益递增的趋势。但也必须指出，在网络外部性和平台企业出现规模收益递增的情形下，强者可以掌控全局，导致“赢者通吃”，而弱者只能瓜分残羹或在平台竞争中遭淘汰，这也被称为“马太效应”，加上人们的心理反应和惯性行为，当平台优势或劣势一旦出现并达到一定程度后就会自行强化，进而呈现出“强者更强，弱者更弱”的严重垄断局面。尤其值得关注的是，这一“马太效应”及其带来的严重垄断问题将随着网络用户的增加而呈指数形式增长。(4) 融合功能。平台经济能够有效地促进制造业与服务业的融合，从而加快制造业服务化转型升级。平台运营商通过关联和结合产业链上下游、供给商者与最终需求者，实现平台交易。在这一过程中，直接沟通了生产供给、终端使用、物流、支付等从生产到服务的全链条，从生产到运输再到终端使用均通过平台得以整合，实现了制造业和服务业的全过程融合；同时，平台企业自身也可以衍生出诸如咨询、营销等各种服务，倍增制造业和服务业全过程融合的绩效。当今产业发展和企业生产经营面临日益激烈的市场竞争，特别是制造业企业非常需要利用有效的中介服务平台打通制造和流通之间的约束瓶颈，实现供给链到产品制造链再到商品流通链的有效衔接。例如众多的传统家电行业，面对行业利润持续走低的艰难局面，就不能不纷纷转向电子商务平台，借助这一平台庞大的用户资源和快捷的销售渠道，创新营销模式，借以降低运营成本、创造新的盈利点、获取更高利润。事实充分证明，平台经济日益成为加快制造业服务化转型升级的重要新动能。（5）创新功能。一是推动产业持续创新。平台经济通过对产业发展资源和市场竞争资源的有效整合，能够为企业提供广阔的生产经营和发展空间，同时也能够驱动企业进行持续创新，以获得和巩固应有的竞争优势。现实中，已经置身电子商务平台上的产品相似的多家企业为赢得更多用户，纷纷进行或加强技术、产品、服务与品牌宣传介绍推广等方面的创新。同时，平台企业本身为了实现高附加值和高成长性，也纷纷在持续进行技术创新和商业模式创新，而所有这些创新都会极大地拓展相关企业的生产经营空间和带动整个产业的发展。（6）引领功能。一是引领新兴产业发展。平台产业属于服务业范畴，而各类服务业的价值链或者价值网络里都存在着搭建平台的机会。平台一旦建立，就能够吸引各种有效资源投入，产生平台集聚效应，推动整个产业发展资源向平台倾斜，创造出巨大系统价值。平台产业作为创造和聚集价值的中介和纽带，日益成为服务经济中最有活力的有机子系统。平台企业成功者中，有的在于打造了信息汇聚与分享的平台；有的在于打造了内容汇聚与交易的平台；也有的在于打造了人力资源汇聚与联络的平台，这一切都充分体现了平台产业发展和平台经济的巨大潜在价值。（7）变革模式。一是平台产业发展推动商业模式的颠覆性变革。平台产业的发展不仅产生了更多新的商业概念和运营方式，还带动了业态创新并促发了新的支付模式。如第三方支付在解决平台产业发展约束瓶颈的同时还推动了自身的发展，涌现出一批实力迅速增强的第三方支付中介公司，像支付宝、快钱、财付通、银联电子支付等。平台产业的发展也使企业组织模式发生了崭新变化。在越来越多的平台企业出现和发展壮大的同时，一些传统企业也通过自身搭建平台而成功开拓了新的增长点。其中，就有曾主要作为软件销售平台者，从纯粹的电子产品生产商转变为以终端为基础的综合性内容服务提供商，成功实现了战略转型，创造出崭新的盈利模式；还有的企业，整合众多网络平台衍生出新的权威平台，创造形成新的更大商机。事实一再证明，平台产业发展正推动商业模式、经济形态和人们需求使用习惯的根本改变，乃至使整个产业形态和经济格局发生颠覆性变革。二是平台产业发展驱动消费方式的彻底变革。平台产业发展中所蕴含的新的商业交易模式、经济和社会交流方式，日益成为人们日常生活模式、行为方式、社交结构变革的重要新动能。有的社交网络平台已成为人际交往的重要渠道；有的电子商务平台已成为人们日常消费的优先选择；而有的第三方支付平台以及网络银行的普及更是为人们带来了极大方便。特别是伴随互联网由以信息为中心变成以人为中心，社交网络平台、人际关系平台等将现实关系挪移到互联网上的新兴平台，极大加速了人与人之间的相互交流和信息流动。这种变革进而直接带来消费方式的改变，不仅使信息消费得到迅猛发展，也使基于信息交换的商务活动、交易活动等成为产业发展乃至整个经济活动的主要组成部分。平台产业和平台经济作为一种重要的产业形式和发展模式，日益成为服务经济的强大引擎，成为引领产业发展、经济发展，以及推动整个经济社会发展的新动能。(8) 促进就业。互联网平台产业是产业发展的组织新常态，也是经济发展的新动能，对优化经济资源配置、促进产业融合发展，推动产业升级，拓展消费市场，进而促进大众创业万众创新，尤其是增加就业都有十分重要的作用。在中国，为充分发挥平台产业发展在促进就业中的重要作用，很有必要持续深化"放管服"改革，最大限度地激发市场活力，围绕解决平台产业平台经济发展中面临的突出问题，遵循产业发展规律，加大平台产业发展的政策引导、支持和保障力度，创新平台产业监管理念和监管方式，实行包容审慎监管，建立健全适应平台产业和平台经济发展特点的新型监管机制，着力营造平台产业发展所需要的公平竞争市场环境。(9) 公共属性。当前平台产业和平台经济涉及领域多为事关人们衣食住行用的社会民生领域，公共服务提供者的属性特征比较突出。与此同时，平台也具有非排他性和非竞争性的特征，呈现出一定的公共基础设施属性。所以，现有的平台企业虽然大多由私人资本建设运营，但却具有较为显著的公共属性。这是需要在理论研究和相关决策时给予特别关注的。(10) 数据优势。平台企业生产经营的数据要素的重要性非常显著。平台企业、平台产业和平台经济根植于互联网，是在数字化的新一代信息技术高速发展的基础上、以大数据作为生产要素或有价值的资产进行资源配置的一种崭新的产业形态和经济模式，而且平台自身运行天然就会产生大量数据。同时，平台企业相互之间的市场竞争也越来越多地表现为数据资源与算力算法的实力竞争。因此，各平台企业极为注重大数据要素的积累与关联，据以提升平台价值和赢得竞争优势 。

4. 平台产业的演进。平台产业发展已经成为世界经济增长崭新的引擎，2017 年全球前十大企业中有 7 家是平台企业，包括微软、苹果，也包括中国的阿里巴巴和腾讯，平台产业和平台经济在世界产业和经济舞台上占有非常重要的位置。在中国，2019 年 2 月，商务部、科技部、工信部等部门的联合印发了《关于推进商品交易市场发展平台经济的指导意见》；2019 年 8 月，国务院办公厅发布了《国务院办公厅关于促进平台经济规范健康发展的指导意见》（国办发〔2019〕38 号）；2021 年 2 月，国务院反垄断委员会印发了《国务院反垄断委员会关于平台经济领域的反垄断指南》（国反垄发〔2021〕1 号），等等。由此可见，中国政府高度重视平台产业发展和平台经济发展。针对平台产业和平台经济、特别是由平台自身内在特征所决定的极易形成垄断市场等各种突出问题，《国务院办公厅关于促进平台经济规范健康发展的指导意见》明确规定了以下原则：一是维护市场公平竞争。坚持对市场主体一视同仁、平等对待，着力预防和制止垄断行为，完善平台企业垄断认定的法律规范，保护平台经济领域公平竞争，防止资本无序扩张，支持平台企业创新发展，增强国际竞争力。二是依法科学高效监管。《反垄断法》及有关配套法规、规章、指南确定的基本制度、规制原则和分析框架适用于平台经济领域所有市场主体。反垄断执法机构将根据平台经济的发展状况、发展规律和自身特点，结合案件具体情况，强化竞争分析和法律论证，不断加强和改进反垄断监管，增强反垄断执法的针对性和科学性。三是激发创新创造活力。营造竞争有序开放包容发展环境，降低市场进入壁垒，引导和激励平台经营者将更多资源用于技术革新、质量改进、服务提升和模式创新，防止和制止排除、限制竞争抑制平台经济创新发展和经济活力的行为，有效激发全社会创新创造动力，构筑经济社会发展新优势和新动能。四是维护各方合法利益。平台经济发展涉及多方主体。反垄断监管在保护平台经济领域公平竞争，充分发挥平台经济推动资源配置优化、技术进步、效率提升的同时，着力维护平台内经营者、消费者和从业人员等各方主体的合法权益，加强反垄断执法与行业监管统筹协调，使全社会共享平台技术进步和经济发展成果，实现平台经济整体生态和谐共生和健康发展。还必须指出，除上述平台垄断等突出问题外，与西方发达国家相比，中国平台企业、平台产业和平台经济发展中还存在着高端运营人才短缺，数字化为基础、大数据为支撑、智能技术为主导的新一代信息技术的研发、应用和普及还远远不够的短板问题。中国依然是一个发展中的人口和经济总量大国，工业化、信息化、城镇化、市场化、国际化都还在进程中，平台企业、平台产业和平台经济发展空间巨大，但与发达经济体相比还有很大差距。相信，只要我们遵循产业发展和经济发展规律，顺应第四次工业革命数字化、信息化、网络化、智能化和生物化发展的时代要求，不断建立、完善、创新和优化平台企业、平台产业、平台经济发展所需要的制度—政策安排，中国就一定会成为世界平台产业发展的强国。

参考文献

[1]习近平:《关于坚持和发展中国特色社会主义的几个问题》,《求是》2019年第7期。

[2]习近平:《习近平谈治国理政》(第二卷),外文出版社2017年版。

[3]习近平:《在省部级主要领导干部学习贯彻党的十八届五中全会精神专题研讨班上的讲话》,人民出版社2016年版。

[4]中共中央宣传部编:《习近平新时代中国特色社会主义思想三十讲》,学习出版社2018年版。

[5]中共中央文献研究室编:《习近平关于实现中华民族伟大复兴的中国梦论述摘编》,中央文献出版社2013年版。

[6]全国人民代表大会常务委员会办公厅编:《中华人民共和国第十三届全国人民代表大会第一次会议文件汇编》,人民出版社2018年版。

[7]全国人民代表大会常务委员会办公厅编:《中华人民共和国第十三届全国人民代表大会第四次会议文件汇编》,人民出版社2021年版。

[8]《党的十八届五中全会〈建议〉学习辅导百问》编写组著:

《党的十八届五中全会〈建议〉学习辅导百问》，党建读物出版社、学习出版社 2015 年版。

[9]《党的十九大报告学习辅导百问》编写组著:《党的十九大报告学习辅导百问》，党建读物出版社、学习出版社 2017 年版。

[10]人民出版社编:《改革开放以来历届三中全会文件汇编》，人民出版社 2013 年版。

[11][美]A. H. 马斯洛著，许金声、程朝翔译，《动机与人格》，华夏出版社 1987 年版。

[12][英]A. J. 汤因比、[日]池田大作著，荀春生、朱继正、陈国樑译:《展望 21 世纪——汤因比与池田大作对话录》，国际文化出版公司 1985 年版。

[13][美]B . 约瑟夫 · 派恩、詹姆斯 · H. 吉尔莫著，夏业良、鲁炜等译:《体验经济》，机械工业出版社 2002 年版。

[14][美]B. 约瑟夫 · 派恩著，操云甫等译:《大规模定制》，中国人民大学出版社 2000 年版。

[15][美]D. H. 珀金斯著，金志有、张乃光译:《中国:亚洲的下一个经济大国》，学林出版社 1992 年版。

[16][美]R. 科思、A. 阿尔钦、D. 诺斯等著:《财产权利与制度变迁——产权学派与新制度学派译文集》，上海三联书店、上海人民出版社 1994 年版。

[17][美]爱德华 · W. 萨义德著，李琨译:《文化与帝国主义》，生活 · 读书 · 新知三联书店 2003 年版。

[18][美]安格斯 · 迪顿著，崔传刚译:《逃离不平等——健康、财富极不平等的起源》，中信出版社 2014 年版。

[19][英]安格斯 · 麦迪森著，李德伟、盖建玲译:《世界经济二

百年回顾》,改革出版社1997年版。

[20][英]安格斯·麦迪森著,伍晓鹰、施发启译:《世界经济千年统计》,北京大学出版社2009年版。

[21][英]安格斯·麦迪森著,伍晓鹰、许宪春、叶燕斐等译:《世界经济千年史》,北京大学出版社2003年版。

[22][法]奥古斯丹·古诺著,陈尚霖译:《财富理论的数学原理的研究》,商务印书馆1994年版。

[23][美]比尔·盖茨著:《未来之路》,北京大学出版社1996年版。

[24][美]戴尔·W.乔根森、佛兰克·M.戈洛普、巴尔巴拉·M.佛劳梅尼著,李京文、汪同三、钟学义等译:《生产率与美国经济增长》,经济科学出版社1989年版。

[25][美]戴尔·乔根森、何民成、凯文·斯德尔著,荆林波、冯永晟译:《生产率——信息技术与美国经济复苏》,世纪出版集团格致出版社、上海人民出版社2012年版。

[26][美]丹尼尔·贝尔著,高铦、王宏周、魏章玲译:《后工业社会的来临》,江西人民出版社2018年版。

[27][美]道格拉斯·C.诺斯著,陈郁、罗华平等译:《经济史中的结构与变迁》,上海人民出版社1994年版。

[28]冯华、吴月辉、谷业凯等:《这五年,创新动力更强劲》,《人民日报》2020年10月28日第1版。

[29][美]弗雷德里克·杰姆逊、三好将夫著,马丁译:《全球化的文化》,南京大学出版社2002年版。

[30][美]弗里茨·马克卢普著,孙耀君译:《美国的知识生产与分配》,中国人民大学出版社2007年版。

[31][美]格雷厄姆·艾利森、罗伯特·D. 布莱克威尔、阿里·温尼编，蒋宗强译：《李光耀论中国与世界》，中信出版社2013年版。

[32][日]宫崎犀一、奥村茂次、森田桐郎编，陈小洪、任兴洲、姚玉明等译：《近代国际经济要览(16世纪以来)》，中国财政经济出版社1990年版。

[33]黄晓勇主编：《世界能源发展报告(2017)》，社会科学出版社2017年版。

[34][美]霍利斯·钱纳里、[以]莫伊思·赛尔昆著，李新华、徐公理、迟建平译：《发展的型式1950—1970》，经济科学出版社1988年版。

[35][日]吉田茂著，李杜译：《激荡的百年史》，陕西师范大学出版社2006年版。

[36][美]加里·S. 贝克尔著，李杰、王晓刚译：《偏好的经济分析》，上海三联书店、上海人民出版社2015年版。

[37][美]贾格迪什·巴格沃蒂著，海闻译：《今日自由贸易》，中国人民大学出版社2004年版。

[38][美]贾雷德·戴蒙德著，谢延光译：《枪炮、病菌与钢铁：人类社会的命运》，上海译文出版社有限公司2014年版。

[39]《辉煌70年》编写组编：《辉煌70年：新中国经济社会发展成就(1949—2019)》，中国统计出版社2019年版。

[40]江涌：《道路之争——工业化还是金融化》，中国人民大学出版社2015年版。

[41]姜奇平：《分享经济：垄断竞争政治经济学》，清华大学出版社2017年版。

[42][美]杰里米·里夫金著，张体伟、孙豫宁译：《第三次工业

革命——新经济模式如何改变世界》,中信出版社 2012 年版。

[43]金碚主编:《中国制造 2025》,中信出版社 2015 年版。

[44][英]科林·克拉克著,张旭昆、夏晴等译:《经济进步的条件》,中国人民大学出版社 2020 年版。

[45][德]克劳斯·施瓦布著,李菁译:《第四次工业革命》,中信出版社 2016 年版。

[46][法]克洛德·热叙阿、克里斯蒂昂·拉布鲁斯、达尼埃尔·斯特里、达米安·戈蒙主编,李玉平、郭庆岚等译:《经济学词典》(修订版),社会科学文献出版社 2013 年版。

[47]匡导球著:《星岛崛起:新加坡的立国智慧》,人民出版社 2013 年版。

[48][新加坡]李光耀:《李光耀回忆录:我一生的挑战:新加坡双语之路》,凤凰出版传媒股份有限公司、译林出版社 2013 年版。

[49][英]李约瑟著,张卜天译:《文明的滴定:东西方的科学与社会》,商务印书馆 2016 年版。

[50][美]理查德·R. 纳尔逊、悉尼·G. 温特著,胡世凯译:《经济变迁的演化理论》,商务印书馆 1997 年版。

[51]刘树成主编:《现代经济词典》,凤凰出版社、江苏人民出版社 2005 年版。

[52]鲁仁著:《德国百年行迹》,九州出版社 2011 年版。

[53][美]罗伯特·J. 希勒著,李心丹、俞红海、陈颖、芩咏华译:《非理性繁荣》,中国人民大学出版社 2016 年版。

[54][美]罗伯特·阿特金森著,杨晓、魏宁译:《美国供给侧模式启示录:经济政策的破解之道》,中国人民大学出版社 2016 年版。

[55]马洪、孙尚清主编:《市场经济 300 年》,中国发展出版社

1995 年版。

[56][美]马克·格兰诺维特著,罗家德等译:《镶嵌——社会网络与经济行动》,社会科学文献出版社 2007 年版。

[57][美]玛丽昂·麦戈文著,邱默楠译:《零工经济——在新工作时代学会积累财富和参与竞争》,中信出版社 2017 年版。

[58][美]迈克尔·波特著,高登第、李明轩译:《竞争论》,中信出版社 2003 年版。

[59][日]南亮进著,景文学、毕志恒、关权等译:《中国的经济发展——与日本的比较》,经济管理出版社 1991 年版。

[60][日]南亮进著,景文学、夏占友译:《日本的经济发展》,对外贸易教育出版社 1989 年版。

[61][美]尼古拉·尼葛洛庞帝著,胡泳、范海燕译:《数字化生存》,海南出版社 1997 年版。

[62][美]尼古拉斯·巴任著,於丹、李振译:《透视信息高速公路革命》,海南出版社 1998 年版。

[63][美]普莱斯·费希拜克等著,张燕、郭晨、白玲等译:《美国经济史新论》,中信出版社 2013 年版。

[64][美]乔尔·布利克、戴维·厄恩斯特编著,林燕等译:《协作型竞争:全球市场的战略联营与收购》,中国大百科全书出版社 1998 年版。

[65][挪威]乔根·兰德斯著,勤学证、谭静、叶硕译:《2052:未来四十年的中国与世界》,译林出版社 2013 年版。

[66][美]乔治·阿克洛夫、罗伯特·席勒著,黄志强、徐卫宇、金岚译:《动物精神:人类心理活动如何驱动经济、影响全球资本市场》,中信出版社 2016 年版。

[67][美]塞萨尔·伊达尔戈著,浮木译社译:《增长的本质:秩序的进化,从原子到经济》,中信出版社2015年版。

[68][英]瑟尔沃著,郭熙保译:《增长与发展》,中国财政经济出版社2001年版。

[69]世界银行《世界发展报告》编写组著,本报告翻译组译:《2003年世界发展报告》,中国财政经济出版社2003年版。

[70]世界银行编,财政部世界银行业务司译:《东亚奇迹:经济增长与公共政策》,中国财政经济出版社1995年版。

[71]世界银行著,胡光宇等译:《2009年世界发展报告:重塑世界经济地理》,清华大学出版社2009年版。

[72]世界银行著,胡光宇等译:《2010年世界发展报告:发展与气候变化》,清华大学出版社2010年版。

[73]世界银行著,胡光宇等译:《2012世界发展报告:性别平等与发展》,清华大学出版社2012年版。

[74]世界银行著,胡光宇等译:《2015年世界发展报告:思维、社会与行为》,清华大学出版社2015年版。

[75]世界银行著,胡光宇等译:《2016年世界发展报告:数字红利》,清华大学出版社2017年版。

[76]世界银行著,胡光宇等译:《2017年世界发展报告:治理与法律》,清华大学出版社2018年版。

[77]世界银行著,胡光宇等译:《2018年世界发展报告:学习实现教育的愿景》,清华大学出版社2019年版。

[78]世界银行著,王喆等译:《2014年世界发展指标》,中国财政经济出版社2014年版。

[79]世界银行著,中国财政经济出版社组织翻译:《2009年世界

发展指标》,中国财政经济出版社 2009 年版。

[80]世界银行著,中国科学院—清华大学国情研究中心译:《2005 年世界发展报告:改善投资环境,促使人人受益》,清华大学出版社 2005 年版。

[81]世界银行著,中国科学院—清华大学国情研究中心译:《2006 年世界发展报告:公平与发展》,清华大学出版社 2006 年版。

[82]世界银行著:《中国:推动公平的经济增长》,清华大学出版社 2004 年版。

[83][澳]斯蒂夫·吉恩著,霍彦丽、王艳萍译:《经济学的真相(第 2 版)》,电子工业出版社 2014 年版。

[84][美]斯米尔著,李凤海、刘寅龙译:《美国制造:国家繁荣为什么离不开制造业》,机械工业出版社 2015 年版。

[85][荷]腾·拉加、[德]罗纳德·谢科特主编,李勇坚译:《服务业的增长——成本激增与持续需求之间的悖论》,世纪出版集团格致出版社、上海人民出版社 2012 年版。

[86][法]托马斯·皮凯蒂著,巴曙松、陈剑、余江等译:《21 世纪资本论》,中信出版社 2014 年版。

[87][美]威廉·鲍莫尔著,郭梅军、唐宇、彭敬等译:《资本主义的增长奇迹——自由市场创新机器》,中信出版社 2004 年版。

[88][美]威廉·配第著,陈冬野译:《政治算术》,商务印书馆 2014 年版。

[89][英]维克托·迈尔—舍恩伯格、肯尼斯·库克耶著,盛杨燕、周涛译:《大数据时代》,浙江人民出版社 2013 年版。

[90][美]西里尔 ·E. 布莱克等著,周师铭、胡国成、沈伯根等译:《日本和俄国的现代化——一份进行比较的研究报告》,商务印

书馆 1984 年版。

[91]薛永应、张德霖、李晓帆著:《生产力经济论》,人民出版社 1995 年版。

[92][英]亚当·斯密著,郭大力、王亚南译:《国民财富的性质和原因的研究》(上卷),商务印书馆 1972 年版。

[93][美]亚历山大·格申克龙著,张凤林译:《经济落后的历史透视》,商务印书馆 2009 年版。

[94]杨治著:《产业经济学导论》,中国人民大学出版社 1985 年版。

[95][美]印德尔米特·吉尔、霍米·卡拉斯著,黄志强、余江译:《东亚复兴》,中信出版社 2008 年版。

[96][英]约翰·伊特韦尔等编:《新帕尔格雷夫经济学大辞典》(第一卷:A-D),经济科学出版社 1996 年版。

[97][美]约瑟夫·熊彼特著,何畏、易家详、张军扩等译:《经济发展理论——对于利润、资本、信贷、利息和经济周期的考察》,商务印书馆 1990 年版。

[98][美]约瑟夫·熊彼特著,吴良建译:《资本主义、社会主义与民主主义》,商务印书馆 1999 年版。

[99][美]约瑟夫·E. 斯蒂格利茨编,王玉清、朱文晖等译:《东亚奇迹的反思》,中国人民大学出版社 2003 年版。

[100][匈]约瑟夫·努伊拉斯主编,仇启华译:《世界经济现行结构变化的理论问题》,人民出版社 1984 年版。

[101][美]约瑟夫·斯蒂格利茨、布鲁斯·格林沃尔德著,陈宇欣译:《增长的方法:学习型社会与经济增长的新引擎》,中信出版社 2017 年版。

[102][美]詹姆斯·格雷克著,高博译:《信息简史》,人民邮电出版社2013年版。

[103]张卫国主编:《知识经济与未来发展》,青岛海洋大学出版社1998年版。

[104]张卫国、王双:《大国崛起:东亚模式与中国道路》,《学术月刊》2019年第10期。

[105]张卫国、蔺栋华等著:《深化供给侧结构性改革问题研究》,山东人民出版社2017年版。

[106]张卫国、于法稳主编:《全球生态治理与生态经济研究》,中国社会科学出版社2016年版。

[107]中国工程科技发展战略研究院编:《中国战略性新兴产业发展报告(2021)》,科学出版社2021年版。

[108]中国科学院编:《2020高技术发展报告》,科学出版社2021年版。

[109]中国社会科学院工业经济研究所:《中国工业发展报告(2020)》,经济管理出版社2020年版。

[110]中华人民共和国科学技术部:《国际科学技术发展报告(2020)》,科学技术文献出版社2020年版。

[111]左大培、裴小革著:《现代市场经济的不同类型——结合历史与文化的全方位探讨》,经济科学出版社1996年版。